4차산업혁명과 CRM

the 4th industrial revolution

customer relation management

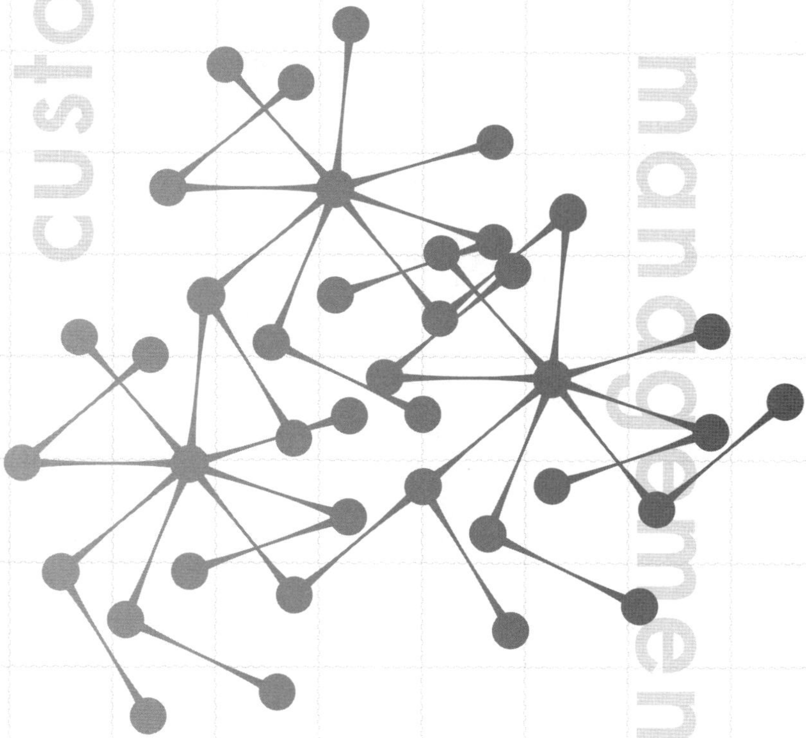

4차산업혁명과 CRM

지은이 조준서

HU:iNE

머리말

우리는 4차 산업혁명 시대를 맞이하였다. 4차 산업혁명의 주요분야 중에서 빅 데이터 분석은 수많은 데이터를 분석 및 처리하는 과정을 통해 가치 있는 정보를 추출하여 이를 활용하도록 한다. 빅 데이터의 확산은 글로벌 경쟁이 치열한 기업의 경쟁에서 다양한 데이터분석을 가능하게하여 활용도가 매우 높다고 할 수 있으며, 고객데이터를 활용하는 CRM에도 큰 영향을 미치고 있다. IT발전과 함께 빅 데이터 확산으로 발생하는 다양하고 엄청난 양의 고객 데이터들의 활용은 기업경쟁에 매우 중요한 요소가 되어 있다. 이들을 활용한 고객관계관리(Customer Relationship Management)는 고객에 대한 광범위한 데이터를 바탕으로 개개인에 적합한 차별적 제품이나 서비스를 제공함으로써 고객과의 관계를 지속적으로 강화하여 기업의 수익을 극대화 할 수 있게 한다.

이러한 고객관계관리는 시장환경 및 IT의 발전과 함께 e-CRM,

m-CRM, 그리고 최근에는 스마트폰 사용과 SNS의 폭발적인 증가로 s-CRM(Social CRM)으로 진화 하였다. 빅 데이터 시대에 기업은 엄청나고 다양한 고객 데이터를 분석하여 기업이 고객의 행동을 파악하고 그들의 니즈를 더욱 자세히 분석하고, 정보를 수집하여, 더 향상된 고객 만족과 수익증대를 이루어 내고자 한다.

본 책에서는 이러한 고객관계관리와 빅 데이터 시대에 더욱 중요시 되고있는 CRM 분석활동을 소개하고 이에 대한 독자의 이해를 높이고 이를 활용할 수 있도록 하고자 한다.

목차

II. CRM(Customer Relationship Management) _ 63

III. 데이터 마이닝과 웹 마이닝 _ 185

IV. CRM 분석활동 _ 295

색인 _ 419

I. 4차 산업혁명과 빅 데이터

제1장 4차 산업혁명의 시작

4차 산업혁명은 인공지능, 사물 인터넷, 빅 데이터, 모바일 등 첨단 정보통신기술이 경제·사회 전반에 융합되어 혁신적인 변화가 나타나는 차세대 산업혁명이다. 인공지능(AI), 사물 인터넷(IoT), 클라우드 컴퓨팅, 빅 데이터, 모바일 등 지능정보기술이 기존 산업과 서비스에 융합되거나 3D 프린팅, 로봇공학, 생명공학, 나노기술 등 여러 분야의 신기술과 결합되어 현실의 모든 제품·서비스를 네트워크로 연결하고 사물을 지능화 하는 것을 나타낸다.

세계경제포럼(WEF: World Economic Forum)에서는 4차 산업혁명을 "디지털 혁명인 3차 산업혁명에 기반을 두고 있으며, 디지털(digital), 물리적(physical), 생물학적인(biological) 기존 영역의 경계가 사라지면서, 융합되는(fusion) 기술적인 혁명"이라고 개념적으로 정의하였다. 그리고 3차 산업혁명과 제4차 산업혁명을 변화의 속도(velocity), 변화의 범위(scope), 시스템의 영향(system impact) 측면에서 비교하면서 커다란 차이가 존재하다고 분석하였다. 이러한 4차 산업혁명은 변화의 속도 측면에서 현재의 기술변화와는 비교가 불가능할 정도로 빠르게 변화하고 있으며, 범위 측면에서는 거의 모든 국가의 전 산업에서 와해적인 혁신을 불러오고, 시스템의 영향 측면에서는 생산, 경영 및 거버넌스 등을 포함하는 전체 시스템의 변혁을 초래 할 것이라고 예측하였다.

제1절 4차 산업혁명의 핵심기술

4차 산업혁명을 주도하는 핵심기술은 인공지능(AI), 로봇, 사물인터넷(IoT), 자율주행자동차, 3D프린팅, 나노기술, 바이오 기술, 에너지 저장기술, 양자 컴퓨팅(quantum computing) 등과 같은 혁신기술이다.

첫번째 핵심기술은 빅 데이터 분석(Big Data Analysis)이다. 4차 산업혁명은 컴퓨터를 기반으로 한 생산 방식의 혁신을 말한다. 또한 인공지능이 중심인 소프트웨어와 방대한 데이터를 처리하는 빅데이터 분석 기술, 최신 로봇 기술이 합쳐져 근로 형태가 혁신적으로 변화하는 것을 의미하기도 한다.

둘째, 인공지능(Artificial Intelligence, AI)이다. 기계장치가 더 똑똑해져서 나의 생활 패턴을 이해하고, 스스로 알아서 동작하는 약한 인공지능부터, 생태계 전체의 생활 및 환경으로부터 최적의 해법을 제시하는 강한 인공지능을 이용하여 인간의 생산성을 최대

<표 1.1> 4차 산업혁명의 핵심기술

빅 데이터	정형·반정형·비정형 데이터셋의 집적물, 그리고 이로부터 경제적 가치를 추출 및 분석할 수 있는 기술
인공지능(AI)	인간의 학습능력과 추론능력, 지각능력, 자연언어의 이해능력 등을 컴퓨터 프로그램으로 실현한 기술
로봇공학 (Robot Technology)	AI와 접목되어 사회생활에 적용되면 사회 전체의 생산성 향상 예상.
사물인터넷(IoT)	인터넷을 기반으로 모든 사물을 연결하여 사람과 사물, 사물과 사물 간의 정보를 상호 소통하는 지능형 기술 및 서비스
무인운송 및 자율주행자동차	운전자가 차량을 조작하지 않아도 스스로 움직이는 자동차
3D프린팅	3차원의 공간적 부피를 가진 물체를 인쇄하는 기술로 생산성 향상 기대.
바이오 기술	생물체의 유용한 특성을 이용하기 위해 인위적으로 조작하는 기술
양자 컴퓨팅및양자암호 (quantum computing)	원자의 집합을 기억 소자로 간주하여 원자의 양자 역학적 효과를 기반으로 방대한 용량과 초병렬 계산이 동시에 가능한 컴퓨터.
나노기술	10억분의 1 수준의 정밀도를 요구하는 극미세가공 과학기술
에너지 저장 기술	전력을 물리적 또는 화학적 에너지로 바꾸어 저장하는 시스템
연결 및 표시기술	매체와 매체를 보다 효율적으로 연결. 표시 기술은 고정형으로 보는 UHD-TV와 이동형으로 보는 VR, AR 등이 있다.

한 올려주는 기술이다.

세번째는 로봇공학(Robot Technology, RT)이다. 사람을 도와주는 로봇(청소 로봇, 노인 보조 로봇 등)에 의해 사회 전체의 생산성이 올라갈 것으로 기대할 수 있다.

네번째로 양자 컴퓨팅(Quantum Computing) 및 양자암호다. 원자의 집합을 기억 소자로 간주하여 원자의 양자 역학적 효과를 기반으로 방대한 용량과 초병렬 계산이 동시에 가능한 컴퓨터를 말하며, 양자암호는 기존에 있던 대부분의 암호체계가 대부분 수학적 복잡성에 기반하는데 비해, 양자암호는 자연현상에 기반하고 있는 특징을 띄며, 암호에 사용되는 원타임 패드를 생성하는 이상적인 방법 중 하나다. 중간에 도청자가 난입할 경우 그 존재가 드러나며, 신호가 왜곡되어 도청자도 정확한 정보를 얻을 수 없는 보안성을 띄고 있다. 다른말로 양자 키 분배(Quantum Key Distribution) 체계라고도 한다. 보안업계도 양자난수를 모든 IT 기기에 적용할 수 있다면 해킹 불가능한 암호 체계를 구현할 수 있을 것으로 기대한다.

다섯째는 사물 인터넷(Internet of Thing, IoT)이다. 실생활에 해당하는 오프라인 모든 정보를 온라인으로 넘기는 O2O를 통해서 인터넷을 이용한 최고의 해법을 제시하고, 시행하게 하여 생산성을 최대한으로 올리는 도구이다. 예로, 병원의 모든 행동이나 사물들을 인터넷에 연결한 뒤, 최적화를 한다면 정보가 늦거나 서로 기다리는 손실을 줄일 수 있다. 따라서 환자도 빠른 조치를 받을 수 있어서 좋고, 병원도 생산성이 향상될 것이다.

여섯째는 무인 운송 수단이다. 인간이 운전을 직접 하지 않음으로 그 사이에 다른 일을 더 할 수 있고, 안전하게 이동할 수 있기에 생산성이 향상될 것이다.

일곱번째는 3D 프린팅(3D printing)이다. 대부분은 자신에게 맞지 않는 기성품을 구입하여 그 기성품에 맞추어 제작·생활해왔다.

이제는 개인 맞춤형 시대이므로, 3차원 프린터를 이용하여 싸고 빠르게 본인에게 맞는, 본인 만의 장치를 만들 수 있다. 예로 본인만의 음식, 본인만의 집, 본인에게 맞는 인체조직, 본인에게 맞는 약 등이 있다. 이런 것들을 통해 생산성이 향상될 수 있다

여덟번째는 나노기술(Nano Technology, NT)이다. 의학, 전자 공학, 생체 재료학 에너지 생산 및 소비자 제품처럼 광대한 적용 범위를 가진 새로운 물질과 기계를 만들 수 있어, 생산성 향상을 기대할 수 있다.

아홉번째는 에너지 저장 기술로 전력을 물리적 또는 화학적 에너지로 바꾸어 저장하는 시스템을 말한다.

마지막으로 연결 및 표시 기술이다. 연결 기술은 매체와 매체를 보다 효율적으로 연결하는 것으로, 5G와 LTE(4G) 등이 있다. 그리고 눈으로 보는 표시 기술은 고정형으로 보는 UHD-TV와 이동형으로 보는 VR, AR 등이 있으며, 이를 통해 좀 더 빠르게, 좀 더 편리하게, 좀 더 많이 접속(access)할 수 있어 생산성을 향상시킬 수 있다.

4차 산업혁명의 주요분야 중에서 빅 데이터는 수많은 데이터를 분석 및 처리하는 과정을 통해 가치 있는 정보를 추출하여 이를 활용하도록 한다. 빅 데이터의 확산은 글로벌 경쟁이 치열한 기업의 경쟁에서 활용도가 매우 높다고 할 수 있다. 글로벌 시장 경쟁의 가속화와 함께 경제 환경이 변화하고 시장이 포화상태가 되어 기업은 이윤추구를 위해 수익성을 개선하기 위한 노력이 필요하였다.

이러한 신기술들의 융합이 만들어 내는 4차 산업혁명 시대에서

데이터를 처리 및 분석하는 능력은 미래 경쟁력으로 인식하게 되었다.

제2절 4차 산업혁명과 CRM

기술이 급격히 발전하고 글로벌 경쟁이 심화됨에 따라 기업은 단순히 기업의 이윤 위주로 고려하는 것을 떠나, 보다 시장 중심, 혹은 고객 중심으로 사고해야 할 필요성이 생겼다. 이러한 글로벌 시장 경쟁의 가속화와 함께 경제 환경이 변화하고 시장이 포화상태에 이름에 따라 기업은 이윤추구를 위해 수익성을 개선하기 위한 노력이 필요하였다.

이러한 시장환경의 변화는 기업의 마케팅 활동의 다양한 변화가 두드러지게 변하게 되었고 이는 단순한 상품 판매와 시장점유율 증대를 목적으로 하는 광고를 통한 대중마케팅(Mass Marketing)으로 부터 장기적으로 고객과의 관계를 구축하고 더 나아가서는 고객과 기업이 관계를 형성하는 관계 마케팅(Relationship Marketing) 단계로 나아가게 되는 고객관계관리(Customer Relationship Management, CRM)를 통한 차별화 마케팅으로 변화하게 되었다.

즉, 급변하는 경제 환경, 경쟁사의 출현, 고객의 지식수준 향상, 기존 대중 마케팅의 한계, 정보통신과 연계한 신기술의 등장 등으로 인해 고객의 요구사항을 적절히 파악하고, 원하는 제품과 서비스를 지속적으로 제공함으로써 고객 이탈을 방지하고 장기적인 고객관계를 유지하여 수익성을 극대화하기 위한 전략이 발전하게 되었고 이것이 바로 CRM인 것이다.

4차 산업혁명의 핵심기술 중에서 빅 데이터는 수많은 데이터를 분석 및 처리하는 과정을 통해 가치 있는 정보를 추출하여 이를 활용하도록 한다. 빅 데이터의 확산은 글로벌 경쟁이 치열한 기업의 경쟁에서 활용도가 매우 높다고 할 수 있으며, 특히 CRM에 큰 영향을 미치고 있다. 기업경쟁의 심화와 함께 빅 데이터 확산으로 발생하는 다양하고 엄청나 양의 고객 데이터들의 활용은 기업혁신에 있어서 매우 중요한 요소가 되어 있다. 이들을 활용한 고객관계관리(Customer Relationship Management)는 고객에 대한 광범위하고 심층적인 지식을 바탕으로 개개인에 적합한 차별적 제품이나 서비스를 제공함으로써 고객과의 관계를 지속적으로 강화하여 기업의 수익을 극대화 하도록 지원한다.

제2장 빅 데이터(Big Data) 시대의 도래

과거의 PC 메모리, 하드디스크의 용량과 최신 PC, 노트북 사양을 비교해보면 과거에 비해 데이터 사용이 폭발적으로 늘어났다는 것을 실감할 수 있다. 특히 스마트 단말기 및 소셜미디어 등으로 대표되는 다양한 정보 채널의 등장과 이로 인한 정보의 생산, 유통, 보유량의 증가는 계속적으로 데이터의 기하급수적인 증가를 이끌고 있다. 하지만 많은 데이터 중에서 가치 있는 데이터는 소수에 불과하기 때문에 대용량 데이터를 처리하고, 의미 있는 데이터를 발굴하는 기술이 필요하다.

빅 데이터에 대해서 맥킨지는 보고서에서 '빅 데이터의 정의는 기존 데이터 베이스 관리 도구의 데이터 수집, 저장, 관리, 분석하는 역량을 넘어서는 데이터셋(Dataset) 규모로, 그 정의는 주관적이며 앞으로도 계속 변화될 것이다. 또한 데이터량 기준에 대해 산업 분야에 따라 상대적이며 현재 기준에서는 몇 십 테라바이트에서 수 페타바이트까지가 그 범위이다"라고 설명했다.

이렇게 데이터 단위의 관점에서 빅 데이터를 생각할 수도 있지만, 어떠한 종류의 데이터들이 빅 데이터를 구성하고 있는지 알아보겠다.

<표 2.1> 빅 데이터의 종류

정의	설명
정형 (Structured)	기존 데이터 베이스에 저장이되는 '규격화'된 데이터로 고정된 필드에 저장된 데이터. 데이터 베이스나 엑셀 등이 예로써, 마트에서 제품이 판매되었을때의 시간대별 비회원과 회원의 판매량과 같이 한정된 정보속에서 만들어지는 데이터.
반정형 (Semi-Structured)	정형데이터와 비정형데이터의 사이로 고정된 필드에 저장되어있지는 않지만 메타데이터나 스키마 등을 포함하는 데이터. 비정형데이터만큼 가공이 잘 되어 있진 않지만, 일반적인 통계분석에 바로 사용될 수는 있을정도의 완전히 정제되지는 않은 데이터. XML, HTML 등.
비정형 (Unstructured)	고정된 곳에서 얻어지는 한정된 데이터가 아닌 고정된 필드에 저장되어있지 않은 데이터. 동영상, 사진, 음성, SNS 텍스트 등

빅 데이터의 처리는 기존 데이터 처리와 어떻게 다를까? 기존 데이터 처리와 빅 데이터 처리는 다음과 같은 차이점이 있다.

- 빠른 의사결정이 상대적으로 덜 요구 된다 : 대용량 데이터에 기반한 분석 위주로, 장기적·전략적 접근이 필요하다. 따라서 기존의 데이터 처리에 요구되는 즉각적인 처리속도와는 달리, 즉각적인 의사결정이 상대적으로 덜 요구된다.

- 처리 복잡도가 높다 : 다양한 데이터 소스, 복잡한 로직 처리, 대용량 데이터 처리 등으로 인해 처리 복잡도가 매우 높으며, 이를 해결하기 위해 통상적으로 분산 처리 기술이 필요하다.
- 처리할 데이터양이 방대하다 : 클릭스트림(Clickstream) 데이터를 예로 들면, 고객 정보수집 및 분석을 장기간에 걸쳐 수행해야 하므로 기존 방법 과 비교해 처리해야 할 데이터양은 방대하다.
- 비정형 데이터의 비중이 높다 : 소셜 미디어 데이터, 로그 파일, 클릭스트림 데이터, 콜 센터 로그, 통신 CDR 로그 등 비정형 데이터 파일의 비중이 매우 높다. 처리의 복잡성을 증대시키는 요인이기도 하다
- 처리·분석 유연성이 높다 : 잘 정의된 데이터 모델·상관관계·절차 등이 없어, 기존 데이터 처리방법에 비해 처리·분석의 유연성이 높은 편이다. 또한, 새롭고 다양한 처리방법의 수용을 위해, 유연성이 기본적으로 보장돼야 한다.
- 동시처리량(Throughput)이 낮다 : 대용량 및 복잡한 처리를 특징으로 하고 있어, 동시에 처리가 필요한 데이터양은 낮다. 따라서 (준)실시간 처리가 보장되어야 하는 데이터 분석에는 적합하지 않다.

제1절 빅 데이터 개요

디지털 경제의 확산으로 우리 주변에는 규모를 가늠할 수 없을 정도로 많은 정보와 데이터가 생산되는 '빅 데이터(Big Data)' 환경이 도래하고 있다. 빅 데이터란 과거 아날로그 환경에서 생성되던 데이터에 비하면 그 규모가 방대하고, 생성 주기도 짧고, 형태도 수치 데이터뿐 아니라 문자와 영상 데이터 등을 포함하는 대규모, 대용량 데이터를 말한다.

1. 빅 데이터란?

대용량 데이터의 집합체를 의미한다. 소셜 네트워크상의 데이터나 인터넷 텍스트 및 문서, 통화 상세기록, 대규모의 전자상거래 목록, SNS, 통신데이터 등이 빅 데이터에 해당한다고 할수 있는데, ICT기술의 보편화와 특히 스마트폰과 태블릿 PC와 같은 스마트기기의 이용자 증가는 새롭게 생성되거나 유통되는 정보의 급격하고 폭발적으로 증가에 도화선이 되었다.

예를 들어서, 스마트폰은 우리와 관련된 정보를 실시간으로 저장하고, 버스나 지하철에 설치된 요금정산기도 얼마의 요금을 내는지 언제 어느 장소에서 타고 내렸는지 얼마나 자주 이용하는지에 대한 정보를 축적한다. 또한 네이버나 구글에서 찾아본 검색어와 SNS나 블로그에 남긴 기록들 등, 우리와 관련된 모든 것을 파악할 수 있는 막대한 양의 데이터들이 축적되어지고 있다. 바로 이런 것들을 빅 데이터라 할 것이다.

빅 데이터는 형식이 있거나 의미가 있는 단어 또는 숫자만을 의미하는 것이 아니라 실시간으로 생성되거나 축적되는 모든 정형적, 비정형적 데이터의 형태를 바로 빅 데이터라 할 수 있다. 그러나 빅 데이터의 정의는 관점에 따라 다르게 정의내릴 수 있는데, 이는 빅 데이터의 활용목적과 의미가 분석 자에 의해 달라질 수 있기 때문이다.

2. 빅 데이터 출연배경

디지털 기술이 발달하고 페이스북, 트위터 등 소셜 미디어가 등장하면서 데이터 양이 급격히 증가하게 되었다. 스마트폰 기기의 대중화도 빅 데이터 시대를 이끈 주요한 계기가 되었다.

맥킨지(Mckinsey and Company)는 'Big Data : The Next Frontier for Innovation, Competition, and Productivity'에서 빅 데이터 출현배경에 대해 다음과 같이 정리하였다.

첫째, 고객을 대상으로 한 기업들의 데이터 트래킹과 수집행위의 증가가 빅 데이터 출현 요인 중 하나이다. 인터넷과 스마트폰 등 다양한 매체들을 통해 고객 데이터가 트래킹 되고 있고, 오프라인상에서도 사용자 정보나 소비자 행태에 대한 정보 수집이 가능해졌다. 영국 유통업체 테스코(Tesco)의 경우 매월 무려 15억 건 이상의 고객 데이터를 수집하고 있다는 통계가 있다.

둘째, 저장매체와 카메라 모듈, 디스플레이 등 IT기기의 가격의 인하가 멀티미디어 콘텐츠 사용을 확산시키고 정보의 증가를 가져왔다. 생산되는 다양한 데이터들 중 동영상 콘텐츠는 이미 인터넷 전체 트래픽의 절반 이상을 차지하고 있다.

셋째, 트위터, 페이스북 등 SNS의 확산과 더불어 비정형 데이터가 급증하면서 데이터의 복잡성이 심화되었다. 페이스북에 올라오는 이미지, 영상들 그리고 YouTube에 업로드되는 영상 콘텐츠 등 수많은 비정형 데이터를 처리하기 위해서는 추가적인 데이터 처리가 필요하다.

넷째, 사물 간 통신 네트워크에서 발생하는 데이터의 증가이다. M2M(Machine to Machine), IoT(Internet of Thins) 등 통신기술의 활성화를 통해 사용자가 데이터를 생성하지 않아도 인프라 자체가 다량의 데이터를 생성하게 된다.

인터넷과 모바일 기기가 보편화되면서 의식하지 않는 동안에도 무수한 데이터가 만들어지고 있다. 예컨대 소비자가 온라인 쇼핑몰에서 물건을 구입하지 않더라도 상품을 조회하고 검색한 기록과 이동 경로까지 자동으로 저장되어 그 소비자의 관심도를 알 수 있다. 쇼핑 뿐 아니라 금융 거래, 교육 관련 동영상 청취, 자료검색 등 생활의 많은 부분이 인터넷을 통해 이루어지면서 기록되는 데이터의 양은 쉼 없이 증가하고 있다.

누구나 UCC 동영상을 제작할 수 있고 자신의 블로그를 운영하면서 온라인상으로 소통할 수 있다. 블로그를 통해 운영자가 어떤 이들과 소통하는지, 관심사가 무엇인지, 성향은 어떤지 등도 분석이 가능하다. PC를 통해 사진이나 동영상 콘텐츠를 보는 일이 보편화되었고, TV 프로그램이나 라디오 시청도 TV수상기 또는 라디오가 아닌 PC 또는 스마트폰으로 보는 이들이 많다.

매순간 엄청난 양의 데이터가 저장되고 있다. 사회 조사, 국세 자료, 의료보험, 연금 등의 공공 분야 뿐만 아니라 일반생활에서 수많은 데이터가 생산되고 있는데 예로써 도로, 엘리베이터, 집 앞 골목 등 곳곳에 CCTV가 설치됨에 따라 CCTV에 저장된 영상만으로도 누군가의 하루 일과를 확인할 수 있을 정도로 끊임없이 데이터가 기록되고 있다.

<표 2.2> 빅 데이터 출연배경

출연배경	설명
기업의 고객 데이터 트래킹 · 수집행위 증가	기업들은 온라인·오프라인 사용자 정보, 소비자 행태에 대한 정보수집에 적극적
미디어 콘텐츠와 콘텐츠 사용에 관한 정보 증가	CT 스캔, CC카메라 등 다양한 부분에서 대용량 멀티미디어 콘텐츠 생산 증가, 멀티미디어 콘텐츠와 콘텐츠 사용에 관한 정보의 증가
SNS의 급격한 확산과 비정형 데이터의 폭증	SNS는 스마트폰의 확산과 더불어 젊은 층에서 중.장년층까지 확산
M2M 확산에 따른 센서 저변 확대	현재 3천만 개 이상의 사물인터넷 센서가 설치

제2절 빅 데이터의 특징과 의미

다양하고 방대한 규모의 데이터는 미래 경쟁력의 우위를 좌우하는 중요한 자원으로 활용될 수 있다는 점에서 주목받고 있다. 대규모 데이터를 분석해서 의미있는 정보를 찾아내는 시도는 예전에도 존재했다. 그러나 현재의 빅 데이터 환경은 과거와 비교해 데이터의 양은 물론 질과 다양성 측면에서 패러다임의 전환을 의미한다. 이런 관점에서 빅 데이터는 산업혁명 시기의 석탄처럼 IT와 스마트 혁명 시기에 혁신과 경쟁력 강화, 생산성 향상을 위한 중요한 원천으로 간주되고 있다.

기업은 보유하고 있는 고객 데이터를 활용해 마케팅 활동을 활성화하는 고객관계관리(CRM: Customer Relationship Management) 활동을 1990년대부터 시작했다. CRM은 기업이 보유하고 있는 데이터를 통합하는 데이터 웨어하우스(Datawarehouse), 고객 데이터 분석(Data Mining)을 통한 고객유지와 이탈방지 등과 같은 다양한 마케팅 활동을 진행하는 것을 뜻한다. 최근에는 구매 이력 정보와 웹로그(web-log) 분석, 위치기반 서비스(GPS) 결합을 통해 소비자가 원하는 서비스를 적기에 적절한 장소에서 제안할 수 있는 기술 기반을 갖추었다.

이러한 고객분석은 빅 데이터 시대를 맞이해 전환점을 맞고 있다. 분산처리방식과 같은 빅 데이터 기술을 활용해서 과거와 비교가 안 될 정도의 대규모 고객정보를 빠른 시간 안에 분석하는 것이 가능하다. 트위터와 인터넷에 생성되는 기업 관련 검색어와 댓글을 분석해 자사의 제품과 서비스에 대한 고객 반응을 실시간으로 파악해 즉각적인 대처를 시행하고 있다.

소프트웨어나 하드웨어도 오픈 소스 형태의 하둡(Hadoop)이나 분석용 패키지인 R과 분산병렬처리기술, 클라우드 컴퓨팅 등을 활용하면 기존의 비싼 스토리지와 데이터 베이스에 기반한 고비용의 데이터 웨어하우스를 구축하지 않더라도 효율적인 시스템 운용이 가능하다.

특히 빅 데이터에 기반한 분석방법론은 과거에 불가능했던 일을 가능하게 만들고 있다. 구글은 독감과 관련된 검색어 빈도를 분석해 독감 환자 수와 유행 지역을 예측하는 독감 동향 서비스를 개발했다(google.org/flutrends). 이는 미 질병통제본부(CDC)보다 예측력이 뛰어난 것으로 밝혀졌다.

데이터의 규모가 중요하다는 것을 확인시킨 사례로는 구글의 자동번역 시스템이 있다. 구글은 수천만 권의 도서 정보와 유엔과 유럽의회, 웹 사이트의 자료를 활용해 64개 언어 간 자동번역 시스템 개발에 성공했다. IBM도 캐나다 의회의 문서를 활용해 영어·불어 자동번역 시스템 개발을 시도했으나 실패한 경험이 있다. 이는 기술의 차이보다는 사용 데이터의 규모 차이에 의한 결과로 평가한다. 서울시장 보궐선거도 새로운 데이터 분석의 효과를 입증한 사례다. 전통적인 여론조사 결과는 선거 당일까지 '박빙'의 승부를 예상했지만, 트위터 분석은 당선자 측의 우위를 예측했기 때문이다.

기업의 빅 데이터 활용은 고객의 행동을 미리 예측하고 대처방안을 마련해 기업경쟁력을 강화시키고, 생산성 향상과 비즈니스 혁신을 가능하게 한다. 공공 기관의 입장에서도 빅 데이터의 등장은 시민이 요구하는 서비스를 제공할 수 있는 기회로 작용한다. 이는 '사회적 비용 감소와 공공 서비스 품질 향상'을 가능하게 하며, '빅 데이터'가 사회현안 해결에 강력한 도구가 될 것으로 예측했다.

〈표 2.3〉 빅 데이터 환경의 특징

구분	기존	빅 데이터 환경
데이터	- 정형화된 데이터	- 비정형의 다양한 데이터 - 문자 데이터(SMS, 검색어) - 영상 데이터(CCTV, 동영상) - 위치 데이터
하드웨어	- 고가의 저장장치 - 데이터 베이스 - 데이터 웨어하우스	- 기존장비 활용 - 클라우드 컴퓨팅 등 비용효율적인 장비 활용
소프트웨어/분석 방법	- DBMS - 통계패키지(SAS, SPSS) - 데이터 마이닝 - 기계학습	- 오픈소스 소프트웨어 - Hadoop, NoSQL - 오픈 소스 통계솔루션(R) - 텍스트 마이닝 - 온라인 버즈 분석 - 감성 분석

빅 데이터의 구성요소에서 공통적으로 등장하는 특징으로 Gartner에 의하면 4V는 데이터 양(volume), 데이터 속도(velocity), 데이터 다양성(variety), 데이터 복잡성(Complexity) 등 4가지 요소의 측면에서 빅 데이터는 기존 데이터와 차별화된다고 설명하고 있다.

1. 데이터 양(volume)

4차 산업혁명 등 IT의 발전은 저장되는 데이터양의 엄청난 증가함과 함께 이를 수집하고 분석하여 처리하는 과정에서 일어나는 네트워크 데이터의 급속한 증가는 빅 데이터의 기본적인 특징이다.

2. 데이터 속도(velocity)

빅 데이터는 사물정보, 스트리밍 정보 등 실시간 처리 및 장기적 접근을 요구한다. 실시간으로 생성되는 데이터의 생산과 수집 및 분석 속도의 증가와 수집된 데이터에 대한 실시간 처리와 여러 경로를 거쳐 수집된 데이터를 분석하고 처리하는 장기적인 접근이 빅 데이터의 데이터 속도의 특성이다.

3. 데이터 다양성(variety)

빅 데이터의 자료는 로그기록, 소셜, 위치, 소비, 현실 데이터 등 데이터의 종류가 증가하고 있으며, 텍스트 이외의 멀티미디어 등 비정형화된 데이터 유형의 다양화로 빅 데이터를 이용한 분석은 고정된 시스템에 저장되어 있지 않은 다양하고 광범위한 형태의 데이터를 포함한다.

4. 데이터 복잡성(Complexity)

빅 데이터는 데이터 구조, 저장 타입, 도메인 규칙, 중복성문제 등 데이터의 관리, 분석, 처리, 정제 등 모든 요소와 과정에서 복잡성이 심화되고 있기 때문에 새로운 형태의 기법이 요구되고 있다.

빅 데이터 분석은 XML, HTML 등과 같이 데이터 베이스 스키마를 포함하는 반정형 데이터를 이용한 분석뿐만이 아닌, 사진, 오디오, 비디오 형식의 소셜 미디어 데이터나 로그파일(Database log) 같이 비정형 데이터도 처리할 수 있는 능력을 요구한다. 즉 빅 데이터의 성장이란 단순히 데이터의 양이 증가하는 것을 넘어서서, 다양한 형태의 데이터양이 증가하는 것을 의미하는 것이다.

데이터의 질적, 양적 팽창은 이를 어떻게 분석하고 활용하느냐에 따라 새로운 기회를 가질 수 있는 핵심 수단이 되고 있다. 즉, 빅 데이터를 분석하여 적절한 곳에 활용하면 미래사회의 발전과 새로운 기회를 창출하고, 사회적 위험과 위기를 해결하는 사회 발전의 핵심적인 역할을 수행할 것으로 기대하고 있고 있으며, 급변하는 미래사회의 불확실성과 위험적 요소를 감지하고 대비하여 과학적 근거를 바탕으로 대응할 수 있도록 할 것이며, 글로벌 시대에 혁신적이고 새로운 창의력을 기반으로 경쟁력을 강화시키는 수단이 될 것이다.

제3절 빅 데이터 기술

제1항 빅 데이터 기술의 구성

빅 데이터의 수집 통합 기술은 조직 내부 및 외부에 분산되어 존재하는 대량의 데이터 소스로부터 필요한 데이터를 검색 및 발굴을 통하여 수동 또는 자동화된 방식을 통하여 수집하는 과정과 이를 서로 다른 시스템과 데이터의 중복 없이 공유 할 수 있는 기술을 의미하며 이는 단순히 데이터를 확보하는 수준에 그치는 것이 아니라 검색, 수집, 변환의 과정을 통하여 습득한 데이터를 필요한 형식 및 수준으로 정제된 데이터로 확보하는 기술을 말한다. 또한 실시간 대용량 수집 및 데이터 적재시간 단축 등의 문제를 해결하기 위한 수단이 필요하며 이에 따른 문제점으로 대용량의 데이터가 적재해 있는 시간이 전체 빅 데이터 처리 및 분석 과정에서 가장 큰 부분을 차지하며 그와 별개로 데이터는 지속적으로 쌓여간다는 문제가 발생한다.

빅 데이터 저장기술은 매우 작은 데이터라도 모두 빠지지 않고 저장하여 저렴한 비용으로 실시간 데이터 처리를 하고 처리된 데이터를 신속하고 정확하게 분석하도록 도와주면서 이를 비즈니스적 의사결정에 이용할 수 있도록 도와주는 기술로서 대용량 데이터 저장 및 수평적 확장 용이성 등의 특징과 낮은 TCO(Total Cost of Ownership)을 실현할 수 있도록 도와주며 저장된 데이터의 효율적 관리 기술 등이 핵심이 된다. 하지만 데이터 저장과 관리에는 여전히 높은 비용을 요구하며 이를 해결 해기 위한 기술 개발이 필요한 상황이다.

빅 데이터 처리기술은 방대한 규모의 데이터를 저장, 수집, 관리, 유통, 분석 등을 처리하는 기술로서 다차원의 데이터를 빠른 속도로 연산할 수 있는 고속 연산 기술과 여러 다중 노드를 처리 할 수 있도록 분산병렬 처리 등의 기술을 요구한다. 하지만 고속 연산 및 분산병렬 처리에는 높은 비용이 요구되며 기술 부족으로 인한 처리속도 지연의 문제로 데이터의 적시성이 떨어지는 문제를 해결할 필요가 있다.

빅 데이터 분석기술은 데이터를 효율적이고 정확하게 분석하여 분석된 데이터를 비즈니스에 적용을 하기 위한 기술로서 통계적인 기법에 기반한 고차원 분석과 신속성을 높은 실시간 분석, 사용자의 요구에 따라 적절하게 상호작용 할 수 있는 탐색적 데이터 분석 기술 등이 요구된다. 하지만 빅 데이터 분석에는 많인 비용과 시간이 많이 소요되며 빅 데이터를 적용할 수 있는 통계 분석 기반의 프로그램을 구현하기 어려우며 그에 따라 프로그램을 신뢰할 수 있다는 검증의 문제가 남아 있다.

빅 데이터 시각화 및 표현은 빅 데이터를 통해 얻은 자료를 시각적으로 묘사하는 것으로서 기존의 단순하며 선형적인 구조의 방식으로는 방대한 규모와 복잡성을 가진 빅 데이터를 표현하기는 어렵기 때문에 빅 데이터를 시각화 하는 기술은 필수적으로 요구된다. 그렇기 때문에 대용량 데이터를 요약하는 기술과 직관적 표현 기술, 다차원 데이터를 비교하고 분석하여 표현 하는 기술, 실시간 인지 및 대응 기술, 빅 데이터 분석 해석 및 의미 파악 지원 도구, 빅 데이터의 효율적인 비교 기술 등 매우 다양한 기술을 필수적으로 요구하는 기술이다.

데이터의 처리 및 분석을 하는 기술을 각각의 개별적인 기술이 아니라 핵심 기술을 기반으로 구성되는 플랫폼 기술이라고 말할 수 있다. 그렇기 때문에 IT기업들은 빅 데이터 분석 및 처리를 위한 높은 비용을 낮추기 위한 타 기업들에게 전략적으로 오픈 소스 기반의 소프트웨어를 제공하고 있다. 그 중에서도 오픈 소스 소프트웨어 영역에서 Hadoop은 오픈 소스 기반 운영체제인 리눅스와 같은 방식으로 빅 데이터 플랫폼 시장의 가장 떠오르는 플랫폼 사업자로 자리를 굳히고 있다. 이러한 빅 데이터 분석 플랫폼은 빅 데이터 처리 인프라를 기반으로 데이터를 수집, 통합, 전처리, 저장, 관리, 분석, 시각화의 과정을 통하여 인프라 기 술을 통합한 플랫폼의 형태로서 다양한 형태로 얻어진 데이터를 통하여 새로운 데이터 생태계를 구축하는데 4차 산업 혁명의 핵심 기술로서 기대를 받고 있다.

제2항 빅 데이터 분석방법

1. 개요

빅 데이터란 디지털 환경에서 생성되는 데이터로 그 규모가 방대하고, 생성 주기도 짧고, 형태도 수치 데이터뿐 아니라 문자와 영상 데이터를 포함하는 대규모 데이터를 말한다. 빅 데이터 환경은 과거에 비해 데이터의 양이 폭증했다는 점과 함께 데이터의 종류도 다양해져 사람들의 행동은 물론 위치정보와 SNS를 통해 생각과 의견까지 분석하고 예측할 수 있다.

빅 데이터 분석에는 앞서 살펴본 저장 및 관리, 데이터 정제, 분석, 시각화, 예측 기술 등을 필요로 한다. 빅 데이터로서 수집된 대부분의 데이터는 비정형의 데이터로 컴퓨터가 바로 처리 할 수 없는 데이터이다. 또한 수집된 데이터가 정형의 데이터라 할지라도 내용 및 값이 누락되어 있거나 형식이 불명확하거나 정해지지 않은 경우, 그리고 데이터 내용에 오류가 존재하는 경우 등이 매우 흔하며 이러한 빅 데이터를 정확하게 분석해내기 위해서는 알맞은 형태로의 변환을 해줄 필요가 있다. 하지만 이러한 비정형 데이터 및 즉시 처리가 불가능한 데이터를 분석 가능한 형태로 변환시키기 위해서는 높은 컴퓨팅 파워와 빠른 처리 속도가 필요하며 고비용의 대규모 컴퓨터 장비가 필요하다. 이러한 분석 시간 단축 및 분석 정확도 향상을 위해 빅 데이터를 작은 크기로 나누어 이를 수백, 수천에 이르는 노드에 따로 저장하며 데이터들를 정제 하고 분석하여 결과값을 내어 빅 데이터를 분석하는 구글의 맵리듀스(MapReduce)나 Hadoop이 빅 데이터 분석 플랫폼으로서 과거 불가능 하던 빅 데이터 분석을 가능하게 만들고 있다.

위의 빅 데이터 처리의 특징을 만족시키기 위해 다양한 스토리지, 컴퓨팅기술 및 분석기법들이 빅 데이터 처리를 위해 개발되었다. 대부분의 분석기법들은 통계학과 전산학, 특히 기계학습 · 데이터 마이닝 분야에서 이미 사용되던 기법들이며, 이 분석기법들의 알고리즘을 대규모 데이터 처리에 맞도록 개선하여 빅 데이터 처리에 적용시키고 있다.

빅 데이터 분석기술은 분석 기법과 분석을 위한 인프라 기술로 나눌 수 있다. 먼저 분석기법은 축적된 데이터를 소정의 목적에 따라 다른 가치를 갖는 데이터로 재가공하는 기술들로, 최근 소셜미디어 등 비정형 데이터의 증가로 인해, 분석기법들 중에서 텍스트 마이닝(Text Mining), 오피니언 마이닝(Opinion Mining), 소셜 네트워크 분석(Social Network Analytics), 군집분석 등을 들 수 있다.

1) 텍스트 마이닝(Text Mining)

텍스트 마이닝이란 비정형 또는 반정형의 데이터로부터 이해될 수 있는 유용한 정보를 추출하여 정제 및 가공을 하는 기술로서 인간의 언어 형태를 컴퓨터가 이해할 수 있는 형태로 변환을 하는 자연 언어 기술을 기반으로 만들어 졌다. 텍스트 마이닝(Text Mining) 기술을 이용하게 되면 거대한 규모의 데이터에 존재하는 셀 수 없이 많은 텍스트 속에서 유용하며 유의미한 정보를 뽑아내고 기타 다른 정보들과의 연관성을 파악하며 단순 정보 검색부터 텍스트의 카테고리 분석, 그리고 그 이상의 결과값 또한 얻어낼 수 있다. 컴퓨터가 인간의 언어를 자연어 기술을 통해 자동으로 분석하고 그 방대한 텍스트 안에서 유의미한 정보를 얻어내기 위해서는 거대한 용량의 언어자원과 통계, 규칙적인 알고리즘을 필요로 한다. 텍스트 마이닝의 주요 응용분야는 문서 분류 및 문서 군집, 정부 추출 및 문서 요약 등이 있다.

텍스트 마이닝의 특징은 다음과 같이 4가지로 세분화할 수 있다.

- 특성추출(Feature Extraction) : 입력 데이터가 처리하기 너무 거대하고 중복데이터가 많을 경우 해당 입력 데이터를 소정의 특성들의 집합으로 요약하여 변환하며 명사 위주의 키워드를 중심으로 벡터 형태로 표현 됨.
- 문서요약(Document Summarization) : 대상 문서의 중요한 내용을 포함하여 해당 문서를 축약함.
- 데이터 군집(Data Clustering) : 데이터들을 각각 다른 그룹으로 분류하되 각 그룹 내의 데이터들이 공통적인 특성 즉 유사성을 공유할 수 있도록 군집화 함.
- 문서분류 · 범주화(Document Classification · Categorization) : 문

서의 내용을 기준으로 하나 또는 그 이상의 카테고리에 할당하는 것으로 분류된 문서들에 대한 분류결과를 외부에 공개함으로서 외부의 정보를 참고하여 분류를 명확하게 정리하는 지도적 문서분류와 외부의 정보를 참조하지 않고 문서를 자체적으로 분류하는 비지도적 문서분류 작업이 있음

2) 오피니언 마이닝(Opinion Mining)

오피니언 마이닝은 평판 분석(Sentiment Analysis)으로도 지칭되며 소셜미디어 등의 정형 · 비정형 텍스트의 긍정(Positive), 부정(Negative), 중립(Neutral)의 선호도를 판별하는 기술로써 빅 데이터 분석 방법으로 인터넷 웹사이트 및 소셜 미디어에 무분별하게 산재되어 있는 데이터로부터 사용자들의 여론과 의견을 분석하여 유용한 정보를 재가공하여 얻어내는 기술이다.

오피니언 마이닝은 특정 서비스 및 상품에 대한 시장규모 예측, 소비자의 반응, 입소문 분석 등에 활용이 가능한데, 오피니언 마이닝을 통하여 특정 사건 및 제품 등에 대하여 네티즌들이 보여주는 댓글, 이야기, 블로그 포스팅 등을 분석하여 긍정, 부정, 중립으로 선호도를 분류를 분류하며 이를 통하여 좀더 객관적이고 정확하게 대중들의 평판을 파악할 수 있도록 도와준다. 또한 서비스 및 상품의 비즈니스적인 측면에서 소비자의 반응 및 마케팅 효과 분석 등에 활용 할 수 있으며 전문가들의 좀 더 정확한 분석을 위한 분석도구로써 충분히 이용 될 수 있다. 여기에는 네티즌들의 선호도를 나타내기 표현 수단 및 단위, 그리고 온라인 상에서 이용되는

단어에 대한 자원을 충분히 보유하여 분석에 이용할 수 있게 만들 필요가 있다.

3) 소셜 네트워크 분석(Social Network Analytics)

소셜 분석은 소셜 네트워크 분석(Social Network Analytics)라고도 불리며 수학의 그래프 이론을 기반으로 하는 기술이다. 소셜 네트워크의 연결구조와 연결강도 등을 통하여 소셜 네트워크 이용자들을 분석하여 이용자들의 온라인 상의 명성 및 영향력을 분석하여 영향력 있는 사용자를 찾는 도구로서 이용된다. 이러한 소셜 네트워크 상에 다른 이용자들에 큰 영향력을 미치는 이용자로 분류된 사람들은 인플루언서(Infulencer)라고 불리며 소셜 네트워크 상의 입소문의 중심이나 입소문의 허브 역할을 담당할 수 있는 가치를 가지고 있기 때문에 인플루언서 모니터링 및 관리는 기술적인 측면을 넘어 비즈니스의 마케팅적인 관점에서 매우 중요하다.

4) 군집분석(Cluster Analysis)

군집분석은 비슷한 특성을 가진 개체를 합쳐가면서 최종적으로 유사 특성의 군(Group)을 발굴하는데 사용된다. 예를 들어 트위터 상에서 주로 사진이나 카메라에 대해 이야기 하는 사용자군이 있을 수 있고, 자동차에 대해 관심 있는 사용자군이 있을 수 있다. 이러한 관심사나 취미에 따른 사용자 군을 군집분석을 통해 분류할 수 있다.

다시 말하면, 군집 분석은 클러스터 분석(Cluster Analysis)라고도 불리며 빅 데이터에 존재하는 수많은 각각의 데이터 객체간 유사성을 측정하여 그 유사성이 높은 대상을 집단, 즉 군집으로 분류하고 서로 다른 군집과 군집 안에 존재하는 객체들의 상이함을 분석하여 결과로 내놓는 통계학적 분석 방법이다. 군집 분석 기술을 통하여 특정 서비스 및 제품에 관심이 많은 개체들을 분석하여 유사한 특성을 가진 그룹을 찾아낼 수 있다.

복합 이벤트 처리(CEP: Complex Event Processing)는 이벤트 스트림 또는 이벤트 클라우드 내에 존재하는 유용하면서 유의미한 이벤트를 찾아내는 이벤트 처리 엔진으로 분산되어 존재하는 다중의 이벤트를 처리하는 기술이다. 이러한 복합 이벤트 처리는 RFID, 공급망 관리(SCM), 시장 분석, 비즈니스 활동 모니터링 등에 이용되는 중요한 기술로서 그 중요성은 매우 높다고 평가되고 있지만 아직 그 개발 및 연구 단계는 초기수준에 있다. 방대한 양의 이벤트를 처리 하는 방식에는 이벤트 스트림 처리(ESP: Event Stream Processing)과 복합 이벤트 처리(CEP: Complex Event Processing) 두 가지 방법이 존재한다. 먼저 이벤트 스트림 처리는 실시간으로 쏟아져 나오는 대용량의 데이터 스트림에 응답하는 기능에 중점을 두고 있으며 복합 이벤트 처리는 이벤트와 이벤트 사이의 관계를 통한 복합 이벤트를 분석하여 각각의 이벤트를 추출해 내는 것에 중점을 두고 있는 방법이다. 이 두 방법은 서로 상호보완의 관계에 있으며 일부에서는 이벤트 스트림 처리기술을 복합 이벤트 처리 기술의 하위 요소로 구분하기도 한다. 이벤트 처리 기술의 핵심 기능은 최대한 많은 이벤트로부터 데이트를 많이 수집하는 것이 아니라 서로 다른 특징과 성격 또는 유사한 성격을 가진 다양한 이벤트간의 상관관계를 분석하여 분석 가능한 패턴을 추출해 내는 것이다.

2. 빅 데이터 분석 인프라

빅 데이터는 그 규모가 너무 거대하기 때문에 기존 데이터 베이스 관리 시스템으로는 데이터 분석이 불가능한 수준이다. 그렇기 때문에 빅 데이터의 분석을 위해서는 새로운 분석 도구 및 분석 인프라가 필요하게 된다. 이러한 도구로서 Hadoop, NoSQL, OLAP, R 등이 있다.

빅 데이터 분석에 가장 많이 이용 되는 Hadoop은 오픈 소스 빅 데이터 기술로서 빅 데이터 분석 플랫폼 생태계를 조성하며 하나의 빅 테이터 분석 표준이 되어가고 있다. 방대한 빅 데이터 처리를 위해서 데이터 병렬처리 기능을 가지고 있는 클라우딩 컴퓨팅 기술을 이용해야 하며 Hadoop은 클라우딩 컴퓨팅을 이용한 안정적인 빅 테이터 처리 기능을 가지고 있다. 2005년 루센 개발자 더그 커팅과 마이크 카파렐라가 구글의 맵리듀스(MapReduce) 알고리즘을 구현하기 위해 개발 한 것으로 분산파일 시스템 HDFS(Hadoop Distributed File System)와 맵리듀스(MapReduce) 시스템으로 이루어져 있다. 먼저 HDFS는 GFS(Google File System)을 따라 만들어진 오픈 소스로서 대용량을 가지고 있는 데이터 파일을 64MB의 작은 청크(chunk) 단위로 분할하여 각 노드에 3개씩 분산하여 저장하며 어느 청크가 어느 노드에 저장되어 있는지를 알 수 있는 메타데이터를 네임 노드에 저장하여 필요한 데이터를 찾을 수 있도록 해준다. 또한 데이터가 유실되거나 각 노드에 분산되는 청크가 부하 분산되는 것을 방지하기 위해 각 청크의 복사본을 유지시키는 특징을 가지고 있다. 이러한 HDFS는 자바(Java)로 개발된 파일 시스템이기에 시스템 확장이 용이한 오픈 소스 형식을 가지고 있으며 복사본을 가지고 있기 때문에 일부 노드에 오류 및 장애가 발생하는 경우에도 아무런 문제없이 대용량의 데이터를 안정적으로 보관할 수 있는 시스템이다. 다음으로 맵리듀스(MapReduce) 또는 맵리듀스 프레임워크(MapReduce Framewrok)라고 불리는 Hadoop의 특징은 Map 함수를 이용하여 대용량 데이터를 여러 개로 나누어 여러 대의 컴퓨터에서 분산처리 하게 하고 Reduce 함수가 각 노드에서 계산한 결과값을 하나로 통합하게 하면서 처리 시간이 매우 오래 걸리는 대용량의 빅 데이터를 단 시간 내에 일괄적으로 처리하여 연산시킬 수 있는 분산 병렬 처리 프로그래밍 모델이다. 또한 데이터가 가지고 있는 핵심 주요 가치(Key-value)에 대한 커스터마이징 기능과 Binary 탐색, Hash 알고리즘 등을 적용시켜 데이터 처리 속도를 더욱 빠르게 만들었다. 이러한 주요 두 가지 특징을 가지고 있는 Hadoop은 Yahoo와 Nextbio 등에서 빅 데이터와 관련된 작업을 수행하기 위해서 널리 활용되고 있는 빅 데이터 분석 처리 인프라이다.

NoSQL의 등장배경을 보면 기존의 DBMS의 SQL방식을 살펴볼 필요가 있다. 기존의 DBMS의 SQL은 질의응답 방식의 관계형 데이터 모델을 가진 데이터 베이스 관리 언어 시스템이다. 이 SQL방식으로는 정형화된 데이터만을 관리 할 수 있기 때문에 비정형의 데이터를 가지고 있는 빅 데이터를 관리하기에는 한계가 있었으며 실시간성 마저 떨어지기 때문에 대용량의 데이터에는 적합하지 않았다. 하지만 NoSQL은 웹 서비스에서 대용량의 빅 데이터를 저장하기 위하여 만들어진 것으로 대용량의 분산된 데이터를 저장 및 조회하는 것이 가능하며 SQL대신에 API나 자체 질의어를 데이터 관리 언어로 채택하고 있다. NoSQL의 저장 방식은 데이터 모델에 따라서 컬럼 모델 DB, 문서 모델 DB, 그래프 모델 DB, In-Memory K-value DB의 네 가지 방식으로 구분된다. 현재 NoSQL 기반의 제품은 Oracle NoSQL, Mongo DB, BigTable, 등 200여 개 이상이 상용화 되어 판매 되고 있다.

온라인 분석처리(Online Analytical Processing, OLAP)는 빅 데이터에 대한 온라인 다차원 분석 처리를 지원 하는 도구로서 이용자가 직접적으로 다차원 데이터게 접근하여 대화 형식을 통하여 정보를 분석하고 이를 의사결정에 활용하는 것을 지원하는 기술이다. 대화 형식의 접근법은 데이터에 대해 신속한 이해와 통찰을 제공해 줄 수 있으며 기존의 DBMS가 2차원적인 분석을 일반적으로 제공한 것에 반해 다차원적인 분석 기능을 제공 함으로써 그 가치를 가지는 기술이다. 관계 기반 소스를 통하여 빅 데이터로부터 선 계산 값을 미리 얻어 저장하는 OLAP의 연산 방법은 CUBE라고 하며 이 CUBE에서 생성된 값에 대한 저장 방법에 따라 Multidimensional OLAP(MOLAP)과 Relational OLAP(ROLAP)

으로 나뉘게 된다. MOLAP은 가장 일반적인 OLAP의 방식으로 데이터는 다차원 CUBE에 다차원 배열로 저장하게 되며 이러한 특징으로 ROLAP에 비해 성능이 우수하며 선 계산 되어있기 때문에 복잡한 계산 또한 신속하게 처리를 할 수 있다. 하지만 CUBE 구축 시에 모든 계산이 미리 실행 되므로 빈 셀이 발생하여 저장 공간 낭비 문제가 발생하며 다차원 배열을 로딩하기 위한 비용이 높은 단점이 있다. ROLAP은 관계형 소스를 관계형 데이터 베이스에 저장하는 전통적이 OLAP으로 대량의 데이터를 다룰 수 있고 관계형 데이터 베이스 고유의 방식을 이용할 수 있는 특징이 있지만 다차원적인 데이터를 얻기 위해서는 관계형으로 저장되어 있기 때문에 부가적인 연산 방식이 필요하며 이는 사용시 상당한 비용을 요구하며 관계형 데이터 베이스의 특징은 SQL방식을 사용해야 하기 때문에 속도가 느리고 기능적으로 제약이 발생한다는 단점이 있다. 이러한 MOLAP과 ROLAP의 장점이 합쳐진 것을 Hybrid OLAP(HOLAP) 이라 하며 요약 데이터나 관계식 데이터를 다차원 데이터 베이스에 저장하고 상세 데이터를 관계형 데이터 베이스에 저장하여 보다 빠른 성능을 제공해 준다.

오픈 소스 분석 솔루션으로 기존에는 SAS, SPSS등이 주로 사용되었지만 최근에 미국 벨랩(Bell Labs)에서 개발한 S프로그래밍 언어 R은 가격 경쟁력 마저 갖춘 최신 데이터 분석 엔진으로서 데이터, 분석함수, 분석 값 등을 객체로 인지하는 데이터 분석을 위한 객체 지향 프로그래밍 언어이다. 통계 분석 및 시각화를 위한 언어이며 오픈 소스의 특징을 가지고 있으며 수천 가지의 라이브러리를 보유하고 있기 때문에 기본적인 통계 분석 기법 및 모델링, 최신 데이터 마이닝 기술의 구현 및 개선이 가능하다. 다양한 분야에서 이용할 수 있는 데이터 마이닝 기법을 제공하고 있기 때문에 금융, 마케팅, CRM, GIS, 의학 등 다양한 분야에서 활용이 가능하며 Java, Python, C/C++ 등의 다른 프로그래밍 언어와도 호환성이 높다. 이러한 특징으로 최근 퍼듀 대학의 Spatarshi Guha 교수는 R을 Hadoop 환경에 맞추어 맵리듀스와 연결하여 수백만 개의 대용량 데이터를 매우 짧은 시간 안에 분석할 수 있는 RHIPE(R and Hadoop Integrated Processing Environment)를 개발하였으며 이러한 R은 빅 데이터 분석이 필요한 기업 및 단체에서 대용량의 데이터에 대한 통계 분석과 데이터 마이닝을 하기 위해 사용되는 솔루션으로 활용되고 있다.

제4절 빅 데이터의 전략적 가치

1. 미래예측

미래 예측은 장기간에 걸쳐 축적된 데이터를 기초로 과거 데이터와 현재와의 상관관계를 분석함으로써, 이를 바탕으로 미래에 발생할 특정 사건 및 현상에 대한 수요나 판매량을 예측하는 것을 말한다. 관련 사례를 살펴보면, 미국의 세톤 헬스케어 패밀리 병원은 200만 명의 환자정보와 진료기록 중 입원 관련 데이터를 추출하여

증세와 질환, 입원과의 연관패턴을 발견하였으며, 재입원 가능성이 높은 환자를 예측하였으며, 이에 대한 예방조치 및 병상운영에 활용하였다. 영국의 에너지기업 센트리카는 스마트계량기를 설치하여 날씨, 기온, 습도와 고객의 전력사용량과의 패턴을 분석함으로써 고객별 에너지 소비 패턴을 파악하였고, 이를 그룹화하여 미래 전력소비 예측에 활용하였다.

2. 숨은 니즈 발견

숨은 니즈는 고객에게서 무의식적으로 표출되는 현상까지 파악하는 것으로 소비자의 일상을 통하여 축적된 데이터를 기반으로 새로운 패턴을 파악하고 경쟁사나 고객 스스로가 인지하지 못하는 고객 니즈를 발견하는 것을 의미한다.

카지노의 주 고객은 관광객이라고 생각하였으나, 연 3,000만 명의 고객 데이터(참여 게임, 배팅액, 손실액, 방문빈도, 거주지, 게임시간 등)를 분석한 결과 카지노의 주 고객층이 지역 주민인 것으로 파악되자, 하라스 그룹은 카지노를 가족 중심의 공간으로 브랜드화 하고, 지역 주민 맞춤형 마케팅을 실시하여 업계 만족도 1위를 달성하였고, 지속적인 경쟁력 확보를 통하여 결국 업계 1위 기업을 인수하였다.

미국의 포드는 약 400만 대의 자동차에 고객 운전습관, 주행환경, 소음 등을 측정할 수 있는 센서를 부착하여 실시간으로 데이터를 수집하였고, 수집한 데이터를 기반으로 소비자의 운전 행태를 분석한 결과 신차 개발에 반영할 소비자 니즈를 파악할 수 있었다.

3. 리스크 경감

리스크 경감은 산재해있는 위험요소를 사전에 파악하고, 이를 보다 정교하게 관리함으로써 위험을 줄이는 것을 말한다. 정량적 정보로는 외부의 위험을 탐지하는데 한계가 있었으나 정성적 정보의 증가로 외부의 이상징후 감지 및 고위험에 대한 경고를 사전에 탐지하는 것이 가능해졌으며, 이에 대한 분석을 통하여 포괄적인 위험 관리가 가능해졌다.

허츠(Herts)는 세계 146개국에 있는 8,300지점으로부터 고객의 소리를 실시간으로 분석해 빠르게 대응을 할 수 있는 컨텐츠 분석 솔루션을 도입해 운영하고 있으며, 홈페이지, 소셜미디어, 영업점 등 다양한 채널에 퍼져있는 고객 의견 내용을 자동으로 분석한 결과물을 가지고 보다 신속한 의사결정을 내릴 수 있게 되었다. 유럽 에이비스(AVIS)는 이메일 및 과거 거래행적으로부터 고객들의 기호와 행동을 파악하고, 고객의 선호도 파악하여, 맞춤형 이메일 서비스를 제공함으로써 기존 고객과의 상호 관계를 개선하고 잠재 고객과의 접점을 넓혔고, 고객의 요구에 신속하게 대응할 수 있어 마케팅 비용은 50% 절감하면서, 고객의 관심사를 예측해 궁극적으로는 자동차 렌탈 기회를 높일 수 있었다.

유럽 연합은 의료정보시스템 메디시스(Medisys)를 통하여 웹 데이터에서 공중보건에 영향을 미치는 사건을 탐지하여 사전에 위험을 경고하는 시스템을 구축하였다. 의학전문사이트 400개, 뉴스포털 3,750개 등에서 수집한 뉴스를 다양한 형태의 그룹으로 분류하여 지속적으로 추적하고, 영향력이 낮은 기사는 필터링하고 중요한 이벤트만 포착하여 질병에 대한 사전 대응능력을 향상시켰다.

4. 맞춤형 서비스

기존 기업 및 정부에서 제공하는 정보는 고객에게 스팸의 성격이 높았으나, 맞춤형 서비스는 고객의 개별 상황에 대한 정확한 이해를 바탕으로 고객에게 맞는 정보를 제공함으로써 효용을 극대화시킬 수 있는 것을 말한다.

아마존과 넷플릭스는 개인의 정보에 유사한 성향을 가진 사람들의 정보를 통합하여 분석하는 사용자 기반 협업 필터링 기술로 소비자에 대한 추천 정확도를 향상시켰으며, SNS 서비스를 제공하는 태그드 닷컴은 1억 명에 대한 사람 간의 관계를 예측하여 연결 가능성이 높은 사람을 선별하여, 데이트 성공 가능성을 향상시킬 수 있는 개인 맞춤형 서비스를 제공할 수 있다.

한편, 하루 40억 회 이상 동영상이 검색되는 유튜브도 이용자 자신이 선호하는 동영상 채널을 구성할 수 있는 개별 홈페이지를 제공하고 있다. 개인 별로 동영상 이용 데이터가 축적되면 이를 SNS 정보, 인적 네트워크 정보와 연계해 다양한 개인 맞춤형 서비스를 제공할 수 있다.

국내에서도 빅 데이터를 활용한 맞춤형 서비스 개발이 활발하다. 최근 신한카드는 고객의 소비행태 분석을 통한 상품 개발 체계를 선보인 바 있다. 신한카드는 만 고객의 빅 데이터를 분석해 2200 세대나 계층과 무관하게 비슷한 소비경향을 가진 집단을 파악했고, 이를 남녀 각각 9개의 코드로 분류한 후 맞춤형 카드를 개발하여 판매하고 있다. 특히 이 상품은 고객 자신도 잘 몰랐던 소비행태를 기반으로 고객에게 맞는 카드를 추천하는 것이다.

5. 실시간 대응

실시간 대응은 시장 상황 및 경쟁 동향에 대한 모니터링을 기반으로 하고 있으며, 환경변화를 신속하게 파악하고, 이에 자동으로 대처할 수 있는 체계를 구축하여 성과를 향상시키는 것을 의미한다. 과거에는 사후관리 측면이 높았지만, 빅 데이터를 활용할 경우 실시간으로 위기 또는 기회 상황을 감지하고 이에 대처하는 것이 가능하다.

일본의 NTT 도코모는 고객의 위치정보를 기반으로 스키장 또는 골프장 도착 시 맞춤형 보험 상품 정보를 제공함으로써 사업기회를 포착하고 제공하였으며, 기지국별 인구통계를 작성함으로써 재난에 대비할 수 있는 체계를 구축하였다.

미국 유통업체 시어스는 실시간으로 점포 재고, 경쟁사의 가격, 날씨, 고객정보 등 다양한 분야의 데이터를 수집하고 분석하여, 가격탄력성 분석소요시간을 1/8로 감소시켰으며, 적정 재고를 유지하는 성과를 달성하였다.

6. 상품 개발 및 서비스 향상

민간부문에서 빅 데이터 활용을 선도하고 있는 기업은 구글이다. 구글은 빅 데이터를 이용해 기존의 자동번역 시스템을 획기적으로 개선하였다. 구글은 수천만 권의 도서 정보와 유엔과 유럽의회, 웹 사이트의 자료를 활용해 64개 언어 간 자동번역 시스템 개발에 성공했다. 구글은 자사가 개발한 자동번역시스템의 기술을 통계적 기계 번역(statistical machine translation)이라고 표현한다. 이는 컴퓨터에게 문법을 가르치지 않고 사람이 이미 번역한 수억 개의 문서에서 패턴을 조사해서 언어 간 번역 규칙을 스스로 발견하도록 하는 방식이다.

자라(Zara)는 현재 유행하는 패션 트랜드를 즉시 반영해 단기간에 다품종소량 생산하는 초스피드 전략(fast fashion)을 채택하고 있다. 이러한 전략을 뒷받침하기 위해서 상품 수요를 예측하고 매장별 적정 재고를 산출하며 상품별 가격 결정과 운송 계획까지 실시간 데이터 분석에 의존하고 있다. 빅 데이터 활용을 위해 자라는 MIT 연구팀과 최적 재고관리 시스템을 개발했다.

볼보(Volvo)도 빅 데이터를 제품 개발과 서비스 향상에 활용했다. 볼보는 소비자의 자동차 운전 과정에서 수집된 데이터를 본사의 분석 시스템에 자동전송하도록 하여 빅 데이터를 축적하고, 이를 이용해 제품 개발 단계에서 알기 어려운 다양한 결함과 소비자의 잠재적 필요를 파악하여 빠르게 대응하였다.

한편 국내에서도 서비스 향상을 위해 빅 데이터를 활용하는 사례가 늘어나고 있다. 예컨대, SK텔레콤의 티맵 네비게이션은 택시, 고속버스 등에 위성위치확인시스템(GPS)을 부착하여 전국 도로의 교통정보를 수집하고 분석하여 정확도를 높인 서비스를 제공하고 있다. 또한 LG디스플레이는 장비에서 수집된 빅 데이터 활용으로 제품 불량 발생을 예측하고, 빠른 대응이 가능하도록 하고 있는데, 이는 통계학 전공자 등 전문 인력을 채용하여 빅 데이터 분석에 활용한 결과이다.

7. 생산성 향상 및 매출 증대

포스코는 원료의 가격에 영향을 미치는 여러 가지 변수를 종합적으로 고려하여 최적의 원료 구매 시기와 적절한 가격대를 결정하고 있다. 즉 고객의 수요 데이터, 남미·호주 광산의 상황, 런던 금속 거래소의 광물 가격 데이터를 분석하여 미래의 철광석 가격을 예측하고 이를 생산과 판매에 반영하여 매출 증대를 꾀하고 있는 것이다. 또한 BC카드도 카드 승인 데이터를 수집하여 카드 회원사 매출 패턴을 분석하고, 카드 이용한도 조정 등의 개선방안을 마련하여 매출 증대에 기여하고 있다.

제5절 소셜 네트워크와 데이터 마이닝

소셜 미디어 이용정보와 함께 모바일 환경에 의한 사용자 위치

정보를 활용하여 실시간으로 서비스 사용자의 행동패턴, 선호도와 고객경험을 파악하는 상황인지(context awareness)가 가능해졌으며, 이를 바탕으로 기업들은 자사의 서비스나 제품 등 다양한 오퍼를 고객의 상황에 맞게 즉시 추천할 수 있게 되었다. 트위터의 타임라인, 팔로워(follower) 혹은 리트윗을 통해 전달된 맛집 정보, 특정 상품 사용후기 등을 분석한다면, 전통적인 조사방법을 통한 시장조사보다 즉시성과 역동성을 지닌 결과를 얻을 수 있을 것이다. 페이스북의 "좋아요(Like)" 버튼을 통한 사용자의 선호 정보와 그 선호 정보를 접하는 친구들의 반응은 타겟팅을 위한 소중한 정보이다. 입력된 검색어에 따라 서비스 사용자의 위치를 고려하여 해당 서비스, 상품을 추천하는 구글의 애드워즈(Google AdWords) 서비스도 사용자 스스로가 제공한 데이터 기반 추천이라고 할 수 있다. 즉, 기업 내부적으로 확보된 고객의 거래정보에만 의존하는 과거 분석방식의 한계를 소셜 인맥 상의 인터넷 활동공간에서 생산된 데이터와 실시간 위치기반 데이터를 활용하여 극복할 수 있어, 이에 대한 분석이 요구 되고 있다.

이렇게 사용자의 현재 상황과 감정까지 포함한 가치있는 엄청난 정보를 어떻게 활용할 것인가를 많은 기업들이 고민하게 되었다. 90년대 말은 기업이 확보한 고객정보의 활용을 고민하던 시기였다면, 현재는 사회 구성원인 잠재고객들의 생각과 행동을 파악하고 이해하며 다가가고 싶은 모든 기업들이 소셜 미디어와 그를 통해 발생한 데이터의 분석을 고민하고 있다. 그러다보니 90년대 말 분석의 이슈는 많은 고객과 고객정보를 확보한 통신사, 금융권 중심이었으나, 현재 소셜 미디어 데이터의 활용은 전 산업군에 걸쳐 관심의 대상이 되고 있다. 그렇다면, 다양한 소셜 네트워크를 통해 발생한 데이터를 어떤 기술을 활용하여 어떤 일들을 할 수 있는지 알아보겠다.

1. SNS와 데이터 마이닝 활용

우선 SNS와 데이터 마이닝에 대해서 논하기전에 빅 데이터(Big Data)에 대한 이해가 필요하다.

빅 데이터(Big Data)란 기존의 방식으로 저장, 관리, 분석하기 어려울 정도로 큰 규모의 자료를 의미한다고 글로벌 경제지, 컨설팅 그룹 등이 보도, 분석하고 있으나, 일반적으로 두가지로 정의 할 수 있는데 DB의 규모에 초점을 맞춘 정의(McKinsey)에 따라 '일반적인 데이터 베이스 SW가 저장, 관리, 분석할 수 있는 범위를 초과하는 규모의 데이터'로 정의 할 수 있다. 다른 정의로는 DB가 아니라 업무수행에 초점을 맞춘 정의(IDC)로써 'Big Data는 다양한 종류의 대규모 데이터로부터 저렴한 비용으로 가치를 추출하고 데이터의 초고속 수집, 발굴, 분석을 지원하도록 고안된 차세대 기술 및 아키텍처'라고 정의한다.

빅 데이터 현상은 기업들의 고객 정보 수집활동 및 멀티미디어 콘텐츠의 폭발적 증가와 스마트폰 보급, M2M, SNS 활성화 및 사물통신망 등의 저변 확대로 빠르게 확산되고 있다.

기업들은 온라인 · 오프라인 사용자 정보, 소비자 행태에 대한 정보수집에 적극적며, 고객관련 정보 수집의 증가로 더 많은 데이터 스토리지와 정교한 분석 능력을 필요로 하게 되었고, 따라서 기업의 고객 데이터 트래킹 및 수집 행위가 증가하게 되었다.

멀티미디어 콘텐츠와 콘텐츠 사용에 관한 정보의 증가가 두드러졌는데, CT 스캔, CC카메라 등 다양한 부분에서 대용량 멀티미디어 콘텐츠 생산이 증가하였고, 더욱이 SNS의 급격한 확산과 비정형 데이터의 폭증 역시 빅 데이터를 생성하게 되었는데, SNS는 스마트폰의 확산과 더불어 젊은 층에서 중장년 층으로까지 확산되었고, Facebook에서만 매월 한 이용자당 평균 90개 이상의 콘텐츠를 업로드하고 있으며, YouTube에서는 1분 마다 24시간 분량의 비디오가 업로드되는 등 SNS 미디어 데이터가 폭증하는 현상이 발생하고 있다.

또한 M2M 확산에 따른 센서 저변 확대 역시 많은 데이터를 발생시키는데 현재 3천만 개 이상의 사물인터넷 센서가 설치되었고, 더불어 원격 헬스 모니터링을 통한 헬스케어, RFID를 이용한 소매업, 스마트 미터 기술을 활용한 유틸리티 사업에서도 데이터 발생량이 증가할 것이다.

1) 분석방법 측면

축적된 데이터로부터 유용한 정보를 찾아내는 데이터 마이닝은 고급분석(advanced analytics)이라는 이름으로 다시 주목 받고 있다. 고급분석에서 언급하는 기술들은 이미 소개된 데이터 마이닝의 방법론들과 비교하여 전혀 다른 것이 없으나, 분석 대상인 데이터가 소셜 미디어를 통해 생산되는 텍스트 형태의 비정형 형태라는 점과 사용자 간의 관계 및 유사 커뮤니티를 발굴하기 위한 비지도학습(unsupervised learning) 기법의 활용빈도가 높다는 특징이 있다. 즉, 텍스트 마이닝(text mining), 소셜 네트워크 분석(social network analysis)과 군집분석(clustering)이 주로 사용되고 있다.

텍스트 마이닝은 트위터나 페이스북 사용자가 올린 글들을 분석하여 특정 상품, 서비스, 음시점, 카페 추천 등의 선호도 및 여론의 방향을 파악하는 것으로, 문장형태의 비정형 데이터를 정형화하는 데이터 전처리 기술과 사용자의 호감(positive)과 비호감(negative)의 선호도를 인지할 수 있는 해당 단어들이 어떤 것들인지에 대한 노하우가 필요하다. 선호도를 나타내는 표현과 단어는 소프트웨어만을 이용한 분석으로 파악하는 것이 불가능하여, 실제 문장을 읽고 해당 글이 호감 혹은 비호감을 나타내는지에 대한 전문가 판단이 축적되어야 한다는 점이 중요하다. 텍스트 마이닝은 구전 효과를 모니터링하는 입소문 분석(viral analysis)과 평판 분석(sentiment analysis)에 적용되고 있다. 그리고 특정 서비스 및 상품의 시장규모 예측을 위해, 관련 상품 혹은 서비스가 인터넷 공간에서 논의된 횟수 및 심도, 그리고 소셜 미디어 기반의 입소문 데이터를 활용하여 예측 모델링하는 마케팅 인텔리전스에 사용되고 있다.

소셜 네트워크 분석은 수학의 그래프 이론(graph theory)에 근간하는데, 주로 사용자의 중요도를 측정하여, 입소문의 중심이나 허브 역할을 하는 사용자를 발굴하는데 활용된다. 즉, 소셜 네트워크의 연결 구조 상 다른 사용자에게 많은 영향을 끼칠 수 있는 사용자를 찾아 해당 사용자의 입소문을 모니터링하고 관리하는데 활용된다.

군집분석은 소셜 네트워크 사용자의 특징을 파악하여 비슷한 성향의 사용자 군을 발굴하는데 사용된다. 예를 들어, 소셜 네트워크 관계 하에서 주로 언급되는 트위터 내용이 겨울 등산에 관심이 있는 사용자 그룹이 있을 수 있고 사진촬영을 위한 출사에 관심 있는 사용자 군을 찾을 수 있는 것이다. 즉, 사용자가 주로 언급한 단어들을 통해 같은 관심이나 취미를 갖고 있는 사용자 군을 탐색하는데 활용될 수 있다.

2) 분석 인프라 측면

실시간으로 엄청난 규모로 발생하고 있는 빅 데이터를 모아 분석을 수행할 수 있는 IT환경은 어떤 모습일까? 기업들이 도입하는 일반적인 컴퓨팅 환경으로 빅 데이터를 처리하기 위해서는 엄청난 비용이 필요할 것이며, 과연 분석이 가능할지 의문이다. 들은 어떤 IT 인프라 환경을 갖추고 있는지 살펴볼 필요가 있다.

빅 데이터라고 부르는 대형데이터 처리를 분산처리 기술을 활용하여 저렴하고 효율적으로 수행하고 있다. 이는 저비용, 고효율의 클라우드 서비스에 활용되고 있는 오픈소스의 비약적인 발전과 함께 데이터 분석분야에서도 오픈소스 기반의 통계분석 엔진 성능이 상업용 소프트웨어를 훨씬 능가하기 시작했기 때문이다.

분석에 있어 가장 많은 시간과 비용이 필요한 과정이 데이터의 전처리 과정이다. 실시간으로 쌓이는 각종 로그 혹은 거래 관련 데이터는 각종 리포트나 예측모델링을 위한 데이터 형태로 변환하기 위해 복잡한 처리과정을 거치며 최초의 데이터 크기 보다 축소되면서도 새로운 형태의 정보가 파생되어 생성된다. 이 전처리 과정이 분석 결과의 품질을 결정하는 단계로 가장 많은 시간과 비용이 소요되며, 데이터가 어떻게 가공되어야 하는 가에 대해 분석 전문가의 경험이 가장 필요하기도 하다. 이와 같이 너무나 많은 시간과 비용이 소비되어 분석에 엄두를 내지 못하던 빅 데이터의 처리가 현실화되며 빅 데이터 분석이 가능해 질 수 있었다.

3) 서비스 측면

기업에서 소셜 네트워크 데이터 분석을 통해 마케팅 고도화 혹은 신상품이나 서비스에 대한 고객반응, 평판을 파악할 수 있는 방법은 무엇일까? 즉, 소셜 미디어 데이터 분석을 도입하는 방안은 무엇인가? 과거 내부의 고객 데이터를 분석하던 상황과는 달리, 기업이 소셜 미디어 데이터를 수집하고 빅 데이터 분석 환경을 기업 자체적으로 구축하는 것은 어려울 것이다. 물론 분석 목적과 데이터 규모에 따라 데이터 수집을 구글이나 네이버와 같은 검색엔진을 활용하여 모으고, 오픈소스나 상업용 분석 소프트웨어를 활용하는 방안도 있을 수 있다. 이런 경우는 B2B 형태의 비즈니스를 하는 기업이 최종 사용자 시장 동향을 파악하기 위한 분석을 수행할 때와 같이, 데이터가 크지 않고 분석 목적이 단순, 명확한 경우이다. 그러나 B2C 비즈니스 처럼 대중의 활동, 여론, 기업의 서비스 및 제품 평가를 파악하여야 하고 소셜 네트워크 분석을 통해 빅 마우스 사용자를 찾아 내고 싶은 경우, 데이터 수집 노하우 및 대형 스토리지, 그리고 고성능의 컴퓨팅 환경이 필요할 것이다.

현재 국내 기업들은 SNS를 활용한 마케팅 활동을 페이스북의 팬 페이지와 기업 이름을 인지할 수 있는 트위터 아이디로 전개하고 있다. 소셜 네트워크 상에서의 고객 반응은 각 소셜 미디어 업체가 제공하는 리포팅 기능을 활용하여 모니터링하는 수준이며, 분석 측면에서 좀 더 고도화하려는 기업들은 소프트웨어 벤더들이 제공하는 소셜 미디어 데이터 분석 툴의 도입을 고민하는 것으로 파악된다. 그러나 비용대비 그 효과가 얼마나 있을까를 고민하여 기업 자체적인 소셜 미디어 데이터 분석을 통한 SNS 마케팅 고도화를 추진하고 있다.

도입 효과란 시스템 구축이나 서비스 활용 후의 단순 효과가 아니라, 그 시스템과 서비스를 기업이 어떻게 활용하는가의 문제이다. 시스템이나 서비스는 회사의 전략을 수행하기 위한 도구일 뿐, 그 도구 스스로가 기업에게 이윤을 창출해 주지 않는다. 도입 효과를 보기 위해서, 특히 데이터 분석을 통해 매출이나 이익 증대를 확인하기 위해서는 많은 시행착오와 시간이 필요하다. 데이터를 모으는 시간, 그리고 목적에 맞는 분석용 데이터 형태를 발굴하는 시간, 적절한 분석방법을 찾고 그 결과를 해석하는 노하우를 축적하는 시간들이 필요하다.

빅 데이터 분석을 통한 SNS 마케팅 고도화 이전에 소셜 네트워크를 활용한 마케팅 활동을 실행해 보며 고객의 반응을 살펴 보고, 고객 반응을 예측하는데 필요한 데이터들을 정의해 보는 내부적인 노력이 선행되어야 할 것이다. 그러한 과정을 거쳐 명확한 분석의 목적, 필요한 데이터, 분석 방법이 정의된 후 마케팅 고도화를 위한 자체 시스템의 구축 혹은 클라우드 형태의 서비스 활용 등을 추진하는 것이 좋을 것이다.

2. 소셜 CRM 적용사례

1) SNS가 연 소셜 빅 데이터 시대 – 마이닝 기법을 통한 빅 데이터의 분석

오래전부터 빅 데이터를 분석하고 이를 체계화하기 위해 많은 노력이 지속적으로 이어져 왔다.

기업이나 기관이 주로 데이터 또는 정보 생산의 중심이 되었기 때문에 정보 독점 가능성이 굉장히 높았다. 뿐만 아니라 기업과 기관 중심에서 생산된 데이터는 기업이나 기관의 입장 때문에 편향적 데이터일 가능성이 높아 의사결정시스템이나 지식관리시스템을 구성하는데 큰 도움이 되지 않았다. 당연히 고객, 사용자에 접근되기 위해서는 그들의 입장에서 생산된 데이터를 분석하는 것이 타당 할 것이다.

사용자들이 스스로 만들어낸 데이터는 기업의 이익이나 편의성 등 편향적 데이터가 아니라 대중적 의견 가능성이 높다. SNS의 가장 큰 가치는 바로 여기에 있다. 누구나 생활 중에 자유롭게 이야기하고 그를 표현하고 다른 사람들과 나눌 수 있는 가치, 즉 Web Life

를 구현하면서 데이터를 생산하고 공유하여 집단지성을 형성할 수 있는 가치이다.

SNS 는 바로 이런 가치를 실현시켜 주고 있으며, SNS 기반 속에서 자유롭게 생산되는 대량의 데이터를 잘 분석하고 활용할 수 있다면 더 넓은 새로운 가치를 창출할 수 있으리라 기대한다.

이처럼 소셜 빅 데이터 활용은 다양할 것이다. 물론 이런 가능성은 SNS에 의해 만들어진 것이다. 앞으로 기업에서 '어떻게 소셜 빅 데이터를 활용할 것인가'의 능력에 따라 경쟁사와의 우의를 점할 수 있을 것이고, 공공기관에서는 국민, 시민들의 의견과 여론을 형성하고 분석하고 정책에 반영하는데 유용할 것이다.

SNS는 오랫동안 고민해 오던 데이터 마이닝을 한 단계 발전 시킬 수 있는 동기를 만들어 주었다. 이제는 시시각각 쏟아져 나오는 엄청난 정보, 데이터, 그것도 국민, 고객의 생활과 생각, 입장에 굉장히 밀접한 데이터들이 온라인을 통해 유통되고 공유되고 있다. 이런 데이터를 어떻게 기업, 기관 등이 어떻게 효율적으로 분석하고 활용할 수 있을지 고민해야 한다.

2) 트위터를 이용한 웹 마이닝 사례

트위터는 다른 SNS와는 차별적인 특성을 가지고 있다. 140자 이내 정보 추구적 미디어 빠른 정보확산 등 정보를 분석하는데 있어 효율적이고 효과적인 면을 가지고 있다. 이러한 점에서 SNS의 데이터 마이닝 중 트위터를 집중적으로 살펴보고자 한다.

가) 트위터 분석요소

트위터는 인간의 커뮤니케이션 기본 패턴인 독백, 방백(tweet), 대화(mention), 귓속말(쪽지, DM), 전파(RT, Retweet)에 덧붙여서, 기억(favorite)과 분류(list)는 물론이고 듣고 말하는 것으로 발생하는 간접적인 종속관계(팔로잉,팔로워)까지 구현되어 있다. 이 외에 분석을 방해할만한 기타변수(noise 등)는 없으므로 오프라인 커뮤니케이션을 시뮬레이션한 형태로 고려할 수 있다.

따라서, 트위터에서 진행되는 커뮤니케이션을 패턴화 시켜서 분석할 경우 소비자의 행동이나 생각의 흐름에 대하여 읽을 수 있고, 미래의 상황을 알 수 있을 것으로 보인다.

문자를 통한 커뮤니케이션이기 때문에 분석을 하는 것도 용이하다. 정성적 분석을 통하여 트윗 안에 포함된 단어들을 개별 추출하고, 그에 붙어있는 맥락을 파악할 수 있다.

나) 트위터와 웹 마이닝

트위터는 처음 가입할 때, 특별한 정보를 묻지 않는다. 이메일과 이름, 아이디, 비밀번호 외에는 기입하는 란이 없다. 따라서 나라에 대한 정보나, 직업, 취미, 선호하는 것 등에 대하여 초기에 획득할 수 없다. 이러한 특성상 트위터에서는 강력한 데이터 마이닝 기법인 군집화가 불가능하다. 하지만, 현재 트위터를 사용하는 사람들이 세계적으로 수억명에 이른다는 점을 고려할 때, 보편적인 대표성은 일정부분 충족되고 있다고 볼 수 있다.

한편, 이러한 상황으로 인해 트위터에서 분석할 수 있는 데이터는 트위터 유저가 게재하는 140자의 단문의 메시지에 의존한다. 그 외에 트위터 방문 횟수, 시간 등의 로그도 분석의 대상이 된다.

따라서, 트위터를 통해 분석할 수 있는 내용들을 정리하면 아래와 같다. '이용자의수', '리트윗의 수', '멘션의 수', '계정의 수', 'favorite의 수', '특정 시간 정보', '특정 위치 정보', '특정 계정의 언급', '특정 단어', '특정 태도', '특정URL', '팔로우 관계', '디바이스위치' 등.

이러한 정보를 다양한 방식으로 조합 함으로써 현상을 살펴볼 때, 제품간의 연관성이나 패턴분석을 통해 브랜드 또는 제품 등의 이미지와 소비자 인식 등을 파악하는데 도움을 줄 것으로 보인다. 또한 마케팅 효과 평가 및 전략수정 등에도 활용될수 있다.

II. CRM
(Customer Relationship Management)

제3장 CRM의 이해

CRM(Customer Relationship Management)은 시장 환경 변화에 따른 새로운 마케팅 접근 시각이 필요하게 되었고, 시장개방, 고객니즈의 다양화, 경쟁의 심화 및 고객중심의 경영변화에 따라 CRM이 등장하게 되었다.

제1절 CRM의 개요

제1항 CRM의 시작

여러 사회환경 등의 변화에 따라서 오랫동안 행하여 오던 기존의 마케팅 방식에서 발생하는 문제점들을 극복하기 위해서 CRM의 필요성이 대두하게 되었다.

1. 기존마케팅에서의 전환

기존의 마케팅방식은 마케팅 팀을 위한 마케팅 부서만의 마케팅이다. 특히, 기존의 마케팅 투자는 뚜렷한 방향이나 본질적인 요건을 정의하지 못한 채, 변화하는 시장환경 적응하여 왔다. 이러한 마케팅의 방향을, 환경을, 제도를 바꾸는 방안이 CRM인 것이다. 고객에 대한 중요성을 마케팅의 전면에 배치하여 사내 고객과 관련된 부서(예를 들면, 콜센터, 영업부서, 서비스센터, 마케팅 등) 에서 발생한 모든 정보의 방향과 프로세스 등 고객관계에 역량을 집중하는 것이다.

실제로 First Manhattan Consulting Group이나 Rerchheld & Sasser에 의하면 '회사를 떠나는 고객의 5%만 줄이더라도 기본 수익의 두배는 얻을 수 있다' '우수고객 10%가 전체매출의 80%를 기여한다' 등의 보고가 있었듯이 현재 각 기업의 마케팅은 기존고객보다는 신규고객획득에 초점이 맞춰져 있으며 기존고객의 니즈를 파악하지 못하고 있다. 고객들은 모든 광고와 정보의 홍수 속에 살고 있으며, 이들 고객들은 어느 누구보다도 많은 정보를 갖고 있다. 반대로 이런 고객에 대한 분석력은 항상 제자리에 머물고 있다. 고객을 이해하기에는 많은 문제점이 있는 것이다.

고객에 대한 니즈를 파악할 수 있는 시스템이 기존에는 존재하지 않았다. 고객에 관한 정보는 시시각각 변하지만 이러한 고객정보를 효율적으로 관리할 수 있는 시스템은 없었다.

어떻게 고객을 세분화할 것인가?, 어떻게 목표고객을 설정할 것인가?, 목표고객에 대한 포지셔닝은 어떻게 실시할 것인가?, 고객에 대한 수익을 어떻게 증가시킬 것인가? 이러한 문제를 해결할 수 있는 제반 인프라가 구축되어 있지 않기에 기반조성을 통해 새로운 기회를 찾고, 새로운 고객에 대한 전략을 수립하는 것이다.

2. 고객지향

CRM은 전사적으로 고객 지향적이어야 한다. 더 나은 고객을 위해서라면, 사내 어느 부서에 근무하는 그 누구라도 항상 고객을 위해, 고객에 대해 준비해야 한다. 고객의 불만, 고객의 특징, 고객의 취향 등의 정보를 마케팅 부서에서 활용한다면, 직접적인 시장의 변화를 느낄 수 있으며, 고객의 변화를 통한 새로운 마케팅이 가능하게 될 것이다.

CRM은 이처럼 전사적으로 고객에 대한, 고객정보에 대한 마인드를 바꾸고, 개선하며, 집중적인 관리를 통해 완전한 정착단계에 이룰 수 있다. CRM은 고객, 정보, 사내 프로세스, 전략, 조직 등 경영 전반에 걸친 관리체계이며, 성공적인 수행을 위해서 IT가 밑받침되어 구성되는 것이다.

3. 평생고객가치(Life Time Value)의 극대화

CRM의 중요한 목적중 하나는 고객과의 관계(Relationship)를 바탕으로 평생고객가치(Life Time Value)를 극대화하는 것이다. 단순하게 고객과의 관계에 머무르지 않고 신규고객 및 기존고객의 다양한 고객접점(영업사원의 고객접촉, A/S직원의 방문, Inbound Call(고객으로부터 걸려온 전화), Outbound Call(고객에게 판매촉진을 위한 건 전화) 등)을 활용하여 여기서 발생한 수많은 데이터를 정리 분석해 마케팅 정보로 활용함으로써 고객의 구매관련 행동을 지수화하고, 이를 바탕으로 마케팅 프로그램을 개발, 실현, 수정하는 고객 중심의 경영기법을 의미한다.

따라서, CRM은 고객정보(고객 데이터 웨어하우스), 분석(데이터 마이닝) 그리고 이를 활용하는 마케팅 채널(TM, DM, 대리점, CM등)을 통합하는 솔루션으로서, CRM을 도입하기 위해서는 Hardware, DB, Tool Marketing(TM), 고객 서비스, 다이렉트 마케팅, 영업 지원(sales support), 인터넷을 이용한 사이버 마케팅 등 그 구축 범위가 매우 넓다. 고객의 니즈에 촛점을 두어 1:1로 차별화된 마케팅을 실시하는 것이 바로 CRM이라고 할 수 있다. 기존의 마케팅이 단발적인 마케팅 전술이라면 CRM은 고객과 지속적인 관계를 유지하면서 '한번 고객은 평생고객'이 될 수 있는 기회를 만들며, 평생고객화를 통해 고객의 가치를 극대화하는 것이다.

지속적으로 고객에게 서비스를 제공할 방법이 없다. 고객에 대한 정보가 있어도 어떻게 서비스를 실시해야 할 지를 모르고 있다. 어떠한 방향으로 고객을 만족시킬 것인지에 대한 대책이 없다면, 아무리 좋은 투자라도, 그 무엇이라도 무용지물이 될 것이다. 지속적인 관리방안을 통한 장기적인 계획수립을 통해 고객을 관리해야 한다.

제2항 CRM의 이해

현재와 같은 글로벌 경쟁환경하에서는 CRM은 단순한 고객의 만족을 넘어서는 고객과의 관계를 유지, 확대, 개선시켜주며, 이를 통해 고객만족도를 개선하고 고객충성도를 높일 수 있는 매우 중요한 도구라 할 수 있다. 이러한 일들을 하기 위해 CRM은 마케팅 분야의 이론과 IT분야의 기술을 자연스럽게 접목하여 시작되었다고 볼 수 있다. 즉, 고객정보를 이용하여 고객과의 관계를 최대한 효율적이고도 효과적으로 관리하고자 IT분야의 기술과 마케팅 분야의 이론을 활용하고 있다.

이처럼 고객중심적으로 시야를 돌릴 수밖에 없는 이유는 과거와 달리 판매자 시장에서 구매자 시장으로 힘이 기업에서 고객으로 옮겨갔기 때문이다. 이런 결과 기업은 한정된 자원을 가지고 보다 치열한 시장경쟁 속에서 살아남기 위해 매스마케팅하던 시각에서 벗어나 누가 보다 수익성과 충성도가 높은 고객들인지 효과적으로 선별하고 이들을 지속적으로 유지 관리하는 것이 훨씬 더 비용 효율적이며 효과적이라는 사실을 인식하게 되었다. 즉, CRM은 고객과의 관계를 어떻게 맺고, 맺어진 관계를 어떻게 유지 관리할 것인지에 대해 고민하는 경영기법이라 할 수 있다.

따라서 '고객을 어떻게 선정할 것인가', '선정된 고객과의 관계를 어떻게 유지할 것인가', 등의 질문에 대해 CRM은 고객의 데이터를 이용하여 답을 효율적으로 찾는 것이 CRM의 궁극적인 목표라고 할 수 있다. 결국 CRM은 고객 데이터를 활용하여 고객과의 관계를 생성하고, 유지, 개선시킴으로써 고객의 만족과 충성도를 제고하고, 기업이나 조직의 지속적인 발전을 추구하는 전사적인 경영전략으로 고객관련 제반 프로세스와 활동을 의미한다.

실제적이고 구체적인 CRM에 대해서 살펴보면 CRM은 고객과 관련된 기업의 내·외부 자료를 분석, 통합하여 고객특성에 기초한 마케팅활동을 계획하고, 지원하며, 평가하는 과정을 의미한다. 즉, 다양한 고객접점을 활용하여 여기서 발생되는 수많은 데이터를 세분화하여 신규고객 획득- 우수고객유치- 고객가치 증진- 잠재고객 활성화- 평생고객화의 순환을 통해 고객의 니즈에 초점을 둔 차별화된 마케팅 전략이다.

기존 마케팅이 단발적인 마케팅 전술이라면 CRM은 우리 회사의 고객이 누구인지, 고객인 무엇을 원하는지를 파악하여 고객이 원하는 제품과 서비스를 지속적으로 제공함으로써 고객을 유지시키고 이를 통해 고객의 평생가치를 극대화하여 수익성을 높이는 통합된 고객관계관리 프로세스, 즉 고객 데이터와 정보를 분석, 통합하여 개별 고객의 특성에 기초한 마케팅활동을 계획, 지원, 평가하는 과정이다.

그렇다면 이러한 관점에서의 CRM은 무엇을 의미하는가? CRM은 일치된 정의가 없이 CRM이 사용되는 상황이나 관점에 따라 그 의미가 다양할 수 있다. 예를 들면, 영업을 담당하는 사람들은 CRM을 하나의 영업전략으로 정의하고 있고, 캠페인을 관리하는 사람은 CRM을 좀 더 개인화되고 체계화된 데이터 베이스 마케팅으로 간주하기도 한다. 또한 IT 분야에 종사하는 사람은 CRM을 기술을 기반으로 영업, 마케팅, 고객서비스 영역의 프로세스를 자동화하고 개선시키는 통합된 프로세스라고 주장하기도 한다. 이외에도 DB분야에 종사하는 사람은 다양한 접점을 통해 고객 데이터를 지속적으로 수집하고 이를 바탕으로 고객의 행동을 분석, 예측하여 효과적으로 고객관리에 활용하는 과정이라고 정의하고 있다.

이처럼 CRM의 다양한 정의에도 불구하고 이들 개념이 지향하는 바는 기본적으로 고객과의 관계관리 및 발전을 통해 고객이 기업에 가져다주는 가치를 극대화하자는 것이다. 이는 전통적인 기업의 경영이나 마케팅 활동과는 커다란 대조를 이루는 것이다. 전통적으로 기업들이 자신의 제품이나 서비스를 팔기 위해 고객을 찾아 다녔다고 한다면, 이제는 자신의 고객을 위해 제품이나 서비스를 찾아다니는 시각의 전환을 의미한다. 또한 전통적인 기업들은 상품 판매실적을 운영의 잣대로 삼았지만, CRM 중심의 기업은 고객으로부터 시간이 지나면서 기대되는 가치의 증대를 성공의 척도로 판단한다.

결론적으로 CRM은 차별화된 경험을 고객에게 첫 만남에서부터 평생 동안 지속적으로 제공함으로써 고객의 가치를 향상시켜 고객자산(Customer Equity)을 증대하고, 궁극적으로 이를 통해 기업의 수익성을 높이는 것이라 할 수 있다.

제2절 CRM의 목적 및 특징

CRM을 통해 달성하려는 목적은 다양한 방향으로 설명될 수 있다. 기본적으로 CRM의 목적은 신규고객의 유치에서부터 시작하여 그 고객의 전 생애에 걸쳐 관계를 유지하고 강화해 나가면서, 장기적으로 고객의 수익성을 극대화하고자 하는 것이다. 다시 말해 새로운 고객과의 거래를 시작한 후, 다양한 마케팅 활동을 전개하여 그 고객과의 관계를 강화시켜 평생고객으로 만드는 것이 CRM의 목적이다.

이처럼 지속적인 고객과의 관계를 통해 얻을 수 있는 장기적인 수익을 극대화하려는 것이 CRM이 추구하는 근본 목적이라고 할 수 있다. CRM은 개별고객의 생애에 따라 다음의 고객관계 구축의 단계, 고객관계 유지의 단계, 그리고 평생고객의 단계 세 단계로 나누어 생각해볼 수 있다.

고객관계구축 단계는 신규고객과의 처음 거래가 이루어지는 단계이다. 이를 위해 고객이 될 만한 후보를 찾아 신규고객으로 확보하여야 한다. 이 단계에서는 아무 고객이나 무차별적으로 접근하기 보다는 우량고객이 될 가능성이 큰 고객들을 선별하여 적절한 접근 방법과 유인을 통해 그들과 새로운 거래 관계를 형성함으로써 신규고객을 유치하는 것이 바람직하다.

고객관계유지의 단계는 일단 획득한 신규고객이 반복해서 거래하도록 고객과의 관계를 강화하면서 고객을 유지하는 단계이다. 물론 고객을 지속적으로 유지하는 것이 중요 목표이기는 하지만 기업 입장에서는 적절한 비용 한도 내에서의 고객 유지를 염두에 두어야 한다.

평생고객 단계는 거래 관계가 최대한으로 확장되면서 평생고객이 되도록 하는 단계이다. 다시 말하면 평생고객 개념으로의 확장 단계이다. 이 단계에서 기업은 추가적인 수익의 증진은 물론 가격 변동을 통해 고객의 총 거래 가치를 높일 수도 있다. 또한 고정 거래비용을 줄일 수 있으며 신규고객 획득에 드는 비용도 절감하여 고객 수익성을 극대화 할 수 있다.

CRM은 고객과의 관계 구축과 강화를 통해 고객의 수익성을 극대화하려는 것이며, 이를 위해 기업의 모든 기능이 통합되어 운영되는 것을 추구하는 것이다.

CRM의 특징을 좀 더 살펴보면 다음과 같다.

첫째, CRM은 고객지향적이며 관계지향적이다. CRM은 고객과의 지속적인 관계를 위해 모든 마케팅 활동을 고객중심적으로 맞춰주는 경영활동이다. 그 결과 단기적인 수익추구가 아닌 장기적인 수익을 추구하는 동적인 경영방식이다.

둘째, CRM은 시장점유율보다는 고객점유율에 그리고 고객획득보다는 고객유지에 초점을 둔다. CRM은 우수한 고객을 통해 기업의 수익성을 높이며 이러한 우수한 고객을 유지하는 것에 초점을 둔다. 또한 기존고객을 분류하고 분류된 고객별로 차별적인 마케팅 전략을 집행하고 고객의 반응결과의 피드백을 통해 보다 향상된 고객관계관리를 하고자 하는 활동이다.

셋째, CRM은 고객과의 직접적인 접촉을 통해 쌍방향 커뮤니케이션을 지속한다. 즉, 통합적이고 일관성 있는 메시지와 커뮤니케이션을 구사함으로써 고객과의 관계를 강화시켜 나간다. 이러한 상호작용적 고객접촉을 활용하여 기업은 고객의 욕구를 자세히 파악할 수 있어 더욱 능동적으로 대처할 수 있다.

넷째, CRM은 단순히 마케팅에만 역점을 두는 것이 아니라 기업의 모든 내부 프로세스의 통합과 메뉴얼화를 요구한다. 고객관계관리에 필요한 모든 부분, 즉 표준화된 업무 프로세스, 조직의 역량이나 훈련, 기술적 하부구조, 영업 요건을 충족할 수 있는 시스템의 기능, 영업전략, 영업정보 등의 부분에서도 효율적이고 균형 잡힌 향상을 꾀하는 고객관계관리 기법이다.

제3절 CRM 분석활동

CRM에서 중요한 것은 주어진 고객 데이터를 가지고 CRM이라는 기법을 어떻게 활용해서 고객에게 경쟁사에 비해 더 많은 가치를 줄 것인가에 대한 해답을 찾는 일이다. CRM을 통해 달성하고자 하는 목적 혹은 기대효과를 명확하게 하고, 이러한 목적을 달성하기 위해 필요한 분석활동이 무엇인가를 결정해야 한다.

이러한 목적 또는 기대효과로는 궁극적으로는 사업성과의 향상이지만 매출증대, 비용 감축 역시 기대효과라 할 수 있다. 이를 위한 기본적인 분석활동으로는 고객획득, 고객 세분화, 고객유지, 교차판매, 고객분석 등이 있으며 활동내용을 <표 3.1>에서 요약하였다.

<표 3.1> CRM활동

고객획득	· 새로운 고객 확보 · 이탈한 고객을 다시 고객으로 재 유치 · 고객확보 단계에서는 고객의 수익성 극대화보다는 고객과 관계를 맺는 것이 중요함 · 가격할인이나 리베이트 등으로 고객유인을 하는 것이 효과적임 · 고객 재유치, 교차판매, 고객유지를 위한 캠페인 창출
고객 세분화	· 고객에 대한 정보의 수집 · 고객욕구의 구매동기 등의 관점에서 고객특성을 보다 정확히 파악 · 가장 적합한 고객계층을 선택하여 효율적인 마케팅활동을 전개 · 목표시장에 맞는 마케팅활동의 평가척도 및 마케팅 계획 작성 자료 제공
고객유지	· 고객 이탈 방지 · 고객의 기호, 가치, 요구사항, 문제점에 적절하고 차별화된 서비스를 지속적으로 제공 · 고객을 수익 기여도가 높은 우수고객으로 만듦 · 고객과 맺은 관계를 유지하고 제고시키고자 상승판매와 교차판매를 함 · 고객과 다양한 채널을 통한 지속적인 대화
교차판매	· 교차판매란 관련 상품을 묶어서 판매하는 전략임. 묶음 가격은 고객이 관련 상품을 개별적으로 구입하는 것보다 더 낮게 제시되므로 그만큼 판매 가능성이 더 높아짐 · 묶음 가격을 통해 교차판매를 하게 되면 고객과의 거래 횟수 또는 거래폭이 넓어져 거래관계가 더욱 강화됨 · 기존고객 대상 판매가 신규고객 획득보다 30% 저렴하고 효과가 높음 · 기존고객과 거래 기간 동안 올리는 교차판매 수익이 신규고객 대상 판매보다 5배나 많음
고객분석	· 고객의 요구사항 및 기대수준을 정확히 분석 · 자사의 제품이나 서비스를 기업에 대한 고객의 접촉에 대하여 분석 · 수익성을 얻을 수 있고, 지속적인 관계를 가질 수 있는 우량고객을 찾아내고, 기업에 평생가치를 제공할 수 있는 고객 발굴

제4장 CRM 전략

글로벌시장경쟁의 가속화와 함께 경제 환경이 변화하고 시장이 포화상태에 이름에 따라 기업은 이윤추구를 위해 시장을 더욱 세분화해서 수익성을 개선하는 방향으로 발전하게 되었다. 즉, 단순한 시장크기의 변화 보다는 마케팅 활동의 변화가 두드러지게 변하게 되었다. 이는 단순한 상품 판매와 시장점유율 증대를 목적으로 하는 광고를 통한 대중마케팅(Mass Marketing)으로 부터 장기적으로 고객과의 관계를 구축하고 더 나아가서는 고객과 기업이 관계를 형성하는 마케팅(Relationship Marketing) 단계로 나아가게 되는 고객관계관리(Customer Relationship Management, CRM)를 통한 차별화 마케팅으로 변화하게 되었다.

즉, 급변하는 경제 환경, 경쟁사의 출현, 고객의 지식수준 향상, 기존 대중 마케팅의 한계, 정보통신과 연계한 신기술의 등장 등으로 인해 고객의 요구사항을 적절히 파악하고, 원하는 제품과 서비스를 지속적으로 제공함으로써 고객 이탈을 방지하고 수익성을 최대화하기 위한 전략이 발전하게 되었고 이것이 바로 CRM인 것이다.

따라서 본 장에서는 CRM에 대한 전략적 의미 및 성공적인 CRM 전략을 위한 선행조건 등과 고객 충성도 등을 통해 CRM 전략의 과정을 살펴보겠다.

이 장에서 실제적이고 구체적인 CRM을 중심으로 살펴보면 CRM은 고객과 관련된 기업의 내·외부 자료를 분석·통합하여 고객 특성에 기초한 마케팅활동을 계획하고, 지원하며, 평가하는 과정을 의미한다. 즉, 다양한 고객접점을 활용하여 여기서 발생되는 수많은 데이터를 세분화하여 신규고객 획득- 우수고객유치- 고객가치 증진- 잠재고객 활성화- 평생고객화의 순환을 통해 고객의 니즈에 초점을 둔 차별화된 마케팅 전략이다.

기존 마케팅이 단발적인 마케팅 전술이라면 CRM은 우리 회사의 고객이 누구인지, 고객인 무엇을 원하는지를 파악하여 고객이 원하는 제품과 서비스를 지속적으로 제공함으로써 고객을 유지시키고 이를 통해 고객의 평생가치를 극대화하여 수익성을 높이는 통합된 고객관계관리 프로세스, 즉 고객 데이터와 정보를 분석, 통합하여 개별 고객의 특성에 기초한 마케팅활동을 계획, 지원, 평가하는 과정이다.

제1절 CRM의 전략적 의미

과거의 마케팅은 기업이 상품을 만들어 특별한 고객 정보 분석 없이 상품에 대한 홍보 및 광고가 주류를 이루었다. 그러나 이러한 마케팅 활동이 기업의 수익을 향상시키는 데 한계가 있게 되었고, 이를 해소하기 위해 고객에 대한 이해를 바탕으로 한 마케팅 활동이 등장하게 되었다.

이러한 고객에 대한 이해를 바탕으로 영업, 마케팅, 고객서비스 프로세스를 재구성하는 일련의 활동을 전개하는 CRM은 전략적 측면에서 고객정보의 활용, 고객충성도 제고, 다양한 채널 사용, 조직 및 프로세스 재구축, 고객관계를 우호적으로 관리하기 위한 다양한 전략의 구사 등으로 나타나고 있다. 이를 종합해서 살펴보면 다음과 같다.

첫째, CRM의 전략적 의미는 고객에 대한 이해를 바탕으로 고객의 정보를 활용하여 관계를 유지, 확대, 개선시키는 고객 관련 제반 프로세스 및 활동을 하는데 있다.

둘째, 전략적 CRM은 고객관계관리를 통하여 고객만족과 충성도의 제고를 목적으로 한다. 이를 위해 CRM은 과거 데이터 베이스 마케팅 기법처럼 단지 조직내 실무자 중심의 관점이나 접근이 아니라 고객경영철학, 고객중심의 사고에서 시작하여 고객가치를 극대화하여야 한다.

셋째, CRM의 전략적 의미는 다양한 채널을 통한 고객과의 커뮤니케이션으로부터 수집된 정보를 기반으로 고객과의 관계를 유지,

발전하는 과정으로 이해할 수 있다.

넷째, 전략적 CRM은 고객관계전략을 실행하기 위하여 조직 및 프로세스를 고객 중심으로 재편하고 이를 통합적으로 관리하는 것이다.

다섯째, 전략적 CRM은 고객관계를 우호적으로 관리하기 위해 STP 전략, 고객관계 단계별 전략, 고객충성도 향상 전략, CRM 믹스전략을 적절히 수립해야 한다.

이를 정리하면, CRM의 전략적 의미는 고객을 기업가치의 중심으로 인식하고, 고객에 대한 이해와 지식을 바탕으로 다양한 고객 욕구에 부합하는 차별화된 맞춤형 전략을 수립하고, 이를 실행하기 위한 모든 고객접점, 프로세스, 조직 등을 고객 중심으로 재편하고 통합적으로 관리하여 고객과의 지속적이고 우호적인 관계를 유지함으로써 고객의 충성도 형성을 통해 수익을 극대화하는 것이다.

제2절 CRM 전략의 선행조건

CRM은 기업의 전사적 경영전략이다. CRM을 성공적으로 수행하기 위해서는 전사적인 관점의 CRM 전략이 필요하고, 이를 위해서 선행되어야할 몇가지 조건은 다음과 같다.

첫째, 고객중심의 비즈니스 모델이 필요하다. 기업은 고객의 중요성을 인식하고 행동으로 옮겨야 하는데, 단지 그 중요성을 머릿속으로만 인식한다면 그것은 큰 문제가 될 수 있다. CRM 전략을 실행하기 위해서는 우선 기업 자신의 비즈니스 모델을 고객중심으로 변화시키는 것이 중요하다.

둘째, 전략적인 접근이 필요하다. CRM은 조직 전체에 명확한 방향성을 가지고 추진되어야 한다. 이를 위해 전략적인 접근이 반드시 필요하다. 고객은 동일한 하나의 주체가 아니라 저마다 다른 가치를 가진 존재이다. 기업은 이러한 개별화된 고객에게 저마다 다른 모습으로 다가갈 수 있어야 한다.

셋째, 고객정보의 신뢰성 확보가 필요하다. 고객의 정보는 계속 변화고 있어 최신의 정보를 CRM 시스템에 반영하는 것은 쉬운 일이 아니다. 따라서 고객접점의 범위를 넓혀 다양한 유통경로를 통한 고객정보의 수집이 필요하며, 또한 수집된 고객 정보에 대한 보안도 책임질 수 있도록 신뢰성 확보가 이루어져야 한다.

넷째, 시스템 및 고객자료의 통합이 필요하다. 여러 곳으로 분산되어 있는 고객의 자료를 한곳으로 모으는 작업이 먼저 이루어져야 한다. 아무리 좋은 데이터도 통합되어 쉽게 사용할 수 없다면 아무런 효용가치가 없게되기 때문이다.

다섯째, 적합한 CRM 솔루션 및 전문 인력을 선택해야 한다. 기업들은 시시각각 발생하는 방대한 양의 고객 거래 데이터를 한곳으로 저장하기 위해서는 이를 자동적으로 저장하고 관리할 수 있어야 한다. 또한 소프트웨어 뿐만 아니라 하드웨어의 성능도 향상되어야 한다. 따라서 철저한 타당성 검토를 통하여 솔루션을 구입하고, 구입 후 솔루션 제공업체와 지속적으로 커뮤니케이션 하는 것이 중요하다. 그리고 인력의 양적인 확보보다는 CRM 전략에 맞은 노하우와 기술적인 응용능력을 가지고 있는 전문인력의 질적인 확보가 보다 더 중요하다.

제3절 CRM 전략의 기본 특성

CRM이란 부가가치가 높은 고객을 유치, 보유하고, 그들이 기여하는 수익을 확대시키는 일련의 과정을 의미한다. 기업들은 CRM을 통해 고객과의 장기적 관계 형성 및 부가가치 획득이 가능하도록 다양한 전략을 수행하고 있다. CRM 전략에는 몇가지 기본적인 특성을 가지고 있다.

첫째, 기존고객 및 잠재고객의 정보를 전략적으로 활용한다는 것이다. 즉, 고객과의 상호 작용 과정에서 발생한 데이터 및 기업 외부로부터 수집한 데이터를 기업의 모든 부분에서 공유하고 활용한다는 것이다.

둘째, 고객과의 거래과정을 중시한다는 것이다. 모든 거래 및 서비스 관련 접촉을 고객과의 관계 발전을 위한 투자로 활용하고, 고객을 충분히 파악하여 거래의 효율을 높이고, 고객과의 모든 접촉을 마케팅 과정의 일환으로 수행한다.

셋째, 기업운영에 적극적으로 정보를 활용한다는 것이다. 고객과의 모든 접촉으로부터 정보를 수집하고, 획득한 정보를 기업 운영단계에서 활용하는 과정이 기업 전반에서 반복된다.

넷째, 전략적으로 다양한 채널을 관리해야 한다. 전화, 인터넷, 우편, 기업의 지점 등 복수 채널 중 고객이 선호하는 채널을 활용하여 기업과 접촉할 수 있도록 한다.

다섯째, IT를 이용하여 새로운 기회를 창출한다. 모든 고객 접점에 걸쳐 비즈니스 프로세스와 전략적 고객 데이터 획득 과정을 체계화시킬 수 있는 CRM 인프라를 지원한다. 또한 서로 다른 판매 및 서비스 채널에 공통의 기능성을 부여하고, 조직 구성원들이 고객에 대해 일관된 관점을 공유할 수 있도록 지원한다.

제4절 CRM 전략적 관리

기업들은 CRM 전략을 수립하여 평생고객 유치 및 고객가치를 극대화 하여 장기적으로 수익을 극대화 할 수 있도록 하는 것이다. CRM에서 전략은 세부적으로 고객, 제품, 그리고 채널전략으로 나누어 체계적으로 이루어져야 한다.

1. 고객 전략

기업은 세분화된 고객 집단의 성향과 요구 사항이 무엇인지를 이해하고, 이러한 고객의 요구사항 변화와 고객에 대한 이해를 높여야 한다. 이러한 고객 전략은 자사 제품의 판매 및 사용 과정을 추적하고 이를 모니터링해야 하며, 세분화된 개별 고객 별로 맞춤형 상품과 서비스를 제공해야 한다. 이를 통해서 기업은 각 고객 집단별로 최적의 제품이나 서비스가 무엇인지를 판단하고, 고객의 구매 결정 지표 등을 판단 할 수 있다.

이러한 전략을 수행하기 위해서는 고객 세분화, Scoring, 고객 정보 획득 및 관리 방안 등이 선행 되어야 한다.

고객 전략은 고객 획득, 유지, 관리 등 CRM 진행 단계별로 차별적인 고객 전략 목표 설정 및 실행이 이루어진다.

고객획득 단계는 기업이 모든 고객을 중요한 존재로 인식하고 지속적으로 고객 획득하는 것이 이 단계의 목적이다. 이를 실행하기 위해서 기업은 교육 및 훈련, 선진 사례 벤치마킹, 고객 관리 프로세스 분석, 그리고 기초 고객 조사 시행 등을 통해서 수행하는 등 기업은 조직 효율화를 통하여 고객에 대한 역량을 강화해야 한다.

고객 유지 단계는 기업의 기존 고객을 유지하고 제한적으로 차별화를 하는 것이 목적이다. 이를 위해서 기업은 요구사항이 유사한 고객을 집단 별로 세분화 하여, 각 집단별로 차별화된 서비스를 제공하는 등 고객과의 관계를 강화해야 한다.

전략적 고객 관리 구분된 고객 별로 제품 및 서비스를 차별화하고, 고객과 기업 간의 상호 이익을 추구하는 과정을 나타낸다. 이 단계의 목적은 선별된 우량 고객을 대상으로 한 서비스 차별화 및 고객과 기업 간의 상호 이익을 달성하는 것이다. 이를 실행하기 위해서 기업은 정보 시스템 운영을 통해 일반 고객과 우량 고객 구분하고, 전체 고객 대상의 표준 서비스에 덧붙여 우량 고객을 대상으로 차별화된 서비스 제공하며, 고객과 기업 양자에게 윈-윈 상황을 연출하여 상호 의존도 향상 등을 통해서 실행하는 등 장기 고객의 규명 및 대응을 해야한다.

특히, 전략적 고객관리는 구분된 고객 별로 제품 및 서비스를 차별화하고, 고객과 기업 간의 상호 이익을 추구하는 과정을 의미한다. 전략적 고객 관리를 위해서 고려해야할 사항은 다음과 같다.

첫째, 고객 프로필 구성이다. 구체적이고 정교한 방식으로 고객 프로필이 구성되어야 한다. 고객과의 관계 형성 과정, 기업의 혁신 과정, 중대 사건, 신념체계 등의 내용이 포함되고, 기존에 실시한 주요 판매 및 판매 촉진책 등 마케팅 활동의 시책 별 성공 여부 등이 구체적으로 열거되며, 고객사의 업계 및 시장에서의 핵심 성공 요인이 무엇이었는지 등이 나타나야 한다.

둘째, 특성화에 따른 고객 세분화이다. 효율적인 세분화 전략을 통해 향상된 서비스를 받을 만한 고객 집단을 찾는 것으로, 자사 사업에 있어서 해당 고객의 점유율 및 잠재적 성장 가능성을 나타내고, 자사의 제품 및 서비스가 고객 사업에서 차지하는 중요도 및 파트너가 되고자 하는 의지와 혁신에 대한 고객의 수용 정도가 나타나야 한다.

셋째, 고객의 사업 분야 및 관심에 대한 조사 수행이다. 이는 고객의 활동 영역에 대한 광범위한 정보를 축적하고, 고객의 업무 수행 역량을 평가하며, 고객과의 접촉(사후 서비스, 요금 청구, 주문 접수, 배달 등) 프로세스 등을 조사하고, 또한 고객의 만족도 및 불만 사항을 조사한다.

넷째, 고객 만족 솔루션 구축을 위한 기술 투자이다. 기업은 전사적 애플리케이션 도입으로 정보 공유 및 고객 대응 지원을 해야 한다. 특정 제품 및 서비스에 적합한 고객을 규명할 수 있는 데이터베이스 마케팅 시스템을 구축하고, 수익성 분석, 문제 해결, 기업 정책 관련 정보의 수집과 조직 확산을 위한 지식 관리 시스템을 구축 활용해야 한다. 판매, 고객 지원, 헬프데스크 등 영업 관련 조직 기능을 통합 지원하는 애플리케이션 시스템도 구축 활용해야 한다.

마지막으로, 일관성있는 고객 관리이다. 고객 관련 정보의 활용으로 각 고객 및 고객 집단에 따라 개별화된 실행 계획 수립해야 한다. 기업은 전략 고객을 대상으로 능률적인 고객 관리 시스템의 개발하고, 조정하여, 이를 적용해야 한다. 최고 경영진이 전략적 고객 관리에 우선권을 부여하는 조직 환경 형성해야 한다. 전략 고객 관리 부서에 객관적인 성과 지표 기준을 제시하여 이를 활용하도록 해야 한다.

2. 상품 전략

제품 라이프사이클 단축 등의 시장 환경 변화로 고객 관계에 있어 새로운 제품 및 서비스가 강조되고 있다. 따라서, 신제품 개발 단계부터 체계화된 고객 관계 관리가 필요하다.

고객 데이터를 통한 상품관리는 고객관계를 바탕으로 고객의 전 생애 동안 개별화된 상품을 제공 하는것이다. 이는 시간에 따른 고객의 생애단계와 니즈의 변화를 학습하고 예측하는 것이 매우 중요하며, 기업들은 고객과의 관계를 학습관계로 지향해야 한다. 또한 CRM은 고객 테이터베이스를 기반으로 일대일 관계를 유지해 나감으로써, 각 고객에게 차별화되고 맞춤화된 상품을 지속적으로 제공해 주는데 목적이 있다.

상품전략은 수익성 있는 상품 포트폴리오 구성하거나, 고객에게 개인화, 차별화된 서비스를 제공하고, 'Time to Market'을 위한 방안을 제시하는 전략을 포함한다. 이러한 상품전략은 기업의 모든 직원이 소비자 자격으로 상품 개발에 직접·간접적 참여해야 하며, 신상품, 신광고, 신시장, 새로운 비즈니스 모델 등에 대하여 기업은 다양한 테스트를 시행하여 그 성공성을 높여야 한다.

CRM 제품 전략에서 고려해야 할 사항은 다음과 같다.

첫째, 새로운 제품 및 서비스를 만들어내는 것이다. 이는 고객의 요구 충족 및 기업의 수익을 달성시키는 유망한 아이디어 또는 개념 등을 찾아내는 것이다. 이를 위해서는 첨단 기술을 이용하여 보다 용이한 고객 조사 및 시장 분석이 수행되어야 하며, 웹 리서치 등을 이용한 인터넷 상의 이용자 추적으로 고객의 선호도 또는 패턴을 파악할 수 있어야 한다. 더불어, 고객이 인터넷을 통해 신제품 아이디어 및 신규 서비스를 제안할 수 있도록 한다. 이를 통해서 기업은 고객의 요구에 부응하는 제품과 서비스를 제공할 수 있다.

둘째, 제품과 서비스에 대한 평가이다. 유망한 제품 및 서비스 아이디어에 대한 체계적인 평가가 요구된다. 이러한 평가를 위해서 기업은 제품 개발 과정이나, 브랜딩 및 시장 점유 전략 수립 과정에 고객을 직접 활용하여 평가를 얻어낼 수 있다. 또한 이러한 활동을 통해서 기업의 제품 및 서비스의 적당한 가격 수준 및 가격을 통한 판촉 전략의 효과를 확인할 수 있다.

셋째, 제품 및 서비스의 효용 여부 판단을 위해서 수행하는 제품 및 서비스에 대한 테스트이다. 이러한 테스트는 시장 상황을 다각도로 고려하여 실제 제품 및 서비스의 성공 여부 판단에 도움을 준다. 이러한 테스트 과정는 기존 고객 뿐만 아니라 과거 자사에 불만을 표시했던 고객들까지 참여시키며, 또한 제한된 시장에서 불완전한 제품의 테스트도 실행한다.

넷째, 제품 및 서비스을 출시하는 것이다. 제품 및 서비스의 성공적인 시장 진입을 위해서 타 업체의 인수 또는 타 업체와의 전략적 제휴로 대 고객 전략의 속도를 향상시킬 수 있으며, 미완성 제품의 출시로 고객의 인지도 형성 및 반응을 유도할 수 있다.

3. 채널 전략

CRM의 채널 전략은 고객에게 제공하는 제품과 서비스 공급 경로의 최적화 과정을 의미한다. 다시 말하면, 기업이 효율적, 효과적으로 제품과 서비스를 공급하는 과정을 말하며, 이는 제품의 판매 생산성과 채널 관리의 효율성을 향상 시키는 것이 목적이다. 이러한 목적을 달성하기 위해서 기업은 고객 선호 및 Cost effective 채널 최적화를 이루고, 고객 접촉 채널 확대 및 통합 방안을 수립하며, 일관성 있는 고객응대를 위한 접점 관리를 수행해야 한다.

채널전략을 통해 기업은 고객에게 제공하는 제품과 서비스의 공급 경로를 최적화함으로써 수익성을 향상시킬 수 있다. 채널전략은 고객의 요구에 부응하는 방식으로 제품과 서비스를 공급하는 과정을 의미하며 이를 통해 고객이 이와 같은 제품과 서비스를 쉽게 접할 수 있도록 한다. 기업으로부터 고객에게까지 제품이 전달되기 위해서는 마케팅, 판매, 유통, 서비스 등 다양한 영역과 관련된 여러 가지의 중간단계를 거친다. 이러한 중간단계는 조직의 판매 및 공급채널을 구성한다. 공급채널에 소모되는 비용은 통상적으로 최종 소비자가격에서 20~40%를 차지한다. 이러한 각 채널이 고객의 기대를 만족시키는지에 대한 여부를 판단하기 위해서는 5가지 고객평가기준을 고려할 수 있다. 정보, 의사소통, 거래, 공급, 서비스가 바로 그것이다. 이 평가는 제품의 유형에 따라 달리질 수 있다. 각각의 평가기준과 병행되는 채널의 형태가 달라지기 때문이다.

CRM 채널 전략에서 고려해야 할 사항은 다음과 같다.

첫째, 정보의 활용이다. 기업은 제품의 특성과 서비스, 가격 등의 정보를 보유하며, 이러한 정보를 고객과 공유해야 한다. 특히, 인터넷은 지속적인 업데이트와 신속한 수정으로 정보 전달의 효율을 향상시킬 수 있다.

둘째, 고객과의 의사소통이다. 기업은 고객이 제품 및 서비스를 구매하는 과정에서 갖게 되는 의문과 요구에 대해 신속하게 대응해야 한다. 인터넷을 통해 중간 단계를 거치지 않고 생산자와 직접 의사 소통하게 될 경우, 고객의 채널 신뢰성이 높아게 된다.

셋째, 고객과의 거래이다. 기업은 거래 과정에서 고객이 채널에 대해 요구하는 편의성과 안전성을 충족시켜야 한다. 예를 들어서, EDI(Electronic Data Interchange)시스템의 도입으로 거래 자동화, 거래 안전성, 필요 인력 최소화 달성한다.

넷째, 제품 및 서비스의 공급이다. 기업은 고객의 입장에서 편의성을 고려한 신속한 공급 이행해야 한다. 예를 들어서, 인터넷은 디지털화가 가능한 상품을 중심으로 보다 신속하고 편리하게 제품과 서비스를 공급할 수 있는 채널이 되었다.

마지막으로, 고객에 대한 서비스이다. 기업은 제품 또는 서비스의 구매 결정과 관련, 고객에게 최상의 서비스 제공해야 한다. 인터넷의 경우 타 채널에 비해 상대적으로 광범위한 서비스를 제공하며, 상품과 관련된 특정 유형의 요구 규명 가능하다.

더불어 인터넷 등의 발전과 함께 다양한 채널 전략이 필요한데, 특히 인터넷 업체와의 제휴를 통해 새로운 표적 고객의 설정 및 유치를 실행하고, 폭발적으로 증가하는 인터넷 사용자의 관심사가 무엇인지를 확인해야 한다.

제5절 고객충성도

오늘날의 기업들의 고객에 대한 주요 이슈는 기존 고객의 이탈 방지와 지속적인 관계의 유지이다. 이러한 고객의 유지를 위해 기업은 고객의 만족을 높이기 위해 심혈을 기울인다. 고객만족은 고객을 유지시킴은 물론 충성도를 강화시키고 이러한 고객의 충성도는 기업의 수익에 영향을 미친다. 더욱이 다품종 소량 생산으로의 제품과 서비스의 구조 변화와 다양한 커뮤니케이션의 발달로 인하여 고객의 선택 범위는 넓어졌고, 다양한 정보를 쉽게 얻을 수 있게 되어 고객을 만족시키는 것이 어려워졌다. 그렇기에 기업은 각각의 고객의 만족을 극대화하기 위해 고객의 충성도 분석을 통해 그에 맞는 고객 만족을 이끌어 내는 전략을 추구하고 있다.

"고객 충성도 90%의 마법"

'왜 관리자들은 사내 감시에만 집중하나. 고객 관리가 훨씬 중요한데…' 마케팅 분야 거장인 장 클로드 라레슈 교수는 기업이 물 만난 고기처럼 쑥쑥 성장하려면 고객의 '충성도'가 최소 90%는 돼야 한다고 주장한다.

A기업의 고객 충성도가 50%라면 A기업은 매년 고객의 절반을 잃고 있다는 의미다. 이때 한 고객이 기업과 거래를 이어가는 평균 기간은 고작 1년이다. 반면 고객 충성도가 90% 이상이면 고객이 A기업의 제품을 이용하는 기간은 평균 10년으로 늘어나는 것으로 나타났다. 고객 평균수명이 길수록 매출이 성장하고 수익성이 개선되는 것은 당연하다. 흥미롭게도 충성도와 고객 수명 사이에는 일종의 '가속도 현상'이 존재한다. 일례로 기업에 대한 충성도가 50%에서 51%로 늘어날 때는 고객 수명이 2주 연장되는 데 그쳤지만 같은 1%라도 95%에서 96%로 늘어났을 때는 고객 수명이 평균 5년이나 연장됐다. 충성도 90% 지점에서 자산으로서의 고객가치가 급속히 커진 것이다. 참고로 충성도가 70% 미만이라면 평균 고객 수명이 보잘것없고 80%라고 해도 고객과 기업간 관계는 4년 정도 지속될 뿐이다.

1. 고객 만족-충성도-수익의 분석

고객의 만족도가 높으면 기업에 대한 충성도가 높고, 따라서 이는 고객의 수익성 상승과 함께 기업의 수익성 상승을 발생 시킬 수 있다. 따라서 고객의 만족도, 충성도, 그리고 수익성과의 관계는 다음과 같이 나타낼 수 있다.

1) 고객만족과 고객유지율은 비대칭적이다. 만족에 비해 불만족은 고객유지에 더 큰 영향을 미치지만 고객만족이 높다고 해서 고객유지율이 높아지는 것은 아니다. 즉, 고객은 불만족한 사항에 훨씬 민감하게 반응하고 만족 사항에 덜 민감하게 반응한다.

2) 고객만족과 충성도의 관계는 산업에 따라 다양하게 나타난다. 가령 산업의 특성이 경쟁적인 자동차산업은 고객만족의 수준이 높으면 동일 브랜드 자동차의 재구매를 유발한다. 반대로 항공사의 경우 소비자는 기존의 항공사를 이용할 때 쌓아둔 마일리지를 고려한 전환비용을 생각하여 불만이 있더라도 크지 않다면 기존의 항공사를 다시 이용한다.

3) 충성도와 고객수익성의 관계는 고객과 기업의 관계 및 산업별 특징 등의 복잡성으로 인해 고객만족의 대용지표로 고객충성도와 고객수익성을 사용하기에는 어려움이 있다. 이에 관해

Reichheld는 고객유지관리에 중요한 원칙을 제시하였다. 즉, 고객과 기업의 관계가 지속할수록 고객은 더 많은 소비를 한다. 고객과 기업의 관계가 지속될수록 기업의 비용은 감소한다. 장기고객일수록 구전가능성이 높다. 그리고 장기고객은 단기고객에 비해 많은 프리미엄 가격을 지불한다는 것이다. 이러한 원칙은 고객과 기업의 관계형태에 따라 다소 차이가 나는데, 백화점에서 쇼핑같은 비계약적인 관계보다 잡지구독, 인터넷 서비스등 계약관계에서 잘 맞는다.

2. 고객 충성도의 유형

고객충성도의 유형은 고객의 제품 및 서비스에 대한 상대적 애착도와 반복구매의 정도에 따라서 비충성도, 타성적 충성도, 잠재적 충성도, 그리고 초우량 충성도로 나눌수 있다.

1) 비충성도(No Loyalty)는 상대적으로 애착이 낮으며 반복구매의 정도가 낮은 유형으로 이들의 반복구매 정도를 높이며 호감도를 높이는 것이 중요하다. 반복구매정도를 높이는 동시에 그들이 가지고 있는 호감의 정도를 높여서 가장 바람직한 유형인 초우량 충성도로 바꾸는 것도 가능할 수 있다. 그러나 이들을 초우량 충성도 고객으로 만드는 데에는 비용, 시간 등을 고려하였을 때 그다지 바람직하지 않다.

<그림 4.1> 정도에 따른 고객 충성도 유형

2) 대부분의 소비자들은 타성에 젖어 과거에 소비한 제품이나 서비스에 큰 불만이 없으면 추후에도 계속 구매를 반복하며, 또한 자신의 행동을 습관화함으로써 반복구매의 정도가 높다. 타성적 충성도(Inertia Loyalty)는 소비 패턴에 대한 의식적인 가치 부여가 없이 그저 단순히 소비하는 유형이다.
이들은 다른 경쟁업체로 빼앗기기도 쉬울 뿐 아니라 생각이 달라져서 기존의 행동패턴을 바꾸어 버릴 수도 있으므로 이러한 고객들에게는 호감도의 증가를 위한 노력과 차별적인 서비스의 제공이나 개별화된 메시지 제공 등을 통하여 초우량 충성도를 지닌 고객으로 바꿔야 한다.

3) 잠재적 충성도(Latent Loyalty)는 반복구매의 정도는 낮으나 관여수준이 높은 유형으로 기업에 긍정적인 태도를 가지고 있으나 주변 상황요소에 의해 타사의 제품과 서비스를 이용하는 경우로 이러한 상황요소를 잘 이해하여 개선하면 초우량 충성도 고객이 될 여지가 매우 크며, 기업 측면에서도 효율적인 관리가 가능하다. 예를 들어서, 에버랜드의 경우 예전에는 거리

상의 제약으로 수도권 북부지역의 고객유치가 상대적으로 어려웠으나, 교통편의 확대와 홍보에 따라 효과가 커졌다.

4) 초우량 충성도(Preminum Loyalty)는 애착이나 호감의 수준도 높고 동시에 반복구매가 빈번하게 이루어지는 유형을 초우량 충성도라고 정의한다. 이러한 고객들은 긍정적이며 활발한 구전 창출을 통한 기업의 메신저 역할도 동시에 수행하기 때문에 기업입장에서는 이러한 고객들에 대한 집중적인 관리가 필요하다. 예를 들어서 요즘 많은 식당 등 서비스업을 하는 곳에서 이용 후 블로그에 추천 글을 작성 시 할인권이나 이용권을 제공한다.

<표 4.1> 고객충성도 유형

비충성도	애착이 낮으며 반복구매의 정도가 낮은 유형임.	· 반복구매정도를 높이는 동시에 그들이 가지고 있는 호감의 정도를 높여서 가장 바람직한 유형인 초우량 충성도로 바꾸는 것도 가능할 수 있음. · 비용효율적인 측면과 시간 비용, 기회비용을 고려할 때 바람직하지 못함.
타성적 충성도	다른 대안이 존재하지 않을 경우 과거의 구매 행동을 반복함.	· 자신의 행동을 습관화함으로써 반복구매의 정도가 높음. - 다른 경쟁업체로 빼앗기기 쉬움. -기본의 행동패턴을 바꾸어 버릴 수 있음.
잠재적 충성도	반복구매의 정도는 낮으나 관여수준이 높은 유형임.	· 호감도는 높지만 물리적 거리로 인하여 반복구매 정도가 약해질 수 있음. · 심리적인 거리를 줄이고자 애써야함.
초우량 충성도	애착이나 호감의 수준도 높고 동시에 반복구매가 빈번하게 이루어지는 유형임.	· 이런 고객은 긍정적인 구전 창출을 통한 기업의 메신저 역할도 동시에 수행함. · * 기업입장에서는 집중관리가 필요함.

3. 고객 충성도 프로그램

고객 충성도 프로그램은 진실된 충성도 구축, 효율적 이익 달성, 고객의 효율적 관리, 고객가치 정렬을 목적으로 고객과의 지속적 관계 유지를 위해 보상을 제공하는 프로세스다. 기업들은 고객충성도 프로그램의 실행을 통하여 고객의 가치에 대한 정보를 획득할 수 있게 되고, 이를 거래정보와 결합하여 고객 개개인에 대한 특성을 파악할 수 있게 된다. 그리하여 우수고객을 더욱 충성스럽게 만드는 마케팅 전략으로 이용된다 할 수 있다.

또한, 고객 충성도를 높이기 위해 행하는 사전적 고객관리와 사후적 고객관리의 수단으로 목표고객에게 제공되는 일련의 금전적 또는 비금전적인 혜택을 통하여 고객의 가치제안을 전달하는데 직접적인 도움을 주고 있다. 이러한 고객 충성도 프로그램의 유형은 <표 4.2>와 같다.

<표 4.2> 고객 충성도 프로그램 유형

프리퀀시 마케팅	고객을 보다 생산적으로 만들고자 하기 때문에 고객확보가 핵심적 요인이다. 기업과 고객의 관계정도는 고객이 얼마나 많이 이용하고 있는지에 따라 결정된다. 고객에 대한 자료를 수집한 후 개인적 단위에서 고객과 커뮤니케이션을 형성한다. 예로써 항공사 마일리지, 멤버쉽 등
애프터 마케팅	처음 판매가 이루어지고 난 다음의 마케팅활동에 비중을 두는 것으로써 고객만족을 측정하고 피드백을 토대로 지속적으로 서비스를 개선하는 방식이다. 예로써 판매 후 감사 전화, AS 후 확인 전화 등
서비스 보증	제품보증과 달리 서비스 불만족 고객에게 환불, 할인, 무료서비스를 제공하는 것으로, 예상되는 불평에 대하여 제도적으로 보상해주는 약속이다. 품질의 우수성을 강조하는 마케팅 도구이자 서비스 품질관리와 고객만족 차원에서 주목받고 있는 프로그램이다. 예로써 서비스의 삼성전자, 미용실 등
스탬프 제도	일정 구입 금액에 상당하는 스탬프를 모아서 규정된 종이에 부착하여 제시하거나 송부하면 준비된 경품을 받을수 있는 제도로 현재 고객에게 특권을 부여하여 유지, 정착 시키는 역할을 수행한다. 충성도가 높은 우수 고객인 단골손님의 증가를 지향하는 충성도 프로그램이다. 예로써 스타벅스, 커피빈, CGV영화관 등
회원 제도	고객의 고정화를 촉진하는 제도로써 신속히 매출실적이 좋은 우수고객을 확보하여 자사의 고객으로 유지 및 관리할 수 있는 중용한 요소이다. 고객 일인당 구입 금액을 높이기 위해 회원제도를 통해 수집한 데이터를 기반으로 다이렉트 마케팅 기업 도입이 가능하며 고객의 구매실적에 따라 특전을 부여하기도 한다. 예로써 백화점의 VVIP제도 등
서비스 제도	여러가지 서비스에 의한 특전을 제공하여 구매활동을 유도하는 방법이다. 성숙기 시장에서는 제품간의 품질차이가 거의 없으므로 서비스에 의한 차별화가 중요시되어 경쟁력의 핵심으로 작용한다. 대표적인 서비스 제도로써 유지관리가 있는데 이는 구입후에도 그 상품의 기능을 유지시키기 위해 서비스를 제공하는 방법으로 주로 전문재나 비내구재 등 장기간에 걸쳐 사용되는 상품에 적합하다. 예로써 엘리베이터 정기점검 서비스, 피아노 구입시 조율권, 상품 특별포장 서비스, 상품 무료배달, 백화점 등 셔틀버스 서비스 등

4. 고객충성도 프로그램의 효율적 설계

기업은 그 목적에 따라서 고객충성도 프로그램을 설계해야 하는데 고객의 구매에 대한 보상방식으로 지연보상방식과 즉각보상방식으로 나누어 설계 한다.

1) 지연보상방식은 포인트 기반 방식으로 회원으로 가입한 고객에 대해, 고객의 구매 금액에 따라 일정 비율의 포인트를 제공하고 포인트를 일정 수준 누적시킨 고객에 대해서 보상을 해주는 것이 기본 개념이다. 고객의 이탈을 최소화하고 고객의 구매량 증대와 지속적인 재구매를 유도할 수 있다는 장점과 함께 포인트의 누적에 따른 비용이 지속적으로 증대되고 보상이 지연됨에 따라 고객이 고객충성 프로그램의 효과를 직접 느끼기 어렵다는 단점이 있다.

2) 즉각보상방식은 구매 시 바로 할인을 해주는 방식으로 고객에게 즉시보상을 제고하여 고객이 회원으로써 혜택을 즉각적, 직접적으로 느낄 수 있고 구조자체가 비교적 단순하다는 장점을 갖고 있으나 고객의 지속적인 거래를 유도하거나 구매량을 증대하는 측면에서는 미흡하다.

제5장 CRM의 진화

CRM은 IT의 발전과 함께 사회의 변화로 인해 온라인 비즈니스와 함께 e-CRM, 모바일 비즈니스와 함께 m-CRM 그리고 소셜미디어의 확산과 함께 s-CRM으로 진화되어 왔다.

제1절 e-CRM

제1항 e-CRM의 정의

CRM은 'Customer Relationship Management', 즉 고객관계관리의 약자로서 온라인(on-line)과 오프라인(off-line)등의 다양한 고객 접촉경로를 활용하여 고객관계를 개선시키고 고객 만족도와 고객상황 대응능력을 향상시키며 고정고객 관리 능력을 개선함으로써 궁극적으로는 고객충성도를 증진시켜 기업의 수익구조와 고객의 이익을 개선하는 고객 중심 경영활동 내지는 솔루션 운용활동을 말한다.

또한 신규고객의 획득, 기존고객의 유지 및 관리, 충성도 고객화 실현에 있어서 지속적인 고객커뮤니케이션 활동을 진행하는 전사적인 고객경영 활동이다. 최근에는 디지털 기술을 활용하여 e-환경하에서 고객접점과 커뮤니케이션, 분석활동을 실시간에 전개함은 물론 고객과의 거래에 관계되는 온라인과 오프라인 정보를 통합적으로 관리할 수 있는 '고객정보통합시스템'을 구축하여 고객의 섬세하고 개별적인 니즈까지 파악하여 평생고객가치를 극대화하고 이익률을 제고하고 있다.

따라서 CRM은 고객정보와 거래정보의 통합 활용으로 고객관계가치의 발굴, 고객정보의 차별적 활용, 커뮤니케이션 및 충성도를 강화함으로써 고객과 기업의 이익을 동시에 추구하는 것이라고 할 수 있다.

e-CRM의 특성중에서 첫째는 온라인상의 전자적 고객접점 경로이다. 크게 상품과 서비스, 컨텐츠를 온라인상의 고객접촉 수단(인터넷, E-MAIL, 이동통신, 스마트폰, 전자카탈로그 등)과 원리를 활용하여 수시 또는 즉시로 쌓이는 기업 내, 외부의 고객 관련 정보를 통합하고 가공, 재정리 분류하여 이것을 전략적으로 분석함으로써 고객과의 관계 개선을 통해 고객만족도를 향상시키고 고정고객화를 통해 고객충성도를 증진시켜 궁극적으로는 수익구조를 개선하는 경영 관리활동 내지는 솔루션 운용활동을 말한다.

둘째, 공격적, 비대면적인 고객접촉이다. 온라인상에서의 고객접촉은 동시에 여러 경로에서 커뮤니케이션이 가능하며, 실시간 데이터 또는 비대면 접촉이 가능하다. 또한 고객접촉 상황의 기록과 관리, 보관이 용이하며 실시간 고객행동의 분석과 자료 추적 등이 강하다. 따라서 온라인 고객접점 경로는 오프라인 중심의 CRM 고객접점 경로에 비행 대량의 E-MAIL 발송, 동시 캠페인 처리, 이벤트 참여, 평가나 테스트 결과 체크 및 자동 통보 등의 마케팅 활동 내지는 서비스 활동까지 비대면 접촉 상황에서 공격적으로 실행할 수 있다.

셋째, 무점포 중심의 통합커뮤니케이션이다. 일부에서는 오프라인 중심의 고객접촉 경로를 활용하면 CRM으로 보고, 인터넷 등 온라인 중심의 무점포를 활용한 CRM을 e-CRM으로 보는 경우가 있다. 이처럼 e-CRM은 고객과의 비대면적인 무점포 중심, 인터넷 네트워크 중심의 고객접촉성이 높게 나타나는 대 고객 커뮤니케이션 영역이라고 할 수 있다.

넷째, 디지털 환경 중심의 다기능 접촉도구의 활용이다. 디지털 경영과 디지털 마케팅이 강화될수록 e-CRM 중심의 고객접촉 빈도와 범위가 왕성해짐으로써 이에 대한 새로운 커뮤니케이션 방법과 장비, 관련 컨텐츠의 발굴과 관심사항의 업그레이드 등 고객관계를 향상시키려는 활동이 요구된다.

다섯째, 인터넷 고객센터에서의 고정고객 관리 강화이다. 인터넷 고객센터에서는 네트워크 환경 중심에서 텔레마케팅을 실시간으로 연계하여 고객응대를 종합적으로 처리할 수 있고 고객응대 요원이 통합된 고객정보 데이터 베이스를 활용하여 개별적으로 상세하게 상담에 임할 수 있다. 즉, 종전의 CTI(Computer Telephoney Integration)가 주로 콜처리 중심의 데이터 통합이었다면 인터넷 고객센터는 음성 데이터의 통합, 메시징, IT플랫폼 등으로 인터넷 환경중심에서 콜처리 능력을 강화함으로써 e-CRM 분석과 활용 능력을 급격히 향상시키고 있다.

e-CRM을 통해서 기업들이 고객에게 제공하는 가치는 다양하며 가치의 분류에 따른 대표적인 예로 <표 5.1>를 살펴볼 수 있다.

<표 5.1> e-CRM을 통해 고객에게 제공하는 가치

분류	회사	내용
매력적인 가격	이트레이드	- 기존 브로커 수수료의 1/10
풍부한 선택	아마존닷컴, 알리바바	- 800만종 이상의 도서, CD, 장난감, S/W 등
높은 편의성	월마트, SSG	- 매장 대비 10배에 이르는 진열상품을 배송
맞춤화	존슨&존슨, 우리아이닷컴	- '온라인 일기'로 아이의 성장기록을 보존 - 아이의 성장시기에 걸맞는 정보를 이메일로 전송

제2항 e-CRM과 CRM의 비교

국내에서 CRM과 e-CRM이 지속적으로 많은 이슈가 되고 있는데, CRM영역이 e-CRM 영역보다 훨씬 넓게 나타난다. 이러한 구분은 고객접점과 커뮤니케이션의 경로에서 e-CRM 영역까지 구축할 수 있는지의 여부에 따른 것이다. 이것은 고객접촉 경로, 활용

목적, 활용 범위, 활용 능력 등에서 차이가 나타날 수 있다.

1. CRM과 e-CRM의 차이점

1) 고객접촉 경로의 차이

e-CRM은 e-MAIL, 인터넷, 이동통신, 전자카탈로그, 스마트폰, 디지털 TV 방식의 온라인 환경에서 고객과의 접촉 또는 커뮤니케이션을 통해 CRM 솔루션의 구축 및 운용이 가능하다. 반면에 CRM은 e-CRM의 접촉영역을 포함하여 전화, 팩스, 도소매업자, 지역점 또는 체인점 등 기존의 오프라인 중심 경로까지 구축할 수 있다. 따라서 엄밀히 말하면 e-CRM의 고객접점 경로가 CRM의 고객접점 경로에 포함된다.

2) 활용 목적의 차이

e-CRM은 실시간, 다채널, 동시 또는 양방향 커뮤니케이션 수단을 중시하는 반면에, CRM은 전통적인 오프라인 경로 중심으로 고객관계 개선을 통한 경영 효율성과 수익구조 개선을 중시한다. 즉, e-CRM은 실시간적인 마케팅을 중시하기 때문에 공격적인 방법을 구사하고, CRM은 전사적인 임직원의 경영개선 활동과 장·단기적인 충성도 증대를 통해 수익 향상을 실현한다.

3) 활용 범위의 차이

e-CRM은 마케팅적인 측면이 강하다. 즉, 고객에게 알림, 판촉,

쌍방향 커뮤니케이션 등을 개선하기 위한 의사전달 기능으로 컨텐츠 활용과 커뮤니케이션 빈도, 제품 및 서비스의 활용 능력이 높다. 이에 따라 e-CRM은 메일기능은 물론 동호회, 홈페이지, 개인 맞춤 정보, 게시판, 채팅 등 인터넷 환경의 대표적 형태인 4C를 활용하여 많은 기능을 통합하여 처리할 수가 있다. 반면에 CRM은 대면 또는 비대면 접촉의 활성화, 판매 및 경영활동의 경로별 조화를 통한 경영 효율성이 강하다.

4) 활용 능력의 차이

e-CRM은 고객 개개인의 행동 특성과 상황 데이터를 실시간으

<표 5.2> e-CRM과 CRM의 전략적 구분

구분	CRM	e-CRM
고객접촉 경로의 차이	- 오프라인 고객접촉 경로 중심 - 전화, 팩스, 도·소매 판매장소, 지역점, 체인점 등	- 온라인 고객접촉 경로 중심 - E-MAIL, 인터넷, 이동통신, 휴대형 단말기, 디지털 TV 등
활용 목적의 차이	- 포괄적·전사적 경영혁신 중시 - 경영 개선을 통한 장기적 수익 실현	- 커뮤니케이션, 마케팅의 다양성 중시 - 적극적인 고객화를 통한 장기적 수익 실현
활용 범위의 차이	- 판매, 서비스 행위, 경영활동 전개 등 직접적인 활용 중심으로 운영	- 고객에게 알림, 판촉, 참여, 온라인 비즈니스, 게시판, 채팅, 정보교류 등 4C의 활용 능력이 뛰어남
활용 능력의 차이	- 경험·분석 중심의 데이터 활용 능력	- 실시간에서의 데이터 활용과 복합상황 대응능력 - 인터넷 및 모바일 활용 통합 마케팅 기법

로 접할 수 있을 뿐만 아니라 복합적인 상황 처리가 가능하다. 반면에 CRM은 과거의 경험, 분석된 가공 정보를 중심으로 활용한다.

2. CRM과 e-CRM의 공통점

CRM과 e-CRM의 공통점은 고객과의 접점을 매우 중시하고 철저하게 일대일(one-to-one marketing)을 활용하고 이익창출이 높은 충성도고객을 존중하며, 궁극적으로는 평생고객가치를 중시한다는 것이다. 즉, CRM의 가장 공통된 특성이라고 할 수 있는 일대일 마케팅과 데이터 베이스 마케팅의 활용을 기초로 고객정보를 통합하고 고정 고객화를 통해 고객의 수익 기여도를 장기적, 지속적으로 실현하고자 한다. e-CRM을 학습하고 인지하기 위해서는 CRM의 전체 영역을 동시에 학습하고 가치비중을 조정하여 실무에 활용해야 한다(<표 5.3> 참조).

<표 5.3> CRM과 e-CRM의 비교

구분	CRM	e-CRM
개 념	- e-CRM 영역을 포함하여 기존의 오프라인 중심채널까지 구축, 운용할 수 있는 포괄적 솔루션	- 온라인 환경 하에서 고객과 접촉, 커뮤니케이션이 가능한 CRM 솔루션
주요채널	- 복수의 분산된 채널 - (대면미팅, 전화, 팩스, 대리점, 체인점, 디지털TV)	- 웹기반의 단일 통합 채널 - (e-mail, 인터넷, 모바일 또는 이동통신, 전자카탈로그, VoIP)

구분	CRM	e-CRM
고객요청 처리과정	- 복잡하고 처리과정에 오류 개입 가능성 - 고객행동 패턴에 대한 추적이 어려움 - 제공되는 대인 서비스 질의 불일치성, 실수	- on-demand access로 단순한 절차와 실시간처리 가능 - 고객행동 분석용이(쇼핑패턴, 정보탐색 패턴) - 고객 특성에 맞는 서비스 제공 가능 - 일관된 서비스의 질 유지
데이터 분석	- 고전적 통계 기법, 데이터 마이닝	- 실시간 고객 성향 분석, 고객 활동 패턴 분석
데이터 활용	- 마케팅 캠페인, 영업 강화, CTI, 프로모션	- One-to-One Marketing, 실시간 추천 시스템, 웹 사이트 개인화
비용	- 높은 인건비로 신규고객 유치와 관리비용이 상대적으로 높음	- 초기 IT Set-up 비용이 높은 반면, 유지 관리 비용이 매우 저렴
On-line 서비스 내용	- 주로 TM을 이용한 단순한 질의 응답	- 음성, 동화상 Multimedia, FAO, 기타 고객 관심분야 정보제공
시간 공간적 범위	- 제한된 영업시간, 지역적 한계가 존재	- 하루 24시간, 전 세계를 대상으로 가능
지향점 (공통점)	- 고객접점, 커뮤니케이션 채널의 효율성 극대화 - 충성 고객 확보와 LTV 증대 - 실시간으로 고객 개개인에 대한 차별적인 서비스를 제공 - 오프라인과 온라인의 채널통합 및 확대 - 유통채널을 통합 관리하고 의사결정하기 위한 고객 정보 통합의 실현	

제3항 e-CRM의 활동영역

대표적으로 e-CRM의 활동 영역은 e-Marketing, e-Selling, e-Service로 나타낼 수 있다(<표 5.4> 참조). e-Marketing은 웹을 활

용해 전통적인 마케팅 기능 및 새로운 마케팅 기능을 구현하는 것이며, e-Selling은 초기에 고객을 인식하는 것에서부터 상품, 서비스 전달과정에 이르기까지 고객의 전 구매과정을 웹 상에서 처리할 수 있도록 하는 것이고, e-Service는 고객 서비스 및 지원을 하는 용도로 전자채널을 활용하는 것이다.

<표 5.4> e-CRM의 활동영역

구분	내 용	활동 영역
e-Marketing	- Web을 활용한 광고, 판매촉진, PR 및 Direct Marketing - 시장 세분화를 위한 고객 정보 확보 목적으로 Internet 상에서 시장 조사 - 서비스 개발과정 및 Life Cycle 결정에 Internet을 통한 고객참여 - 서비스 가격결정에서 Internet을 통한 유사서비스 가격정보 획득 - 판매 Channel Mix를 결정하고 통합에 Portal 과 같은 전자적 채널 활용	- Marketing Communications - 상품·서비스 Marketing - 가격전략· Programs - 채널 Marketing
e-Selling	- Web을 통한 전 구매 과정을 고객에 의한 Self Service화 - Internet상에서 고객의 구매의사와 지불능력을 파악 - 고객의 구매의도에 맞는 적정상품을 추천 - 고객에게 Solution을 제공하기 위해 단위 상품을 Bundling - 위 Solution 에 대해 고객의 지불능력을 고려하여 Customize 및 할인 상품 추천 - 고객의 구매정보 및 지원정보 이력화 - Internet 상에서 Service Order 생성	- Qualification - 고객욕구 파악 - Configuration - Order 생성·처리 - 서비스 개통

구분	내 용	활동 영역
e-Service	- Internet 을 통하여 고객이 고객 정보를 입력/갱신 - Internet 으로 고객이 접속한 정보를 DB 화 - 고객이 서비스 오더 및 고장신고처리 현황을 Internet 상에서 검색 - 고객의 질의 및 질의 사항 처리 - Web 상에서 고객에게 필요한 교육 실시 - Web 상에서 고객이 서비스를 설계하고 개통 - 서비스 문제를 고객이 처리할 수 있도록 고장처리 Manual 제공	- 고객 서비스정보 입력·관리 - 고객 교육훈련 - 고객 질의 관리 - 상품·서비스 online 개통 - 서비스 장애관리

제4항 e-CRM의 종류

e-CRM은 여러 가지 기준에 의하여 그 종류를 구분할 수 있다. 다음 내용은 IBM에서 설명하는 e-CRM의 개념을 더 확장시킨 것이며, e-CRM을 총 5가지의 종류로 분류해놓은 것이다.

1. 전략 기반의 e-CRM

전략 기반의 e-CRM은 명확한 목적을 설정하고, 목표고객을 명확히 한 다음 실행될 때 비로소 효과를 발휘한다는 입장을 취한다.

또, e-CRM은 반드시 전사적 전략과 정합성을 지녀야 한다는 것을 강조한다. 다시 말하면 e-CRM 역시 전사적 경영전략이라는 것이다. 즉, 먼저 기업의 핵심 역량이 무엇이며 핵심 역량을 중심으로 사업을 전개하는데 필요한 요소들은 무엇인지를 분명히 한 후, 그 속에서 e-CRM의 위상을 찾는다. 그 다음 e-CRM의 목적을 분명히 하고, 그 목적 달성을 위한 실행 프로그램과 정보기술 시스템의 요건을 결정하는 순서로 진행된다.

2. 데이터 베이스 기반의 e-CRM

데이터 베이스 기반의 e-CRM은 분석에 바탕을 둔 e-CRM이든, 고객접점관리에 바탕을 둔 CRM이든 간에 고객을 이해하는데 바탕이 되는 데이터 베이스가 반드시 필요하다는 입장에서 출발한다.

이러한 주장은 데이터 웨어하우스의 등장과 함께 그 강도가 높아졌다. 이는 기존의 운영계 데이터 베이스가 현장의 업무 처리를 편리하게 해주는 목적으로 구축되었기 때문에, 분석용 정보는 효과적으로 제공하지 못한다는 한계점을 극복하기 위해 등장하였다. e-CRM은 고객에 대한 지식을 바탕으로 하는 것이므로 데이터 베이스는 필수조건이다.

이 유형은 e-CRM을 위해서는 다양한 분석이 필요하며 그 분석의 형태는 미리 예측하기 어렵기 때문에 분석의 필요성이 조금이라도 있는 정보는 포괄적으로 데이터 베이스에 적재하여 미래의 정보 수요에 대응해야 한다고 주장한다.

3. 분석 기반의 e-CRM

분석 기반의 e-CRM은 고객정보를 잘 분석하면 피상적으로 보이는 내용이 아닌, 무엇인가 숨겨진 비밀을 발견할 수 있다는 것이다. 데이터 베이스 중심 e-CRM이 데이터의 수집과 저장에 초점을 두고 있다면, 분석 중심 e-CRM은 수집된 데이터의 분석에 초점을 둔다.

하지만 분석 중심의 e-CRM은 실제 활용 가능한 의미 있는 사실을 발견하기가 쉽지 않다는 한계를 지닌다. 또, 데이터 분석 소프트웨어들은 겉으로 보기에는 이용하기 쉽게 보이지만, 그 이면에서는 여러 종류의 가정과 복잡한 관계를 거치게 된다. 따라서 통계학 등 관련 지식이 없는 사람이 함부로 사용한다면 효과보다 부작용이 더 클 수도 있다.

최근 빅 데이터 시대와 함께 활용폭이 넓어지면서 분석 기반의 e-CRM이 주목 받고 있다.

4. 고객접점 e-CRM

IT 발전과 함께 업체들이 가장 주목하는 e-CRM이 고객접점 기반의 CRM이다. 모바일 컴퓨팅(Mobile Computing), 콜 센터(Call Center), 영업조직자동화(Sales Force Automation) 등의 IT 시스템을 통해 고객과의 접점(point of contact) 관리를 효율화해야 한다는 것이다.

5. 개인화 e-CRM

고객 개인의 성향이 반영된 개인화된 e-CRM은 고객 개개인별로 어떻게 제품이나 서비스, 보상 등을 차별화할 것인가에 초점을 맞춘다. 개인화는 e-CRM의 전체 프로세스 중 일부에 해당한다.

제2절 m-CRM

ICT의 발전과 함께 휴대기기는 소비자와 항상 함께하는 필수 도구가 되었다. 사용자는 이러한 휴대단말기를 이용하여 언제, 어디서나 통화 뿐만 아니라 다양한 서비스를 이용할 수 있게 되었다. 기존의 e-CRM에 고객의 편의성을 높이는 모바일 기술이 추가되어 m-CRM이 발전하게 되었다.

제1항 m-CRM의 시작

다시 살펴보면, CRM은 고객에 대한 이해를 바탕으로 영업, 마케팅, 고객 서비스 프로세스를 재구성하는 일련의 활동이다. CRM은 고객에 대한 중요성이 증대됨에 따라 기업의 경쟁전략이 되었다. 고객은 이제 더 이상 제품 판매를 위한 마케팅의 대상이 아니라 제품 생산에서부터 판매까지 기업의 전략에 영향을 미치는 중요한 요소가 되었다.

고객을 유지하고 관리하기 위한 CRM의 목표는 크게 3가지로 나눌 수 있다.

첫째는 고객중심의 업무방식 변화이고 둘째는 환경 변화의 지속적인 반영이며 셋째는, 신 개념의 마케팅 전략의 도입이다. CRM의 목표를 달성하기 위해서 CRM의 고객의 취향과 요구의 변화와 환경의 변화에 민감하게 반응하면서 변화하고 있다.

모바일 기술은 무선 인터넷의 발전과 네트워크 속도의 개선을 통하여 새로운 비즈니스를 제시하고 있다. 특히 스마트폰과 같은 모바일 디바이스의 급격한 보급은 모바일을 이용한 비즈니스의 활용폭을 확대해 가고 있다.

특히 모바일 기술을 통한 CRM의 가능성이 제기 되면서 m-CRM이라는 새로운 분야가 시작되었고, 현재 m-CRM은 Siebel Systems 등과 같은 다양한 CRM 솔루션 업체에서 제공하고 있으며, 국내 업체들도 다양한 m-CRM 제품을 제공하고 있다.

앞에서 언급하였듯이 CRM은 고객의 변화와 환경의 변화에 민감하게 반응한다. 그 이유는 CRM이 고객중심의 전략이기 때문에 고객을 만족시키기 위해서는 고객의 취향과 요구의 변화에 민감하게 대처해야 하기 때문이다.

고객과 환경에 많은 변화를 가져온 모바일 발전의 중요성은 무엇일까?

첫째, 모바일의 발전은 고객에게 새로운 서비스에 대한 기대감을 주기 때문이다. 모바일을 통해서 편리한 사용을 경험한 고객은 좀 더 높은 서비스를 요구하게 된다.

둘째, 모바일의 발전은 CRM에 새로운 방법을 제시한다. 모바일 기술은 이동성과 즉시성을 바탕으로 기존의 CRM에 있었던 시간과 장소의 제약의 문제를 해결하였다. 기존의 CRM에서는 기업이 고객에게 직접 접촉하거나 고객이 기업에게 접근할 때에만 고객에게 서비스를 제공할 수 있었다. 인터넷을 이용한 e-CRM에서도 고객이 컴퓨터를 통해 기업의 사이트에 접속할 때만 개인화된 서비스를 제공할 수 있었다. 그러나 모바일은 기존의 CRM이 가지고 있던 시간과 장소의 제약을 해결할 수 있는 수단으로서 CRM을 한층 발전시킬 수 있는 요인으로 등장하였다.

제2항 모바일 시대의 CRM

CRM은 고객의 중요성이 지속적으로 증가함에 따라 고객 관리와 유지를 위해서 더 나은 방법을 찾고자 노력하고 있다. CRM은 고객의 중요성이 증가함에 따라 계속적으로 변화하고 있다. 그래서, CRM의 변화 과정을 분석함으로써 현재 CRM의 추세와 CRM의 변화를 예측하고자 한다. 또한 CRM의 변화 속에서 모바일이라는 새로운 기술의 발전이 CRM에 어떠한 영향을 줄 수 있는지에 대해 알아보자.

1. CRM의 변화

고객 관리를 위한 기업의 노력들은 지속적으로 변화하였다. 고객

관리의 변화는 고객의 중요성이 변함에 따라 변해 왔는데 이를 마케팅의 관점에서 분류하면 다음과 같다.

1) 1세대: Mass Marketing(1980년대)

1세대 기업과 고객의 관계는 일방적이다. 고객의 정보는 상품을 판매할 때 기재된 고객 자료들과 고객에게 우편 발송 등을 통해 회수된 자료를 통해 수집되고, 이 자료를 통해서 고객을 분류하고 고객에 대한 정책을 결정하였다. 1세대의 고객에 대한 접근 방식은 대량 캠페인과 같은 일방적인 방식이었다. 오랜 기간 동안 누적된 대량의 자료를 통하여 고객을 분석하고 일시적인 대량캠페인을 통해서 일방적으로 제품을 판매한다. 이러한 접근 방식은 과거의 데이터를 수집하고 분석하는데 많은 시간과 노력이 필요하기 때문에 고객 정보의 통합과 분류가 어려웠으며 고객의 변화에 민감하게 대응하지 못하는 단점을 가지고 있다.

2) 2세대: DB Marketing(1990년대 초반)

2세대의 기업과 고객의 관계는 일시적이다. IT기술과 데이터 웨어하우스 고객 자료를 이용하여 마케팅 활동을 지원하였지만 일시적인 캠페인을 함으로써 제품판매가 끝나면 고객과의 관계가 단절되었다. 고객의 자료를 통합하고 이용하려는 노력이 이루어졌지만 지속적인 고객 데이터의 관리와 유지에는 실패하였다.

3) 3세대: CRM(1990년대 후반)

3세대의 기업과 고객의 관계는 쌍방향 의사소통의 관계이다. 고객과 관련된 기업의 자료를 분석, 통합하여 고객특성에 기초한 마케팅 활동을 계획하고, 지원하며, 평가하는 것으로 대표할 수 있다. 고객을 획득하고 유지하기 위해서 콜 센터, 캠페인 관리 등의 CRM 도구를 통해 지속적이고 반복적으로 고객 관리를 실시하게 된다. 이러한 순환적인 고객관리 시스템은 고객의 요구를 계속적으로 반영하는 효율적인 관리체제이다.

4) 4세대: Real Time Marketing(2000년대)

4세대의 기업과 고객의 관계는 밀접하게 연결된 가치창조의 관계이다. 고객은 단순히 제품을 판매할 대상이 아니라 기업의 전 분야에 걸쳐서 기업의 전략을 세우는데 중요한 요소가 되었다. 기업은 고객의 취향과 요구 분석을 통해 고객에게 적합한 상품을 생산하게 되었고 이는 기업의 새로운 가치를 창출하는 데 도움이 되었다. 고객의 측면에서도 고객의 취향에 맞는 상품과 서비스를 제공받게 되었다. 기업과 고객은 서로간의 만족과 이윤을 통해서 서로의 가치를 창출하는 관계가 되었다. 이제는 고객의 반응을 실시간으로 교류해야 할 필요성이 대두되었다. 이러한 수단으로서 인터넷은 CRM을 e-CRM이라는 분야로 확장시키면서 더 많은 고객의 정보를 얻고 분석하여 실시간으로 제공할 수 있는 기회를 제공하였다.

위에서 CRM의 변화과정을 분석하면서 CRM의 몇 가지 흐름을 유추할 수 있다.

첫째, CRM의 변화요인을 유추할 수 있다. CRM의 변화 요인은 고객에 대한 관심과 변화와 기술의 발전을 들 수 있다. 특히 1세대에서 2세대로의 변화에서 알 수 있듯이 컴퓨터라는 새로운 기술은 DB라는 새로운 도구를 제공하였고 이는 고객 관리의 새로운 가능성을 제시하면서 DB Marketing으로 발전하였다. 3세대에서 4세대로의 발전은 고객성의 중요성이 크게 부각되면서 고객의 요구에 민감하게 발전하고 있다. 고객은 예전보다 고객 서비스의 새로운 경험을 통해서 취향과 요구사항이 높아졌다. 이를 만족시키기 위해서 기업은 실시간으로 개인고객에 취향을 만족시키기 위한 노력을 하고 있다.

둘째, CRM의 변화에 대한 예측을 할 수 있다. 4세대의 CRM에서 볼 수 있듯이, CRM은 변화하는 고객의 요구를 수용하기 위한 새로운 방법을 모색하고 있다. 좀 더 개인화된 정보를 적시에 고객에게 제공하기 위한 노력을 하고 있다. 이러한 변화의 노력을 만족시킬 수 있는 방법으로 모바일이 제시되었다. 인터넷을 통하여 CRM에 획기적인 발전을 이룩하였지만 급변하는 고객의 요구를 수용하기에는 한계를 가지고 있다. 고객이 인터넷에 접속하여 정보를 제공하고 받을 수 있는 상태에서만 e-CRM은 실시간으로 고객에게 정보를 제공한다. e-CRM에서도 고객 채널의 일환으로 모바일을 포함하고 있었지만 그 당시에는 모바일 기술이 지금처럼 발전하지 못했기 때문에 모바일을 단순한 고객 접점으로만 인식하고 있었다. 그러나 모바일 기술이 지속적으로 발전함에 따라 모바일 기술을 이용한 모바일 CRM이 발전하게 되었다.

2. 모바일이 CRM에 미치는 영향

Korner는 새로운 기술이 CRM에 미치는 영향에 대하여 분석을 하였다. Korner의 분석에 의하면 새로운 기술이 CRM에 미치는 영향을 크게 두가지로 나누어 설명하였다. 첫째, 새로운 기술의 영향으로 고객과의 새로운 접점이 확보된다는 점과 둘째, 고객의 행동이 많은 면에서 변화할 것이라는 점이다.

<그림 5.1>은 Koner가 주장한 새로운 기술이 CRM에 미치는 영향을 그림으로 요약하여 표현한 것이다. <그림 5.1>에 나타나 있듯이 새로운 기술은 비즈니스 환경에 영향을 주게 되고 고객의 행동을 변화시키기 때문에 결국 고객관리에 있어서 새로운 접근 방식이 필요하다는 것이다. Koner가 접근했던 방식과 유사하게 모바일이 CRM에 주는 영향을 분석하면 다음과 같다. 모바일이 CRM에 미치는 영향은 크게 두 가지로 나누어 볼 수 있다.

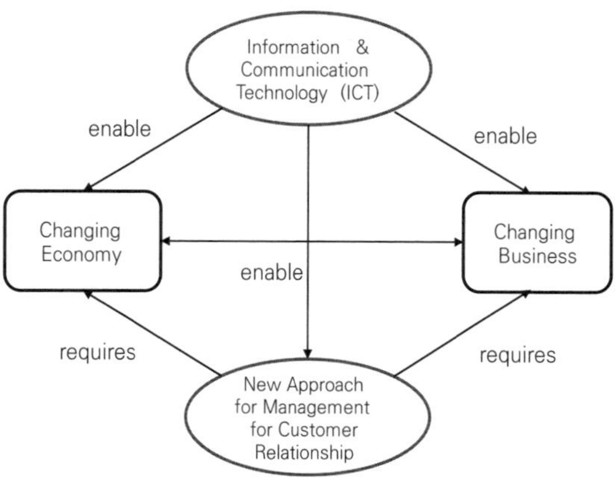

<그림 5.1> 새로운 기술이 CRM에 미치는 영향

첫째, 기업의 입장에서 본다면 모바일은 고객과의 접점을 통해서 기존의 CRM이 가질 수 없었던 새로운 방법을 제시하고 있다. 기존의 CRM과 e-CRM은 고객을 관리하는데 있어서 고객이 접속하거나 또는 기업이 고객에게 접촉하는 방식을 통해서만 고객 관리가 이루어졌다. 반면, 모바일은 시간과 공간에 제약을 받지 않는 고객 접점이라는 특징을 이용해서 기업은 시간과 공간에 제약을 받지 않고 고객을 관리할 수 있는 가능성을 가지게 되었다.

둘째, 고객의 입장에서 본다면, 모바일 기술에 대한 기대감을 통해 고객은 좀 더 나은 서비스를 기대하게 되었다. 무선전화의 수가 유선 전화수를 앞지를 만큼 모바일은 일반 고객에게 대중화되었다. 무선인터넷등과 같은 새로운 모바일 기술을 접해본 고객은 모바일의 장점을 인식하게 되었고 그에 대한 기대 또한 커지게 되었다. 또한 부분적으로나마 CRM 업체들은 모바일 CRM 솔루션을 출시하면서 모바일에 대한 기대감을 높이고 있다.

3. CRM에 분야에 있어서 모바일의 장점

모바일의 장점 중 CRM에 응용할 수 있는 장점으로는 개인화, 이동성, 즉시성, 위치인식, 연속성을 들 수 있다. 이를 자세히 살펴보면 <표 5.5>와 같다.

<표 5.5> 모바일 CRM의 장점

특징	장점
개인화	기업은 모바일 디바이스에 기본적으로 포함되어 있는 기본적인 고객의 정보를 제공받아서 개인에게 알맞은 서비스와 컨텐츠를 제공한다.
이동성	모바일은 유선과 달리 이동 중에 휴대할 수 있는 장점이 있다. 과거의 CRM에서는 고객이 회사에 접속해야만 고객의 정보를 획득하고 제공할 수 있었다. 모바일의 등장으로 어느 곳에서나, 어느 시간대에나 실시간으로 고객을 관리를 하게 된다.
즉시성	과거의 CRM에서는 고객의 원하는 시점에 원하는 정보를 제공하는 것이 어려웠다. 모바일을 통해서 고객이 원하는 시점을 파악하여 실시간으로 정보를 제공한다.
위치인식	모바일을 통하여 고객의 위치를 파악하는 것이 가능해 졌다. 고객의 위치파악은 과거의 CRM에서 제공할 수 없는 서비스를 제공할 수 있는 좋은 기회가 되었다.
연속성	모바일은 통해 파악된 정보와 기존의 정보와 결합하여 고객에게 필요한 정보를 만들어 낸다.

1) 모바일 CRM의 활용

앞에서 언급한 모바일의 장점은 CRM에 여러 가지 방향으로 활용될 수 있다. 다음은 그 활용에 대하여 설명한 것이다.

가) 무선인터넷과 SMS의 활용

무선인터넷은 기존의 e-CRM과의 통합 가능성을 제시한다. 모바일에서 인터넷이 가능하다면 인터넷을 통해서 구축되어 있는 고객의 정보를 그대로 활용할 수 있고 모바일을 통해 더 많은 고객정보를 얻을 수 있다. 모바일에서의 인터넷 사용은 네트워크 속도와 모바일 디바이스의 화면제약 때문에 기존의 유선인터넷을 통한 고객

관리와는 다른 새로운 방법을 요구한다.

기업의 입장에서 고객에게 시간과 장소에 관계없이 접속할 수 있는 수단으로는 SMS를 들 수 있다. 기존의 CRM에서는 캠페인을 통해서 직접 고객에게 접근하거나 인터넷에 고객이 접속하기 전까지는 어떠한 정보도 제공할 수 없었다. 하지만, 이젠 SMS를 통해서 CRM은 언제 어디서나 고객에게 정보를 제공할 수 있는 채널을 확보하게 되었다. SMS는 현재 무선 마케팅에 가장 많이 활용되고 있지만 앞에서 언급한 위치 기반 시스템과 무선인터넷에 있어 고객 접점으로서 중요한 역할을 담당한다.

나) Closed Loop CRM의 실시간 활용

CRM은 고객의 정보 수집, 저장, 분석, 적용의 반복적인 프로세스를 통해서 이루어진다. 기존의 CRM에 프로세스는 한번의 사이클을 회전하는데 많은 시간을 요구하였다. e-CRM을 통해서 사이클 시간이 많이 단축되었지만 고객이 접속할 때까지 기다려야 하므로 적시에 고객 서비스를 제공할 수 없었다. 모바일은 반복적인 CRM 프로세스 시간을 단축시켜 실시간 고객 서비스를 가능하게 한다. e-CRM을 통해서 구축되어 있는 기존 CRM 시스템에 모바일을 결합한다면 실시간으로 고객에게 맞게 개인화된 정보를 제공할 수 있게 된다.

다) 위치 추적 기술의 활용

모바일을 통한 고객의 위치 추적 기술은 기존의 CRM에 큰 영향을 주는 획기적인 기술이다. 모바일 이 기술을 통하여 기업은 고객의 위치를 실시간으로 제공받을 수 있다. 고객의 위치정보는 기존의 고객 성향 정보와 기업 내부 정보와 결합하여 현재 위치에서 특정고객에게 적합한 정보를 제공할 수 있다. 위치 기반의 CRM은 기존의 CRM에서 제공할 수 없었던 새로운 가능성을 제시한다. 고객 개인에게 적합한 정보를 적시에 제공함으로써 기업은 고객 관리와 유지뿐만 아니라 새로운 구매유도의 효과까지 얻게 된다.

라) 모바일 마케팅과의 결합

m-CRM이 발전되기 전에 이미 모바일 마케팅은 활성화 되고 있다. 모바일 마케팅은 휴대폰으로 대표되는 모바일 네트워크 단말기를 기존 미디어 채널과 연계해 마케팅 활동을 수행하는 것이다. 모바일 채널을 마케팅으로 활용하면서 1:1 마케팅, 타이밍 기반 마케팅, 위치기반 마케팅 등 새로운 마케팅의 가능성을 가지게 되었지만 무분별한 광고로 인하여 고객은 상당한 모바일 광고에 대해서 불만을 가지게 되었다. 모바일 마케팅이 CRM과 결합하여 고객의 특성에 맞춘 가치 있는 정보를 제공한다면 모바일 마케팅 새로운 가치를 획득하게 될 것이다.

제3절 소셜 CRM

현재 소비자들은 Blog, Facebook, Linked In, YouTube, Twitter 등 소셜 네트워크 서비스 사이트에 이미 수억 명의 회원들이 가입하여 컨텐츠를 만들고, 공유하며, 사회적인 네트워킹을 형성하고 있다. 고객중심의 사회에서는 고객들이 직접 누구와 커뮤니케이션하고, 무엇을 커뮤니케이션 할 것인지 스스로 통제하고 있으며, 그들이 사용하는 기술과 채널을 통해 그들의 구매경험을 전파하고 있다. 이러한 비즈니스 환경 변화로 기존의 CRM에서 e-CRM, m-CRM으로, 그리고 소셜 네트워크 서비스를 통해 고객의 목소리를 듣고 이에 대한 적절한 대응을 하여 기업과 고객과의 접점을 넓혀 고객의 반응을 통해 기업의 전략에 반영하는 소셜 CRM(Social CRM)이 등장하였다.

더불어 다양한 소셜 네트워크 서비스(Social Network Service)의 확대와 함께 소셜 미디어를 활용한 기업들의 마케팅 및 CRM이 본격화되고 있다.

모바일로 '실시간 소셜 CRM' 구현

SNS의 묘미는 모바일이다. 휴대폰이나 스마트폰으로 실시간으로 친구들과 쉽게 메시지를 주고받을 수 있다는 점에서 모바일 SNS가 각광 받았듯이, 기업에서도 모바일 SNS를 고객 관리에 활용해 '실시간 소셜 CRM'을 구현할 수 있다.

SNS는 모바일 고객센터 및 고객 정보 분석 플랫폼으로도 유용하다. 고객들을 자사 SNS 계정의 친구 등록을 해 놓으면 휴대폰을 통해 실시간으로 고객들의 문의나 불만에 응대할 수 있으며, 이들의 메시지들을 기반으로 고객의 관심사를 파악할 수 있다.
또 모바일 SNS는 등록된 친구들에게 쉽게 이메일이나 전화를 할 수 있다. 휴대폰 화면상에 나타나는 친구 목록 중 한명의 이름을 클릭하면 자동으로 연락처에 연동이 되는 식이다. 즉 일일이 휴대폰에 e메일 주소나 전화번호를 저장하는 번거로움이 사라진다.
모바일 SNS를 이용하는 고객 관리 직원들은 수많은 고객들의 연락처를 일일이 저장하거나 들고 다닐 필요가 없다는 얘기다.
무엇보다, CRM의 중요한 목표가 '타깃 마케팅'이듯, SNS도 소셜 CRM 기능을 통해 훌륭한 타깃광고 플랫폼으로 거듭날 전망이다. (아이뉴스24)

비즈니스의 중심에는 고객이 있고, 소셜 네트워크는 이러한 고객과 더욱 상호 호혜적이고 솔직한 관계를 맺을 수 있는 기회를 제공한다. 하지만 기업이 가시적인 비즈니스 혜택을 누리기 위해서는 소셜 네트워킹 활동에 관한 계획, 관리 및 측정이 한 단계 개선되어야 한다. 바로 이 점이 CRM과 소셜 네트워킹의 관점이 일치한다.

Gartner 분석가인 Adam Sarner는 "소셜 네트워킹에서 CRM은 완전히 다른 비즈니스 모델의 ROI가 실현되는 영역이다. 새로운 방식으로 고객과 연결하고 고객의 참여를 유도하는 것이 중요하다"라고 분석한다. 이것은 놀라운 사실이 아니다. 소셜 네트워크를 사용하는 고객은 기업과의 의미있는 소통을 원한다. 그리고 기업은 소셜 네트워크에서 새로운 사업 시도를 관리하고 평가할 수 있는 수단을 원한다. 소셜 네트워크와 CRM이 잘 어우러지면 기업은 고객의 의견에 더 귀를 기울이고 소셜 고객의 자발적인 참여를 유도하면서, 그러한 고객과의 활동을 체계적으로 관리하고 평가할 수 있게 된다. 또한, 다른 방법으로는 연계나 관리가 어려운 온라인 대화를 소셜 네트워크를 통해 이용함으로써 고객을 전면적으로 파악하여 마케팅, 영업, 고객 서비스를 더욱 최적화 할 수 있을 것이다.

제1항 소셜 CRM

Web 2.0 기반의 소셜 네트워크 서비스(Social Network Service)가 생겨나면서 소비자의 구매행동과 커뮤니케이션 방식이 변하고 있다. 제품을 구매할 때 더 이상 기업의 광고나 전문가의 이야기를 듣는 것이 아니라 친구의 이야기를 듣고, 제품을 구매할 때는 가격비교 사이트에 들려서 가격을 비교하고 타 사용자의 후기를 검토해 가면서 구매의사를 결정한다.

소비자들은 기업의 공식 홈페이지보다 개인이 만든 블로그를 찾고 카페에 가입하여 커뮤니티활동을 적극적으로 하고 있다. 특히 스마트폰의 보급으로 주위 동료들과의 커뮤니케이션도 트위터나 페이스북 같은 소셜미디어 사이트에 가입하여 인간관계를 넓혀 가고 있다. 이러한 변화는 소비자를 단순히 기업의 제품을 소비하는 소비대상이 아니라, 기업에 대한 경험을 적극적으로 알리고 기업경영에 참여하는 진정한 프로슈머(prosumer)로 바뀌어 가고 있다. 이제 기업들은 이러한 소비자들 그룹에 끼어들어 갈수 있어야 살아남는 세상이 되어가고 있다.

소셜 네트워크의 확산에 따라서 이제 기업은 기업과 고객과의 관계 관리 뿐 아니라 고객과 고객, 고객과 파트너, 고객과 경쟁사의 관계도 관리해 나가야 하는 시대가 되었다. 따라서 온라인상의 고객관리 뿐만 아니라 이러한 소셜 네트워크 환경에 적응하기 위하여 기존 CRM도 소셜네트워크 환경에 대응하는 소셜 CRM으로 진화하였다.

1. 소셜 CRM이란?

소셜 CRM(Social CRM)이란 기업이 인터넷, 무선통신 등을 기반으로하는 다양한 소셜미디어 또는 소셜네트워크를 활용, 기업의 수익을 창출하기 위해서 고객과의 관계를 유지 및 관리하는 것을 말한다. 이는 최근 스마트폰과 무선인터넷의 사용 확대로 인해 언제 어디서나 쉽게 누구든지 인터넷에 접속이 가능해지면서 일반 소비자들의 소셜미디어와 소셜네크워크 사용이 일반화됨에 따라 나타났다.(<그림 5.2> 참조)

소셜 CRM은 CRM을 대체하는 것이 아니라 CRM의 확장된 형태이다. 기존의 CRM이 데이터에 주로 의존했다면, 소셜 CRM은 고객과의 관계, 고객간의 소통, 그리고 고객의 참여를 중요시하는 전략이다. 또한 소셜 CRM은 기업내부의 문제를 해결하는 것이 아

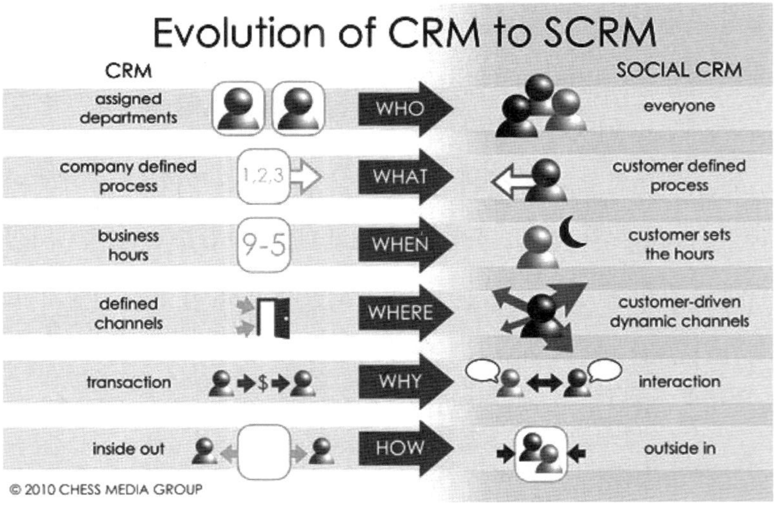

<그림 5.2> 소셜 CRM(Social CRM)

니라 고객의 문제를 해결하는 소셜미디어 환경에서 고객들의 관심과 행동을 분석하여 마케팅과 영업, 서비스, 제품개발에 적극적으로 반영하는 "Outside-in" 전략이다. 소셜미디어 사이트를 통하여 고객의 니즈를 파악하고 다양한 시장조사 활동을 하며, 대중들의 아이디어를 모아 제품이나 서비스를 개발하고, 목표고객에 대한 가망고객을 발굴하여 매장방문을 유도하며, 제품을 구매하기 위한 의사결정 정보를 제공하고, 구매후에도 제품의 사용경험을 적극적으로 공유하게 함으로써 고객과의 관계를 강화해야 한다.

소셜 CRM 개념이 나왔다고 해서 CRM 본질이 바뀌는 것은 아니고, 고객의 변화에 따라 CRM 방식도 계속변해가야 하는 것이다. 소셜미디어를 이용한 시장조사, 제품개발, 마케팅, 영업, 서비스 업무를 고객중심으로 해 나가는 것을 소셜 CRM이라 할 수 있다.

CRM은 기업들이 소비자들을 자신의 고객으로 만들어 이를 유지하고자 하는 경영기법이며, 기업들이 고객과의 관계를 관리하고 고객을 확보하며 고객, 판매인, 협력자와 내부 정보를 분석하고 저장하는데 사용하는 광대한 분야를 포함하는 방법이다. 이러한 개념적 정의를 소셜미디어로 확장시키면 소셜미디어 상의 이해관계자들과 기업이 네트워크 관계를 형성하고 확장하기 위한 노력, 형성된 네트워크를 확장하고 견고히 가져가기 위한 관리, 기업과 관계되어 발생하는 이슈에 대한 모니터링과 대응, 기업의 이해관계자들과의 정보교류와 발생되는 정보에 대한 관리라고 말할 수 있다.

소셜 CRM을 정의하자면 '소셜미디어에서 발생하는 관계에 대한 관리와 활용'이라고 말할 수 있다. 기업에서 소셜 CRM의 개념도입이 필요한 이유에 대해 Forrest Research의 보고서는 기존에는 기업이 고객관의 관계만 생각하면 되었지만, 소셜 컴퓨팅 때문에 기업과 고객, 고객과 고객, 고객과 경쟁사, 심지어 기업과 경재사의 관계도 고객관리에서 포함해야 하는 시대가 도래했으면 이것이 소셜 CRM이라고 설명하고 있다.

또한 소셜 CRM은 기존의 CRM과는 전혀 다른 것인가하는 문제에 대해 기업들이 기존 CRM을 그대로 이용하면서 소셜 컴퓨팅의 기능을 접목하는 것으로 고객을 정하고 획득, 유지, 이해, 협업하는 것을 지원하는 핵심 기술로 이루어진다고 할수 있다.

즉, 소셜 CRM은 기존 CRM의 고객 대면 트랜젝션(transaction)형 프로세스를 최적화하는 전통적 관점에다가 고객과 공급업체, 심지어 경재사와의 협업과 소셜 연계를 개발할 수 있는 기술과 전략을 모두 포함하는 솔루션이라고 말하고 있다.

소셜 CRM은 기존의 CRM처럼 소비자들에 대한 정보를 수집, 분석하여 고객관리를 통해 수익창출을 기여하기도 하지만 '소셜', 즉 '사회'라는 개념을 도입함으로써 단순한 데이터와 정보분석보다 소비자와의 대화와 관계를 다루는데 중점을 두고 있다. 이와 같은 대화와 관계형성은 기업과 소비자간 뿐 만 아니라 소비자와 소비자 사이에서도 발생한다. 특히 전자보다 후자가 더욱 크게 형성되고 소비자에게 더 큰 신뢰를 주기 때문에 기업은 이러한 관계가 형성되는 곳을 꾸준히 모니터하고 관리하게 된다.

기존 CRM에 비교해서 소셜 CRM이 가지는 장점

- 고객 불만 처리: 소셜네트워크를 이용한 고객서비스는 기존의 홈페이지나 콜센터보다 빠른 대응이 가능하다.
- 직원교육: 기존의 CRM사용을 위해서는 직원에 대한 교육이 필수적이었다. 하지만 소셜네트워크 서비스를 이용한 소셜 CRM의 경우, 이미 많은 사람들이 페이스북이나 트위터와 같은 소셜네트워크 서비스에 익숙해져 있기 때문에 시스템의 사용을 위해 추가적인 교육의 필요성이 최소화된다.
- 고객 관심사 파악: CRM의 기본중 하나인 고객의 관심분야를 파악하기에 용이해짐. 소셜 네트워크 서비스에 고객들이 작성한 메시지를 기반으로 하여 해당 고객의 관심사 파악이 쉽게 가능하다. 고객의 빠른 피드백을 기반으로 빠르고 저렴한 비용으로 고객 관심사 파악이 가능하다.

- 정보 저장의 불필요: 고객에 대해 종래에는 매번 e-mail, address, mobile number 등을 저장하던 것과 달리, 소셜 네트워크 서비스의 아이디어를 통한 contact을 이용하면 이러한 정보 저장이 필요하지 않다.
- 목표 마케팅: 기존의 CRM보다 더 개인화된 목표 마케팅이 상대적으로 저비용에 가능하며, 이에 대한 효과 또한 뛰어나다.
- 고객의 이익: 고객은 제품·서비스에 대한 평가를 친구들에게 이야기하듯 실감나게 올리거나 신제품 개발과정에 적극적 참여 가능하다.
- 구전 마케팅: 현대 마케팅의 중요 기법인 입소문 마케팅이 소셜 네트워크 서비스를 통해서 가장 효과적으로 구현 가능하다.

2. 전통적인 CRM 환경의 변화

친구들과 대화수단에 불과하던 소셜 네트워크 서비스들이 이제는 기업의 CRM 솔루션으로 거듭나고 있다. CRM은 고객 관리 및 고객 정보 분석등을 제공하는 주요 기업용 소프트웨어이다. 고객과의 거래 내역 등을 데이터 베이스화해 각 고객에 최적화된 서비스를 제공하고 이를 마케팅에 활용하게 해주는 것이 CRM의 주된 기능이다. 고객 맞춤형 서비스에 대한 욕구가 강한 기업들은 비싼 가격을 주고 CRM을 구입한다. 하지만 최근 들어 SNS를 CRM의 보완 또는 대체재로 활용하는 기업들이 늘고 있다. 이는 사용자들이 올린 메세지들이 '고객정보'로써의 가치를 발휘하고 있기 때문이다.

1) 소통을 통한 고객 대응 및 고객 정보 축적

기업들은 SNS를 통해 고객 관리를 할 수 있게 되었다. 예를 들면 고객이 불만을 제기했을 때는 홈페이지나 콜센터보다 빠른 대응을 할 수 있고, 고객들과 메시지로 소통한 내역들은 해당 고객을 분석하는데 도움이 되는 데이터 베이스가 된다. 미국에서 페이스북이나 트위터는 많은 사용자들에게 익숙해져있다. 이 때문에 기업의 고객 관리 툴로 이 사이트를 활용하기 위해서 직원들에게 별도의 교육을 시킬 필요가 없다는 장점도 있다. 실제로 트위터를 고객 관리에 활용하는 기업들이 계속적으로 등장하고 있다. 미국 최대 케이블케이블 TV 업체 컴캐스트는 10명의 전담 인력을인력을 두고 트위터를 고객 서비스 센터로 활용하고 있다. 항공사 제트블루는 고객이 항공기 좌석 배치 불만을불만을 트위터에 올리자 즉시 대응해 호평을 얻은 사례가 있다. 국내 통신사 KT와 SKT도 트위터를 통한 고객 소통에소통에 적극적으로 대응하였으며 트위터를 콜 센터 보강책으로 활용하고 있다. 이 같은 추세를 반영하듯 페이스북과 트위터를 접목한 기업용 솔루션이 출시 되기도 했다. 웹 기반 기업용 소프트웨어 업체 세일즈포스닷컴은 최근 주력 솔루션인 '서비스 클라우드'에 페이스북 및 트위터 기능을 추가하였다. 기업의 고객 서비스 담당자들은 서비스 클라우드를 통해 소비자들이 페이스북이나 트위터에 올린 자사 제품에 대한 글을 볼 수 있으며 답변도 할 수 있다. 세일즈 포스 닷컴은 앞서 페이스북과 기업 솔루션을 결합한 '페이스 포스'를 출시한 바 있다.

2) 기업 마케팅을 위한 모바일 SNS 대두

모바일 SNS는 여러가지 이유로 주변 기업들의 주목 대상이 되고 있다. 먼저 모바일 SNS가 갖는 네트워크 효과가 있다. 이미 수천만 명이 가입한 SNS를 활용한다면 손쉽게 홍보 마케팅 효과를 얻을 수 있거나 새로운 사업을 시작할 수 있다. 이를 노리고 수많은 기업들이 SNS 서비스에서 개방한 Open API를 이용하여 새로운 서비스를 제공하여 자사 서비스 방문을 유도하고 있다. 루프트는 페이스북과 트위터 등과 연계된연계된 서비스를 제공하는 기업으로 페이스북에 글과 사진을 올리도록 지원하면서 페이스북 회원을 루프트 회원으로 공유할 수 있게 만든다. 또한 생활정보 검색 전문 사이트인 옐프와 연동해 주변 맛집을 검색할 수 있도록 한다.

3) 기업의 소셜 CRM, 온라인 고객센터까지 활용

기업의 모바일 업무가 트위터를 통한 위기 대응만 있는 것이 아니다. 모바일은 고객관리에 활용할 수도 있다. 기업들은 페이스북이나 트위터와 같은 서비스를 기업의 온라인 고객센터로 활용할 수 있다. 기업 입장에서는 이미 수억 명이 가입한 서비스에 자리를 틀게 됨으로써 고객센터 구축비용이 들지 않으면서도 대부분의 고객과 상담이 가능하다는 장점을 취할 수 있게 되고, 페이스북이나 트위터는 기업 고객을 사용자로사용자로 확보하는 윈윈 구조를 갖게 된다. 고객 대응은 단순하게 문자로만 이루어지는 것이 아니라 음성 통화 및 음성 회의 등을 이용할 수도 있다.

이처럼 SNS를 활용한 고객 응대 서비스가 늘면서 기업용 '소셜 CRM'이라는 새로운 시장이 열리고 있고, 모바일 SNS 서비스들이 음성 채팅 등의 음성 지원 기능을 강화하는 것이다. 이처럼 기업 입장에서도 온라인 SNS는 단순한 홍보 마케팅 도구 이상의 의미를 지닌다. 고객 관리에서부터 실제 주문과 상담까지 다양한 고객 응대 서비스에 활용할 수 있다. 더불어 모바일 SNS 시장의시장의 활성화는 오프라인 기업에도 도움이 되는 발전 방향이다.

3. 전통적 CRM VS 소셜 CRM

소셜 CRM은 완전히 새로운 개념이 아니라 전통적CRM에서 진화된 개념으로서, 그 동안 기업과 고객과의 관계, 기업내의 마케팅, 영업, 서비스 프로세스의 자동화 등에 힘써왔다면, 이제는 고객과 고객과의 관계, 고객과 양방향 의사소통, 고객으로부터의 기업내부 혁신 등으로 그 개념을 확산하는 개념이다. 이제 기업들은 그 동안의 CRM 실패를 극복하고 진정으로 '고객중심의 경영'으로 전환하기 위해 소셜 CRM으로 진화해야 한다.

<표 5.6> CRM 1.0 vs CRM 2.0

	CRM 1.0	CRM 2.0
고객개념	Consumer	prosumer
방향성	- customer-driven - 기업을 중심으로 고객지향적 - inside out	- customer-centric - 고객을 중심으로 기업혁신 - outside in
통신방식	1-way communication (outbound)	2-way communication (in/outbound)
IT	web 1.0	web 2.0
tool	search, broadcasting	collaboration/dialogue
관계	- '기업과 고객'관계에 초점 - 고객에게 회사의 가치를 제공하고 고객은 회사에 가치를 제공	- '고객과 고객'관계까지 확장 - 고객이 상호 창조적인 가치를 위하여 협업적인 활동
고객정보	고객에 대한 제한된 정보 (선호도, 커뮤니티, 습관)	고객과 고객의 커뮤니티를 이해하기 위한 소셜 네트워크 정보
전달가치	타깃화된 메시지의 가치	대화, 참여, 공유의 가치
touch point	전화, 팩스, 이메일, SMS, 편지, 대면, 회사홈페이지, 메신저, 채팅,미디어	blog,facebook, Youtube, twitter, Wiki, Podcast, Social Network, widgets, video sharing, Forum, Auction website. slide sharing, LockedIn, Mashup, etc.
프로세스	- 고객프로세스가 회사의 관점에서 개발(기업을 위한 고객라이프사이클) - 프로세스 중심적: 더 좋은 고객 인터랙션을 지원하는 프로세스 - CRM 프로세스에 초점	- 회사의 프로세스가 고객의 관점에서 개발(고객을 위한 기업라이프사이클) - 대화중심적: 브랜드 커뮤니티와 아이디어 수집 - Value chain process에 초점
기술	- 내부 비즈니스 프로세스 자동화 - 마케팅, 영업, 서비스 프로세스를 지원하는 운영CRM에 초점	- 내부, 외부 커뮤니티 생성에 초점 - Social media Tool과의 통합: blogs, wikis, podcasts 등 - 고객의 경험을 개선하기 위한 운영CRM과 현업CRM
성과지표	브랜드인지도, 브랜드만족도, 브랜드자산	브랜드구전, 브랜드참여, 브랜드공유
value chain	분리된 회사 value chain (SCM, ERP, PRM, CRM)	고객과 공급업체까지 고객을 중심으로 통합된 Value Chain

소셜 미디어라는 변화의 물결 속에서 기업의 새로운 고객관리 시스템 및 프로세스 확립에 대한 니즈가 부각됨에 따라 전통 CRM이 소셜 CRM으로 진화하게 되었다. 일반적으로 전통 CRM은 시장조사, 마케팅, 세일즈, 서비스, 제품·서비스 개발의 5가지 영역으로 구분될 수 있다. 고객에 대해 알고, 그 정보를 바탕으로 핵심 고객에 접근하여 제품을 구매하도록 유도하며, 구매 후 제품에 대한 충성도를 높이기 위해 다양한 프로그램을 실시하는 것, 그리고 그 과정에서 포착한 정보들을 바탕으로 신제품과 서비스를 빠르고 효과적으로 개발, 제품화하여 공급하는 것이 CRM의 영역이었던 것이다. 그러나 소셜 CRM이라는 개념으로 진화하면서 이 5가지 영역은 그 방법론 및 심지어 목적 부분에서 다음과 같은 변화를 겪고 있다.

첫째, 시장조사에서의 변화이다. 전통적 CRM 관점에서 시장조사는 판매활동이나 제품개발에 포커스를 맞춰, 고객과 시장정보를 수집, 분석해 가장 가치있는 잠재 고객을 파악하고 이를 마케팅 측면에서 활용하는 것을 목적으로 하였다. 따라서 주로 콜센터나 대리점을 통해 수집, 통합, 구축된 고객DB를 중심으로 이루어졌으며 이러한 방법은 자료를 수집하고, 재가공하고, 그 안에서 의미 있는 결론을 도출하는 데까지 많은 인력과 비용이 투자되었으나 조사 대상의 범위가 한정적이고, 시장 조사의 결론 도출되는 때까지 시간이 소요되어 의미있는 정보의 시의 적절성에서 한계가 존재한다는 점에서 비효율적인 측면이 발생할 수 밖에 없었다. 반면, 소셜 CRM은 버즈(Buzz) 모니터링이라는 방법을 통해 광범위한 고객의 의견을 수집할 수 있으며, 시스템을 통한 분석이므로 그 데이터의 활용이 용이성과 실시간성을 바탕으로 한다는 점을 특징으로 한다. 버즈 모니터링을 통해 소비자가 남긴 블로그의 사용 후기, 또는 트위터에서 친구에게 보낸 한 줄의 Mention을 통해 제품에 대한 소비자의 선호도와 관심도, 더 나아가 기업에 대한 선호도까지도 파악이 가능하여 마케팅 전략에 반영 및 제품 기능상의 개선점을 찾아낼 수 있기 때문이다.

둘째, 마케팅에서의 변화이다. 소셜 CRM은 기업과 소비자간의 양방향 소통을 기본으로 전제하고, 이를 바탕으로 소비자와 소비자간의 소통을 재창조하는 Multi-way Communication 방식이 가능하도록 한다. 또한 기업과 고객이 대화한 내용을 바탕으로 양자간의 대화를 지켜보던 다른 소비자들이 또 다른 토론을 발생시켜 기업의 제품에 대한 관심이 고조되기를 기대할 수 있다. 이른바 입소문 마케팅으로 소셜 미디어 시대에 새롭게 그 가치가 주목되고 있는 마케팅 기법이다. 한편 소셜 CRM에서는 기업의 메시지가 소비자와 어느 정도 소통을 하였으며, 소비자에게 어느 정도 관심을 일으키는데 성공하였는지를, 보다 폭넓은 소비자를 대상으로 파악할 수 있다. 온라인 소셜 미디어상의 소비자 프로모션 전·후의 버즈의 양을 비교하여 해당 프로모션이 제품에 대한 대중의 관심을 어느 정도로 불러일으켰으며, 프로모션을 통해 대중의 평가를 프로모션 이전과 비교하여 어떤 방향으로 이끌어 냈는지 파악이 가능하다.

셋째, Sales 방식의 변화이다. Web 2.0시대, 그리고 소셜 미디어의 시대에서 소비자의 의사결정과정은 이전과는 다르게 일방향적으로 진행되는 것이 아니라 구매하기 직전까지 Access, Experience, Interaction의 각 단계를 끊임없이 옮겨다니며 외부와의 소통에 의해 새로운 정보를 접하고, 이전에 고려되었던 정보들이 제거되는 과정을 거치게 된다. 그리고 이 과정에서 가장 중요한 역할을 하는 인플루언서(Influencer)는 앞서 언급한 바와 같이 기업이 아닌 주변의 지인이다. 이는 기업이 소비자의 의사결정과정 전 단계에서 기업의 직접적인 세일즈 활동뿐만 아니라 이미 제품 및 서비스를 구매한 고객을 기업의 홍보자로 만들고 이들을 통해 다양한 제품과 관련된 버즈를 발생시키는 데에 좀더 다양한 시점에, 다양한 방법을 사용하는 것을 고려해야 한다. 기업의 충성 고객을 새로운 인플루언서로 만들고 그들이 발생시키는 버즈를 통해 새로운 의사 결정 모델의 각 단계마다 새로운 고객층에게 영향을 미칠 수 있어야 한다.

넷째, 서비스 제공 방식의 변화이다. 소셜 미디어의 확산으로 인해 기업과 고객간 Two-way Communication에서 고객 상호간의 상호작용으로까지 커뮤니케이션 방식이 확대됨에 따라 소셜 CRM 관점의 서비스 방식에도 변화가 일어나고 있다. 기업은 정보공유를 목적으로 한 고객간 Interaction의 플랫폼, 즉 커뮤니티 등을 제공함으로써 고객들이 서로의 문제점을 함께 해결하고 새로운 아이디어를 창출할 수 있도록 지원하는 것으로 그 역할이 변화하고 있다.

마지막으로 제품 및 서비스의 변화로써 소셜 미디어 시대에 소비자들은 단순히 제품과 서비스를 소비하는 소비의 주체를 넘어 제품과 서비스에 대한 의견, 아이디어를 타인과 공유하고, 제품 및 서비스의 개발에 적극 참여하는 진정한 의미의 프로슈머(Prosumer)로 진화하고 있다. 이와 같은 프로슈머 타입 소비자 주도의 소셜 미디어 환경 하에서 기업은 다양한 플랫폼을 기반으로 고객의 의견과 아이디어를 수집(Crowd Sourcing), 분석하여 이를 제품·서비스 개발에까지 적극 반영하고, 또한 제품을 구매하기 위한 의사결정 정보 제공 및 제품 구매 후에도 사용경험을 공유하게 함으로써 소셜 CRM을 통한 고객관계를 강화하게 된다. 이와 같이 소비자의 직접적인 개선 아이디어가 반영된 제품의 출시는 소비자로 하여금 기업에 자신의 의견이 존중되었다는 느낌과 함께 기업에 긍정적인 이미지 및 충성도를 형성하게 하는 바탕이기도 하다.

4. 소셜 CRM의 특징

1) Data aggregation

전통적인 CRM은 기업 내부 접점들 즉, 전화, 이메일, 방문, 우편 등과 같은 접점으로 유입되는 고객의 소리를 통합하고 있다면, 소셜 CRM은 블로그, 트위터, 페이스북 등과 같은 소셜미디어 마다 흩어져 있고 서로 다른 형식의 데이터를 모아야 하는 것이 특징 중 하나이다. 그리고 어떤 경우에는 응대가 불가능한 데이터도 포함되어 있는데 이때에는 향후 소셜 공간내에서 기업의 스탠스와 포지셔닝을 가져가는 기본 데이터로 활용하면 된다.

2) Conversation

전통적인 CRM의 경우 고객과 기업은 대화를 하지만 실제로는 정해진 스크립트에 의한 응대를 할 뿐이었다면, 소셜 CRM은 고객과 케이스마다 다양한 대화가 이루어지고 있다. 예를 들면 콜센터에 전화를 하는 경우 이미 고객은 기업이 정한 방향으로만 이야기를 할 수 밖에 없다. 수수료 관련 문의하는 상담원에게 통화품질을 질문할 수 없기 때문이다. 소셜 CRM에서는 다양한 소셜 공간을 통한 대화가 가능한 기술적인 구현이 반드시 제공되어야 하고 이를 통해서 기업이 일관성 있는 대화가 가능할 것이다.

3) 고객이 정하는 정책

소셜공간에서의 대화는 주도권이 기업에 있지 않고 대화라는 틀안에 문의, 제안, 불만, 기타 등등의 내용이 담기게 된다. 대화내용이 어떤식으로 진행될지 충분히 예상을 해서 대화를 해야한다. 다만 주도권이 기업에 있지 않고 고객에게 있기에 전통적인 CRM에서의 응대방식이 내부 규정 운운하는 것은 매우 위험할 수 있다. 따라서 소셜 CRM의 경우 대화 및 정책 수립시에 기업에서 고객만족을 담당하고 있는 부서와 외부 커뮤니케이션을 담당하고 있는 부서의 협조가 필수적이다.

4) 맥락(Context)의 이해

전통적인 CRM에서는 모든 경우가 기업에서 통제 가능한 것이다. 따라서 기업의 어떤 고객접점과 만나게 되도 고객은 동일한 응대를 받고 이를 통해서 동일한 고객 경험을 하게 된다. 기본 정보가 확인되면 사용자의 구매이력부터 상담이력까지 모든 정보를 알기에 현재 어떤 맥락에서 고객문의가 이루어지는지 알 수 있다. 하지만 소셜 CRM의 경우 기업이 만나는 고객의 맥락을 명확하게 파악하기 힘들다.

따라서 고객의 맥락을 이해할 수 있도록 소셜 공간을 충분히 분석해야 한다. 이를 위해서 가장 중요한 것은 기업의 평판, 기업과 관련된 고객들의 이야기, 고객들의 관심사 등을 분석하여 고객들이 소셜 공간에서 어떤 맥락으로 기업에 대한 이야기를 하는지 알아야 한다.

다시 주목받는 CRM의 오해와 진실

소셜 CRM의 도래와 구현 방안=CRM은 데이터 베이스 마케팅에서 출발하여 타깃 중심의 CRM(Target Driven CRM)으로 발전했고, 현재는 이벤트 중심의 CRM(Event Driven CRM)이 대세를 이루고 있다. 향후 유비쿼터스 환경이 도래하면 상황 인지 CRM(Context Awareness CRM)으로 발전할 것이라고 전망하는 학자들도 있다. 하지만 이제 소셜 네트워크의 발전과 함께 소셜 CRM의 등장을 주목할 필요가 있다.

가트너그룹은 소셜 CRM을 구현하기 위한 소셜 네트워크 분석(SNA, social network analysis) 방법론을 제시한다. 이것은 그룹에 속한 사람들 사이의 관계를 강화하고, 그 안에서 흐르는 정보를 이해하기 위해 기업들이 사용해온 방법이다. 발디스 크렙스는 소셜 네트워크 분석을 '사람, 그룹, 조직, 컴퓨터, 웹사이트 및 기타 정보와 지식 프로세스 개체들의 관계와 흐름을 지도화하고 측정하는 것'이라고 정의하기도 했다.

SNA가 CRM에 가져올 효과로는 △판매 측면에서 협업 강화를 통한 수익 증대 △고수익을 발생시키는 네트워크의 복제 △주요 고객과의 클라이언트 연결성 및 교차판매 효과 증대 △조직 내부의 프로세스 집행 및 측면 조정 효과 발생 등을 들 수 있다. 충성도가 높은 고객층을 형성하여 판매에 도움을 주고 특히 이들 고객층이 서로 연결되고 커뮤니케이션할 수 있다는 얘기이다.

이 밖에 SNA는 시장조사 측면에서 고객들이 상호간에 주고받는 메시지를 지속적으로 모니터링할 수 있는 능력을 부여한다. 이는 부정기적인 설문조사나 포커스그룹 대상 인터뷰보다 훨씬 효과적인 시장조사 수단이다.

이미 소셜 CRM은 방문판매를 중심으로 하는 기업에게는 매우 중요한 도구가 되었다. 일반기업들은 인구통계학적으로 고객을 세분화하여 캠페인 전략을 세우고, 고객 가치를 기반으로 고객을 분석하여 차별화된 고객 대응을 하고 있다. 여기에 방문판매 사원이 파악한 고객인맥을 추가하여 고객 네트워크를 분석하고 중심 고객과 매개 고객에 대한 대응전략을 세우는 것은 매우 효과적인 고객전략으로 떠오르고 있다.

페이스북이나 트위터를 통한 소셜 네트워크 활동은 갈수록 활발해지고 있다. 기업들이 소셜네트워크를 활용하여 프로모션이나 정보 수집을 하는 수준의 소셜 마케팅 전략으로는 진정한 의미의 경쟁력을 갖기 어렵다. 소셜 네트워크를 구체적으로 파악하고 중심 고객과 매개 고객을 분석하여 새로운 관점의 입소문 전략을 구현해야 한다.

여기에서 주의할 것은 소셜 네트워크가 기업이 아닌 고객 주도의 관계 구축이기 때문에 '기업 주도 CRM'이 아닌 '기업 참여 CEM'이 되어야 한다는 점이다. 또한 기업의 공식적인 유통조직 관리보다는 다양한 형태의 비공식적인 조직 관리를 강화해야 한다. 기존 기업의 웹 개인화(Web Personalization)가 대규모 고객을 상대로 하는 1대1 개인화였다면, 소셜 네트워크를 위한 소셜 개인화(Social Personalization)는 네트워크 고객에 대한 소규모 네트워크별 개인화이다.

시장조사업체 포레스터리서치는 소셜 CRM을 구현하는 과정으로 △소셜 CRM의 실험 절차를 당장 시작하고 △고객 상황을 벤치마크하고 사회적 준비상황을 전망하며 △해당 기업이 확보한 고객의 사회적 성격을 분명히 규정하고 △기업의 소셜 CRM 역량을 평가하며 △소셜 CRM 솔루션의 전반적인 상황을 이해하며 △기업의 소셜 CRM 역량 구축 계획과 일정을 명확하게 하고 △CRM의 성공 메트릭스를 확정할 것을 지목하고 있다.

향후 CRM은 실시간 기업으로 가능 다양한 수단을 통해 원래의 목적이었던 '고객 관계 관리'라는 차원을 넘어 고객과의 새로운 경험을 창출하고 고객이 기업 활동의 한 주역으로 참여하는 형태로 나아갈 전망이다. 모바일 혁명과 소셜 네트워크는 이런 기업 생태계의 발전에서 중요한 변수가 될 것으로 보인다.

제4절 소셜 CRM의 활용

1. 소비자 반응 예측

제품이나 서비스를 출시했을 때 SNS에서의 반응을 보고 이미 이 제품이나 서비스의 수익성을 예측할 수 있다. 또는 기존의 제품이나 서비스에 대한 소비자들의 댓글로서 소비자가 원하는 니즈가 무엇인지 파악하고 어떤 기능 혹은 서비스가 앞으로 선호될지를 예측할 수 있다.

예로써 삼성화재의 페이스북 페이지를 보면 소비자들이 대체로 전화상담이 많이 오지 않고 본인이 필요한 것을 스스로 찾아서 가입하는 인터넷 보험가입이 선호 받고 있다는 것을 알 수 있다. 앞으로 이런 인터넷 보험가입은 점점 증가할 것으로 예상된다고 예측할 수 있다.

또다른 예로써, 최근 인기가 급증하고 있는 '소셜 커머스'를 들 수 있다. 소셜커머스(Social Commerce)란 트위터나 페이스북 등 소셜 네트워크 서비스(SNS)에 기반한 전자상거래를 말한다. 선별된 상품을 할인된 가격에 고객에게 제공, 고객들의 체험을 통한 소비를 촉진시켜 향후 재방문 및 부가 매출을 유도하는 마케팅 수단이다. '반값 할인'이나 '원어데이' 등으로 잘 알려져 있다.

2. 기업 이미지 향상 및 개선

SNS로 소비자와 직접 소통함으로써 친근한 기업, 소비자와 가까운 기업의 이미지로 나아가고자 하는 기업들이 늘고 있다. 또 다양한 이벤트를 제공함으로써 해당 기업에 관심이 없던 소비자들의 관심을 이끈다.

예로써 현대카드는 뮤지컬, 연극, 전시 등의 다양한 이벤트로 현대카드를 사용하지 않는 잠재 고객들의 관심을 많이 받고 있다. 또한 고객의 댓글 하나하나에 세심한 댓글을 달아줌으로써 따뜻하고 가까운 카드회사로 거듭나고 있다.

3. 신제품 개발

기업은 신제품 개발하는데 소셜 CRM을 활용한다. 기존의 블로그 마케팅이나 프로슈머를 통한 제품개발 및 평가에 대한 노력은 이제는 소셜미디어를 활용하는 방향으로 바뀌었다. 소셜미디어를 이용하여 제품의 개발단계부터 고객들을 참여시켜 다양한 피드백을 얻고 이를 통해서 제품의 품질 등을 향상시켜 신제품의 성공적인 출시를 돕는다.

4. 제품 판매

소셜미디어의 확산과 함께 소셜커머스(Social Commerce)가 등장하였다. 즉 소셜네트워크 서비스를 이용하여 제품이나 서비스를 판매하겠다는 것이다. 소셜 네트워크상에서 단체구매 등의 방법을 활용하여, 저가의 제품과 서비스를 제공하고 있다. 대표적인 국내 소셜커머스의 예로는 쿠팡, 티켓몬스터, 위메이크프라이스 등이 있다.

5. 위치 기반 서비스

이동통신의 발달과 더불어 언제부터인가부터 모바일 기기의 사용확대와 함께 위치기반서비스가 등장하기 시작하였다. 모바일 기기와 함께 고객의 위치를 기준으로 다양한 서비스를 제공하고 있으며, 이러한 서비스는 점차 확대되어가고 있다.

6. 고객 유지

CRM은 고객을 이해하고 차별화된 서비스 제공 및 커뮤니케이션을 고객과 진행하는 것이다. 즉, 고객에 대한 분석을 통해서 고객의 요구를 인지하고 적절한 마케팅, 영업, 서비스 활동으로 커뮤니케이션을 최적화하는 것이다. 기업들은 고객을 이해하는데 많은 노력과 비용을 투자해 왔으며 고객유지와 같은 다양한 CRM 활동을 통해서 기업은 최적화 하려고 노력한다.

소셜네트워크서비스의 활성화와 함께 고객유지를 위한 다양한 활동역시 소셜네트워크상에서도 이뤄지고 있다. 기업은 소셜미디어를 이용하여 고객유지를 위한 활동으로 2차구매를 유도하거나 고객이탈방지 및 고객의 충성도를 높이기 위한 다양한 활동을 한다.

제6장 CRM 분류

대표적인 CRM의 분류 방법으로 주로 <그림 6.1>과 같은 Meta Group의 The Customer Relationship Management Ecosystem(1999)에 대한 분류 기준을 따른다. 이 분류에 따르면 CRM은 프로세스 관점에 따라 운영 CRM(Operational CRM), 분석 CRM(Analytical CRM), 협업 CRM(Collaborative CRM)으로 구분된다. 이러한 분류 방법은 CRM을 구성하는 IT 기반 기술 위주의 분류이기에 CRM 솔루션을 공급하는 벤더들의 종류를 구분하거나 프로젝트의 성격을 구분하는 중요한 기준이 될 수 있다.

먼저 운영 CRM이란 CRM의 구체적인 실행을 지원하는 시스템이다. 기존 ERP(Enterprise Resource Planning) 시스템이 조직 내부의 관리 효율화를 담당하는 후방(Back-end) 시스템임에 반해, 운영 CRM은 조직과 고객간의 관계 향상, 즉 ERP 시스템의 기능(거래처리, 재무, 생산, 재고 및 인사관리) 중에서 고객 접촉과 관련된 기능을

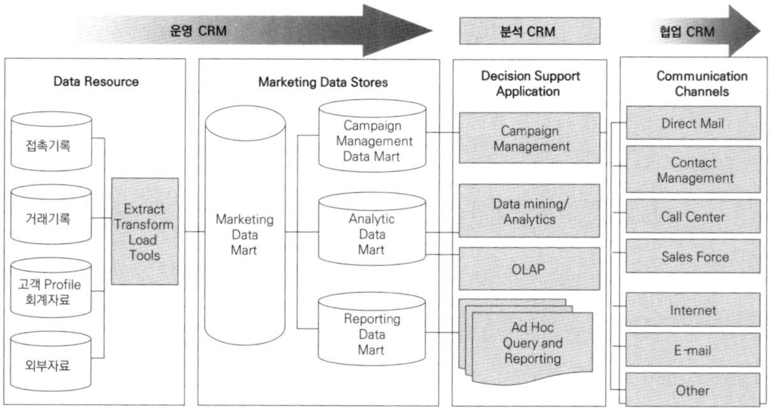

<그림 6.1> CRM 분류

강화하여 조직의 전방(Front-end) 업무를 지원하는 시스템이다. 이는 주로 Sales와 Service를 위한 시스템이다.

다음으로 분석 CRM은 영업(Sales), 마케팅(Marketing), 서비스(Service) 측면에서 고객정보를 활용하기 위해 고객 데이터를 추출, 분석하고 고객의 행동을 예측하기 위한 시스템이다. 이를 통해 사업에 필요한 고객 및 시장 세분화, 고객 프로파일링, 제품 컨셉의 발견, 캠페인 관리, 이벤트 계획, 프로모션 계획 등의 기회 및 방법에 대한 아이디어가 도출될 수 있다. 고객 데이터의 과학적인 분석을 위하여 데이터 마이닝 기술이 매우 중요한 이슈로 부각되며 CRM의 다른 구성요소인 운영 CRM, 협업 CRM과 밀접하게 연관되어야 한다.

마지막으로 협업 CRM이란 1990년대 후반부터 인터넷을 기반으로 한 비즈니스의 성장 및 오프라인 기업의 온라인화가 가속화되며 인터넷에 대응하는 신개념의 CRM으로 e-CRM이라고도 한다.

또한 협업은 분석과 운영 시스템의 통합을 의미하며, e-비즈니스 환경에서 각 고객별로 차별화된 서비스를 제공하는 웹 개인화 시스템이 대표적인 예이다.

제1절 운영 CRM(Operational CRM)

제1항 구성 및 고려사항

운영적 CRM은 전방 비즈니스 프로세스(front-end processes)로 불리는 마케팅, 영업 및 고객 서비스에 관한 업무 프로세스의 자동화에 주안점을 두고 있으며, 이의 기반이 되는 응용시스템들이 통합되도록 하며, 주문처리, 생산, 구매, 재고, 물류, 회계 등의 후방 비즈니스 프로세스(back-end processes)와도 연계되게 하는 통합적 고객관계관리 자동화 시스템이다. 주로 고객관계관리의 표면적인 운영을 담당하기 때문에 운영 CRM이라고 한다.

인터넷, e-메일, 전화, 팩스, 우편, 고객센터 등의 다양한 고객접점에서 얻어지는 고객 관련 데이터가 분산되지 않고 일관성 있게 수집되게 하고 전후방 프로세스에서 축적되는 고객 데이터와도 연동되게 하여, 고객 개개인에 대한 정보를 실시간으로 파악하게 하며, 마케팅, 영업 및 고객 서비스가 원활하게 이뤄지도록 자동화 한다. 여기서 얻어진 통합 데이터는 분석(Analytical) CRM에서 활용할 수 있도록 하고 있다.

운영 CRM은 후방위(back office)에서 분석 CRM 시스템을 통해 도출된 고객정보를 활용하여 마케팅, 영업, 그리고 고객 서비스와 같은 전방위(front office) 영역에서 실질적인 CRM 업무 프로세스를 통합하고 자동화하기 위한 시스템 영역으로, 핵심 구성요소로는 마케팅 자동화 시스템, 영업 자동화 시스템, 그리고 고객 서비스 시스템이 있는데 아래 그림은 운영 CRM의 전형적인 구성요소와 각 운영 CRM 시스템이 제공하는 기능을 요약하고 있다.(<그림 6.2>참조)

최근에는 이러한 운영적 CRM을 구현하기 위한 방법으로서 전사적자원관리(Enterprise Resource Planning: ERP)가 가지고 있는 기능(재무, 생산, 재고 및 인사관리 등) 중에서 고객 접촉과 관련된 기능을 강화하여 ERP의 기능을 확장하거나, 고객관계관리를 위해

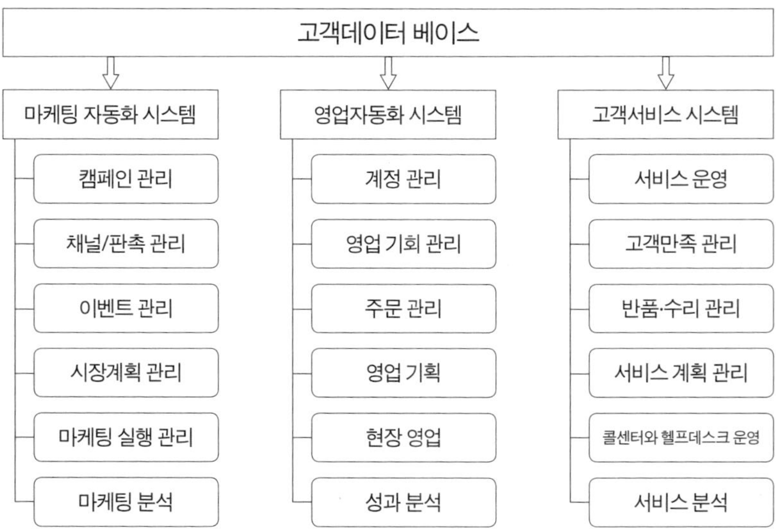

<그림 6.2> 운영 CRM의 개념

전용으로 개발된 모듈과 기존 ERP를 통합하는 방법으로 CRM 시스템의 개발이 이루어지고 있다. 예를 들어서 Oracle사의 CRM 시스템은 고객과 직접 상호 작용을 하는 모듈의 집합체로 Call Center, Sales Force Automation, Marketing Automation의 세 가지의 모듈로 구성되어 있다.

운영적 CRM을 도입하는 주요한 목표중의 하나는 진정한 일대일(one to one) 마케팅을 실현하고자 하는 것이다. 일대일 마케팅은 기업과 고객 양 방향에서 실현되어야 한다. 즉, 기업은 개별 고객을 별개의 대상으로 보고 데이터를 축적, 분석, 이해하고 그 고객과 이루어지는 어떤 접촉의 순간에도 고객을 개별고객으로 보려는 것이다. 역으로 고객에게는 기업도 하나로 보여 One-stop 거래를 지원할 필요가 있다.

그러나, 현실의 기업은 고객과의 의사소통을 부문별, 사업별, 지역별로 균형을 맞추고 있어서 다대일(many to one)로 되어 있는 경우가 많다. 진정한 일대일 마케팅이 구현되려면, 기업도 개별 고객에 관해 조직 내에서 부서에 관계없이 단일한 기억을 가질 수 있도록 형성되어 있는 것이 결정적으로 중요하며, 이렇게 하기 위해서는 마케팅 단계뿐만 아니라, 영업과 사후 서비스의 일련의 고객 접점 프로세스 모든 면에서 고객의 정보는 취득되고 활용될 필요가 있다.

운영 CRM이라고 하는 것은 두 가지로 구분이 가능하다. 기업 입장(Company Facing Operational CRM)에서의 운영 CRM이 있고 고객 측면(Customer Facing Operational CRM)에서의 운영 CRM이 있

다. 기업 측면의 운영 CRM은 기업이 고객에게 고객의 정보를 획득하고 이를 고객 접점 부서에 있는 모든 관련 인력과 공유하며 분석 CRM에서 분석된 결과를 바탕으로 보다 고객에 적정한 대 고객 활동을 할 수 있도록 도와주는 도구를 의미하며 SFA, 서비스 구성 요소가 바로 그러한 것이다.

또한 고객 측면의 운영 CRM은 고객이 가장 접근하기 쉬운 웹, 그리고 최근에는 모든 고객이 아침에 항상 확인하고 생활화되어 있는 e-mail이 바로 CRM이 고객과 직접 대면하고 통신하고 상호 작용 할 수 있는 운영 CRM이다.

고객과의 대화는 Personalization, Web chatting, Service Portal 그리고 Survey 등을 통하게 된다. 웹은 수동적인 상호작용 채널이며 e-mail은 적극적이고 능동적인 채널이라고 할 수 있다. 그렇지만 웹은 오늘날 가장 고객에게 노출되기 쉬운 채널이기에 Web을 통해서 고객의 유형이나 분류에 따라 보다 편리하고 유용한 컨텐츠를 그리고 고객이 수용할 확률이 높은 오퍼를 제공해야 한다. 그러기 위해서 필요한 CRM의 요소가 Contents Management Solution(CMS)와 Personalization이다. 이것이 기능을 발휘하여 웹이나 e-mail에 개개인의 고객의 특성에 맞는 컨텐츠나 오퍼를 제공하는 것이다.

또한 고객 측면의 운영 CRM으로 중요한 요소를 두는 것이 Service Portal이다. Service Portal은 고객이 Contact Center에 전화를 하거나 e-mail을 보내어 Contact agency가 별도의 응대 작업을 하는 비용을 줄이기 위해 고객이 직접 필요한 서비스를 받을 수 있도록 하는 소위 Self Service 강화 요소이다. 고객이 필요한 상품 정보를 찾아 내고 또 FAQ를 통해 서비스 요청을 대신할 수 있는 것은 대신한다.

Contact Agent는 자주 요청되어 오는 요구 사항에 대해서는 FAQ로 빠르게 등록될 수 있도록 지원하며, 이것을 통해서 Web Chatting, Web Collaboration 등을 지원한다. Web chatting은 Contact agent와 실시간 Chatting을 하는 것이고 Web Collaboration은 Contact agent와 전화를 하면서 화이트보드나, 어떤 문서 파일을 공유하면서 서비스 요청을 해결하는 것이다. 뿐만 아니라 Co-Browsing이라 하여 Contact Center의 Agent가 움직이는 마우스의 움직임이 고객의 화면에 나타나면서 원하는 자료를 쉽게 가이드 할 수 있게 도와 주는 기능도 존재한다. 이러한 기능들이 운영 CRM 이라고 할 수 있다.

<표 6.1> 운영 CRM 구성

분야	시점	Solution
Sales	Sales	영업계획 수립 및 관리(영업 기회 관리) Internet & Mobile Sales 영업사원 자동화(Sales Force Automation) 고객 정보 관리
Marketing	Pre-Sales	캠페인 계획(Campaign Plan) 타겟 그룹 생성(Segment Builder) 캠페인 실행관리 리드관리
Service	Post-Sales	Mobile Service 고객 셀프 서비스 서비스 수요·고객 예측 소모성 자재·부품 관리 반품·수리품 처리

운영 CRM의 구성은 <표 6.1>과 같이 크게 Sales, Marketing, Service의 3부분으로 나눌 수 있다.

또한 운영 CRM에서 고려할 사항은 다음과 같다. 먼저 운영 CRM은 협업 CRM과의 효과적인 접목이 중요하다. 또한 채널별 프로세스 통합과 고객 접촉 이력 통합 관리가 필요하다. 그리고 새로운 비즈니스 기능의 신속한 구현 및 Back-office와의 통합, 연계가 주요 고려사항이라 할 수 있다.

1. 영업(Sales)

1) 영업계획 수립

생성된 영업계획에 따라 영업기회에 대한 계획(opportunity plan)을 수립하고 기회계획(opportunity plan)은 여러 가지 현재 상황을 참고로 작성할 수 있는데, 특히 경쟁사에 대한 정보, 주된 판매 제품, 추진 팀의 설정, 파트너 및 접촉 고객 등에 대한 전반적인 내역을 주된 내역으로 하여 계획을 수립할 수 있다. 계획을 공유하는 추진 팀들은 변화되는 내역을 함께 공유할 수 있으며, 특별히 알아야 할 사항에 대해서는 관리자나 이슈를 관리하는 영업사원이 문서(파워 포인트, 액셀, 워드 등 모든 문서 가능)형태로 저장하여 공유시킬 수 있다.

또한 수립된 기회 관리(opportunity management) 계획에 따라 보다 구체적인 영업계획을 수립할 수 있다. 영업활동계획은 영업 사원 별로 월별, 주별, 일별 계획을 수립하게 되며, 고객과 약속이 잡

히기 전의 계획은 일상 업무(task)로, 고객과 약속이 잡힌 후의 계획은 실제적인 활동(activity)로 관리한다.

2) Internet Sales

콜 센터의 기능을 활용하여 다양한 Tele Sales 활동을 수행할 수 있으며 인터넷세일과의 통합적인 제품 카탈로그(Product catalog) 관리 및 기능(e.g., Cross-selling) 공유가 가능하다. 또한 실시간 재고 및 생산 가능성(real-time ATP)체크도 실행한다. Cross/up/down – selling 기능을 지원하여 고객이 필요한 물품을 제시하고 또한 효과적인 매출 증대를 기대할 수 있도록 관리한다.

3) Mobile Sales

Mobile Sales는 대단히 광범위한 범위의 개념이다. 왜냐하면 기존의 e-business 개념과 무선인터넷의 결합으로 탄생한 것이 Mobiles Sales이기 때문이다. 무선 네트워크를 통한 통신의 기반을 확보하고, 이동이 용이한 멀티 디바이스를 통해서 여러 가지 전자상거래를 할 수 있게 된 것도 Mobile Sales 덕분이다.

Mobile Sales의 기반이 되는 핵심 요소인 모바일 인터넷은 일반적으로 알고 있듯이 기존의 랜선 등의 유선이 아닌 무선을 통해 데이터와 서비스를 받을 수 있다는 것이 핵심기술이다. 일반적으로 모바일이라는 것은 이동(mobile)과 무선(wireless) 두 가지를 모두 포함하지만, 두 가지 중에 좀더 주요한 개념은 이동성이라 할 수 있다.

유선인터넷과 무선인터넷의 특성을 비교해 보면 현재까지는 무선인터넷이 유선에 비해 안정성과 속도, 데이터 저장의 용이성에서 많이 뒤떨어지는 것이 사실이지만, 네트워크와 모바일 장치의 발전에 따라 상당부분의 문제가 해결되는 과정에 있다.

4) Sales Force Automation

영업사원 자동화, 즉 Sales Force Automation(SFA)이란 영업사원의 업무를 효율적으로 지원하기 위한 일련의 프로세스와 시스템의 집합체라고 할 수 있다. SFA는 가장 급성장하고 있는 CRM 구성요소이다. 기업이 잠재고객과 만나서 잠재고객을 실제고객으로 전환시키고, 고객충성도를 유지하기 위해서 가장 중요한 고객접점 중의 하나이다. 이 SFA는 sales를 지원하는 애플리케이션, 즉 고객 전방업무(Front-office)를 근간으로 하고 있다.

기업에서는 SFA를 통해 종전에 수동으로 진행했던 영업활동을 자동화하여 주문접수시의 중복적인 노력을 줄이고 재고상황 조회를 원활히 하며 고객의 이력을 유지하고 다른 영업조직과의 의사소통을 용이하게 한다. 또한 고객에게 정보를 손쉽게 보여줄 수 있고 고객과의 접촉 관리가 가능하고 가격 견적을 쉽게 만들 수 있게 한다.

영업사원 자동화는 영업력의 자동화를 위한 것으로서 영업 사원들이 각자 관리하던 기존의 고객 및 잠재고객의 요청 사항, 구매정보, 취향 등의 고객에 관한 정보 및 대 고객 영업전략 등을 전사적으로 관리하는 기능이다. 영업 사원들은 매일매일의 영업 내용, 일정 고객과의 접촉 결과, 판매 실적 및 예상 판매 계획 등의 자세한 영업 정보를 입력하고 이들 영업 사원의 관리자는 이들 정보를 종합해서 현재의 영업 상태를 파악할 수 있다. 또한 달력 기능을 사용하여 영업 활동을 계획 할 수 있다. 영업 매니저는 각 영업 사원의 달력을 하나로 합쳐 부서원 전체의 활동 계획을 한눈에 파악할 수 있다.

SFA는 영업 사원의 성과급을 책정하는 데 있어서의 정량적인 근거를 제공하는 역할을 한다. 이를 위해서는 영업 사원의 잡무 제거와 사무처리 자동화를 위해 접촉관리, 일정관리, 수금관리가 자동화하여 제공되어야 하며 모든 필요한 정보는 Data Warehouse에 축적되어 해당 영업 사원이 필요할 때 언제든지 조회할 수 있는 환경이 필요하다.

또한, 영업 사원이 수행한 모든 영업 활동은 영업 매니저가 모니터링 할 수 있으며, 성공이나 실패여부와 그 이유 등을 살펴볼 수 있어 향후 계획을 수립 할 때 참고할 수 있다. 그리고 현장에서 주문이 확정되어 고객이 주문내역을 문서로 요구하게 되는 경우, 영업 사원은 자신의 노트북에 저장되어 있는 모바일 클라이언트(mobile client)기능을 활용하여 즉석에서 영업 문서를 출력해 줄 수 있다.

2. 마케팅(Marketing)

1) 캠페인 계획(Campaign Plan)

대부분의 경우에 Direct Marketing 매체를 중심으로 활동이 전개되기 때문에 기업에서는 마케팅 프로그램을 Direct Marketing 캠페인이라고 부른다. 계획서는 내부결제 목적으로만 필요한 것이 아니다. 모든 참여자에게 목적 및 방향에 대해서 충분히 설명이 되어야 하고 외부 관련업체(리스트 공급회사, 협력업체 등)에도 계획서의 내용을 충분히 숙지시키고 일치된 방향으로 추진되어야 한다.

캠페인 내용이 경쟁사에 노출될지 보안 문제를 너무 의식하여 참여자에게 계획을 충분히 이해시키지 않으면 사소한 몇 가지 실수로 캠페인을 망치는 중대한 결과가 초래될 수 있다. 보안 문제는 별도로 해결책을 강구하기로 하고 일단 목표 등 계획에 대해 일치된 생각을 갖도록 해야 한다.

2) 타겟 그룹 생성(Segment Builder)

고객 데이터(Customer Data)를 통해 제품 특성 별 프로파일을 생성, 수정 할 수 있으며 프로파일의 각 속성들은 다양한 기준에 의해 자유롭게 정의하여 사용한다. Oracle 같은 회사에서 만든 프로그램인 세그먼트 빌더(Segment Builder)툴을 이용하여 다양한 segmentation을 분류하거나 조건에 맞는 샘플 비즈니스 파트너를 추출한다.

실행결과는 분석 CRM을 통해 분석하여 분류·평가된 주요 segmentation별로 적합한 마케팅 활동이 가능하도록 지원하며 고객과의 모든 채널을 통한 거래 데이터는 분석 CRM에 축적되고 통합되어, 분석 CRM을 이용하여 적정 분석 결과를 제공한다.

3) 캠페인 실행관리

고객의 구매행위를 유발하거나 고객의 충성도를 높이는 행위를 캠페인이라고 하는데 대개 모든 고객에게 동일하게 행해지는 것이 아니고 고객을 여러 계층으로 분할하여 각 계층별 캠페인을 달리 하는 방법으로 이루어지게 된다. 따라서 이러한 캠페인을 관리하는 도구는 메일, 콜 센터, 인터넷 등 다양한 고객접점을 활용하여 캠페인을 실시하였을 경우에 캠페인에 대한 목적, 형태, 전략을 제시하여 대상 고객에 대한 캠페인을 실시한 이후 고객의 반응까지 확인 할 수 있는 전 과정을 한눈에 볼 수 있는 프로세스로 제공하는 관리도구라고 할 수 있다.

분류된 고객 개개인에 대한 특성을 바탕으로 해당 고객에 대한 적절한 캠페인 전략을 지원, 관리하는 이런 도구는 다양한 형식으로 관련 부서 및 사용자의 목적에 따라 이용될 수 있다. 또한 추출된 타겟 그룹을 대상으로 캠페인을 실행한다. 캠페인 실행은 전화, 웹, 모바일, e-mail, Fax, SMS 등을 통하여 처리될 수 있으며 그 중에 인터넷 마케팅을 위한 고객 중심의 개인화된 메일 양식을 개인화된 e-mail로 구성 할 수 있다.

4) 리드관리(Lead Management)

먼저 리드란, 영업·거래계약의 계기 또는 실마리가 되는 것을 의미한다. 즉 '고객의 문의' 또는 '문의하는 고객'을 뜻하는데 리드도 운영적 CRM 마케팅 부분에서 전사적으로 잘 관리해야 한다.

리드 관리는 CRM 마케팅 내용 중에서 새로운 고객을 찾아 내고 향후 자사의 실제 고객화하기 위한 고객의 특성 및 마케팅 기획관리를 수행하는 부분이다. 리드 관리는 영업부서가 보다 가치 있는 기대고객(prospects)이나 기회(opportunities)에 역량을 집중할 수 있도록 초기 사전영업(pre-sales) 단계를 자동화할 수 있으며, 일정기간 동안 반복적으로 상호작용적으로 리드를 평가한다.

한편, 활동관리와 통합 리드는 활동을 참조하여 생성 될 수 있다. 리드와 관련된 다양한 활동 이력을 생성 할 수 있으며 향후 고객으로 전환 시에도 통합하여 관리된다. 또한 리드를 분석할 수 있는 다양한 질의가 제공된다.

5) 마케팅 분석

시장 및 경쟁사 분석은 새로운 기회와 잠재성을 평가하고, 새로운 전략 수립을 지원한다. 또한 마케팅 계획 및 최적화는 기간별, 지역별, 유통 채널 별 등 마케팅 효과에 대한 사전 계획 및 분석을 지원하며 시뮬레이션 결과 및 모니터링을 기반으로 캠페인 및 프로모션 계획을 효과적으로 수행할 수 있도록 한다.

한편 캠페인의 성공요인으로서 고객응답률, 기여도, ROI 등을 쉽게 분석할 수 있도록 한다. 상품 및 브랜드 분석은 개별상품 또는 상품 그룹별로 가능하다. 효율적 분석을 통해 알맞은 고객 그룹을 대상으로 적합한 캠페인을 수행 할 수 있도록 지원한다.

3. 서비스(Service)

1) Mobile Service

콜 센터 또는 인터넷을 통해 요청된 서비스 내역은 모바일 서비스 기능을 탑재한 노트북을 이용하여 현장 서비스 요원에게 할당되어 신속하게 처리가 가능하다. 특히 제품과 관련된 서비스 요청은 기존고객이 구입한 상품에 대한 서비스 요청이므로 과거 주문내역을 확인하여 어떠한 고객에게 어떠한 제품이 어느 시기에 판매되었다는 정보를 조회하여 신속하게 처리가 가능하다.

현장 서비스 요원들은 워크 센터(work center)에 등록되어 제품별, 지역별로 서비스를 수행할 수 있도록 구성 할 수 있으며, 서비스와 관련된 내용은 모바일 서비스 클라이언트에 저장되어 서비스 요원이 서비스 처리 후 CRM 온라인으로 그 내역을 전송할 수 있다. 또한 모바일 디바이스(PDA, smartphone, 등)를 이용하여 workplace를 구축하여 서비스와 관련된 내역을 현장에서 접수, 신속하게 처리할 수 있다.

2) 고객 셀프 서비스

고객은 인터넷에서 상품 정보 또는 문제 해결을 위해서 CRM이 제공하는 컨텐츠 관리 기능과 검색 기능을 사용하여 원하는 정보를 얻을 수 있다. 인터넷 셀프 서비스 기능은 고객이 원하는 때에 언제든지 사용할 수 있으며 인터넷에서 원하는 답을 찾지 못했을 경우에는 VOIP(인터넷전화), e-mail, 채팅, 콜 백 기능을 사용하여 상담원과 접촉 할 수 있다. 여기서 콜 백 기능이란, 우리가 흔히 볼 수 있는 것으로 기업에서 고객의 핸드폰에 새로운 제품이나 공지사항, 고객에게 필요한 정보를 전송하거나 이미지화 시켜 보낸다면 고객은 그 정보를 확인한 후 다시 그 기업에 전화를 거는 기능을 콜 백 기능이라 한다.

또한 고객과 연결된 후 코-브라우징(Co-browsing) 기능을 사용하여 고객의 이해를 쉽게 하며 문제를 해결할 수 있다. 코-브라우징 기능이란, 기업 고객 담당자가 고객의 웹 브라우저를 통해 무엇인가를 보여주기 위해 고객과 대화할 수 있는 소프트웨어 기법을 의미한다.

고객의 불만사항은 서비스 센터로 직접 전화를 한 경우와 인터넷을 통한 인터넷 고객 셀프 서비스(ICCS: Internet Customer Self Service)를 통해 접수될 수 있으며, 마스터에 등록된 제품 및 서비스 항목에 대하여 모두 처리가 가능하다. 접수된 불만사항은 무상 반품, 제품 교환, 환불 등 고객이 원하는 프로세스를 정의하여 처리가 가능하고, 불만사항에 대한 내용을 저장하고 분석하여 향후 불만사항에 대한 예측 및 관리를 가능하게 한다.

CRM의 고객응대센터(CIC: Customer Interaction Center) 컴포넌트는 기존의 컴퓨터 전화통신(CTI: Computer Telephony Integration)과의 용이한 통합성을 지원하며, 고객 전화에 대한 통계적 분석 기능 및 인바운드(inbound), 아웃바운드(outbound) 전화 관리 기능을 지원한다. 여기서 인바운드란, 고객이 주도하여 기업에게 전화나 인터넷을 통해 연락을 취하는 것으로써 불만제기, 주문, 문의 등을 행 할 때 이루어지고 아웃바운드란 기업이 주도하여 고객에게 연락을 취해 상품 판매, 추천, 공지사항 전달 등을 행하는 것이다.

3) 콜 센터

콜 센터란, 기업이 고객을 대상으로 정보안내, 고객문의, 불만접수·처리 등 고객과 커뮤니케이션 활동을 하기 위해 마련된 on/off상의 채널이다. 고객이 전화나 인터넷으로 상담원과 연결하여 상담을 할 수 있고 의견을 제시 할 수 있고 불만도 제기 할 수 있다.

이에 따라 상담원들이 상담을 하면서 각각의 내용들(고객정보, 마케팅정보, 분석시스템)을 콜 센터 통합 DB에 축적한 후 DB를 토대로 고객만족을 실현하고 효율적 전략을 수립하고 상품을 개선하거나 신제품을 만든다. 이러한 과정이 <그림 6.3>와 같이 다시 고객에게 피드백 되어 계속해서 반복하는 구조를 지닌다.

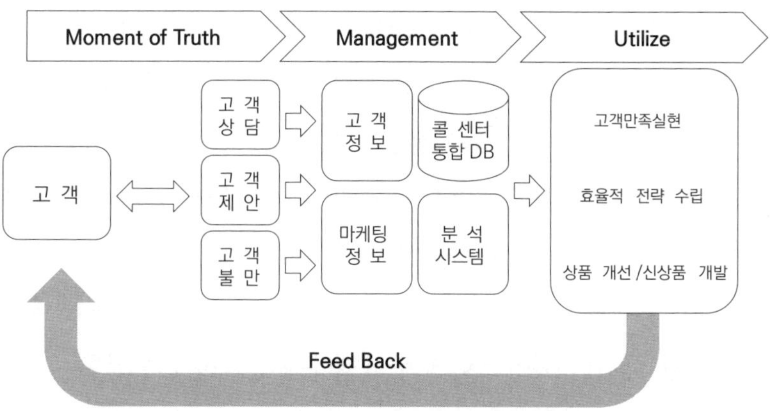

<그림 6.3> Call Center

가) 콜 센터 특징

마케팅, 영업 서비스에 대한 실시간 데이터의 고객정보 및 비즈니스 데이터와의 연동으로 인하여 Contact Center의 효율성을 증대시키며 차별화된 고객의 상세한 요구에 따라 설계된 시스템으로서 에이전트 교육에 대한 요구사항이 줄어든다.

콜 센터 에이전트들의 높은 직무 만족으로 인한 이직율의 감소로 관리 비용을 절감하고 고객·비즈니스 정보의 허브인 고객 콜 센터의 이용으로 고객에 대한 서비스 대응체계의 수립 및 매출을 증대시킨다.

나) 콜 센터와 CTI의 구성

CTI(Computer Telephony Integration)라 불리는 기술은 쉽게 말해서, 개인 컴퓨터와 통신기술의 결합이라고 말할 수 있다. 이 기술 덕분에 수백 회선의 전화를 한꺼번에 받거나 자동으로 고객에게 전화를 하는 것이 가능해졌다.

이와 같은 정보기술의 발전으로 콜 센터는 더욱 고객에 밀착된 응대와 마케팅을 제공할 수 있게 되었다. 콜 센터의 기능 중에서 가장 중요한 것은 고객 이력의 제공이다. 수많은 고객을 상대하면서 그들 각각에 대한 사례를 기억하는 것은 불가능하므로, 고객이력을 단일한 자료로 만들어 관리하는 것이 필요하게 된다.

그리고 고객의 문의에 신속하고 정확하게 응대하기 위하여 필요한 정보를 데이터 베이스로 보관하였다가 신속하게 응답할 수 있는 장치 역시 중요한 필요 기능 중 하나이다. 콜 센터의 최종목적은 아웃바운드 콜(Outbound Call)을 통한 상담원의 1대1 통화나 다이렉트 메일(Direct Mail) 그리고 e-mail을 이용하여 마케팅과 동시에 판매를 이루어 내는 데 있다.

제2항 운영 CRM의 단계

CRM의 구체적인 실행을 지원하는 시스템이다. 운영 CRM 은 조직과 고객간의 관계 향상, 즉 조직의 전방위 업무를 지원하는 시스템이다. 이것은 주로 영업과 서비스를 위한 시스템이다. 운영적 CRM의 단계를 살펴보면 다음과 같다.

1단계: CRM 응용시스템 구축

마케팅 데이터 베이스, 판매관리 시스템, 회계관리 시스템, 콜센터 시스템, 생산출하 시스템 등 각 업무에 따라 기업전반에 분산되어 흩어져 있는 고객정보가 통합되어야 한다. 통합된 고객정보, 구매정보, 그리고 상품정보 등을 유기적으로 결합시켜 추후 분석적 CRM에서 활용할 유용한 정보들을 적적히 뽑아낼 수 있도록 구축되어야 한다.

2단계: 비즈니스 인텔리전스 구축

축적된 고객지식은 비즈니스 인텔리전스로 발전되어 실시간 다차원분석을 통하여 고객을 세분화하는데 고객정보가 쉽게 이용될 수 있고, 효율적으로 캠페인 관리와 연계 및 활용될 수 있도록 하는 지원체계를 확립하는데 기반이 된다.

3단계: 마케팅 목표설정

앞서 두 개의 단계를 통해 구축된 고객정보와 비즈니스 인텔리전스를 통해 고객집단을 세분화하고 마케팅의 대상이 되는 목표 고객집단을 설정한다. 마케팅 목표의 설정은 고객 수익성 증대가 이루어질 수 있도록 정확하게 이루어져야 한다.

4단계: 캠페인

3단계에서 설정한 목표 고객집단에 대해 앞서 분석한 고객 정보를 기반으로 적절한 캠페인을 개발하고 수행한다. 캠페인 결과는 다시 고객분석을 위한 기초자료로 이용된다.

5단계: 영업 및 고객서비스

캠페인에서 발생된 잠재 고객들에게 영업 프로세스를 모든 채널에서 수행한다. 영업프로세스에서는 교차판매와 상향판매를 수행할 수 있게 지원이 되어야 한다. 고객서비스란 고객관계를 원활히 하고, 이윤증가와 고객의 충성도를 증진시키기 위해 최적의 채널을 통해 고객을 지원하고, 고객의 불만이나 질의사항에 응함으로써 사후 유지 보수하는 것을 말한다.

제2절 분석 CRM(Analytical CRM)

제1항 정의, 구성 및 고려사항

분석 CRM은 CRM 운영 환경에서 생성되는 데이터를 축적 및 분석하는 것을 의미한다. 운영 업무에서 발생하는 데이터를 이용하여 마케팅 분석과 판매 분석, 고객 분석 작업을 지원 및 수행하며, 협업 CRM을 이루기 위한 데이터와 운영 CRM에서의 의사결정을 위한 데이터를 제공하는 후방(Back-end) 관리를 하게 된다. 분석 결과는 사업 성과 관리(Business Performance Management)의 개념으로 이어지며, Data Warehouse Architecture와 필수적으로 연계하여 데이터 마트(Data Mart)를 효과적으로 활용하게 해주는 분석 애플리케이션을 통해 구현된다.

다시 말하면 분석 CRM은 고객 관리에 관련된 데이터의 분석 및 가공을 담당하는 모듈의 집합체로 OLAP, 데이터 마이닝, 통계적 분석, 데이터 웨어하우스 등의 기능이 이에 포함된다. 주로 자료의 분석에 중점을 두기 때문에 분석 CRM이라 한다. 또한 분석 CRM의 특성상 운영 CRM과의 유기적인 관계가 매우 중요한데 이를 보다 이해가 용이하도록 표현하면 <그림 6.4>과 같은 관계를 가지고 있다.

다시 말해 분석 CRM은 고객 접점으로부터 데이터를 축적하여 Sales·Marketing·Service 측면에서의 분석을 통해 다시 전방위(Front-end office)로 이에 대한 지식 및 정보를 제공하는 <그림 6.5>

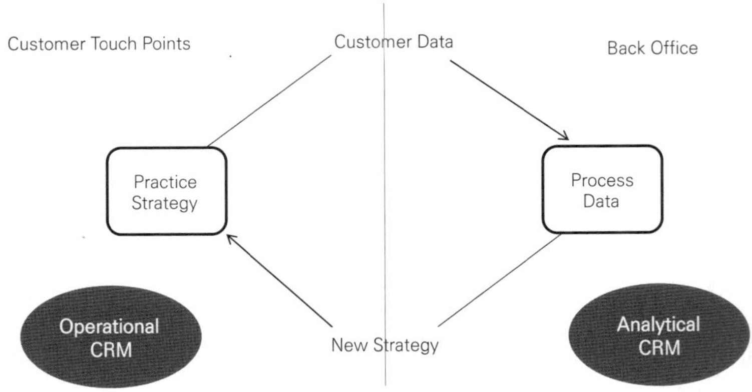

자료: Siddiqi, Akhgar & Wise, Framework for Implementation of CRM Strategy in Retail Sector

<그림 6.4> 운영 CRM과 분석 CRM과의 관계

과 같은 형태의 구조를 가지고 있는 것이다.

분석 CRM의 구성은 크게 마케팅데이터분석(Marketing Data Analysis), 영업데이터분석(Sales Data Analysis), 고객 데이터분석(Customer Data Analysis)의 세 분야로 이루어져 있다고 할 수 있다. 먼저 Marketing Data Analysis의 경우 주로 Query & Report 형태의 기술을 통해 조회 및 분석을 하게 된다. 고객 세분화 및 타겟 고객의 선별, 캠페인 효과 분석, 이탈 고객 예측에 의한 접근주기 산출 등의 기능을 담당한다. Sales Data Analysis의 경우 주로 OLAP 등에 의한 분석이 주를 이루며, Customer Data Analysis는 주로 데이터 마이닝에 의한 분석이 주를 이룬다.

일반적으로 분석 CRM이라고 말하면 고객 분석, 상품 분석, 고객 대 상품 분석 등의 분석 작업을 하도록 해주는 CRM을 의미한다. 분석이란 단어가 의미하듯 OLAP을 위한 고객 데이터 웨어하

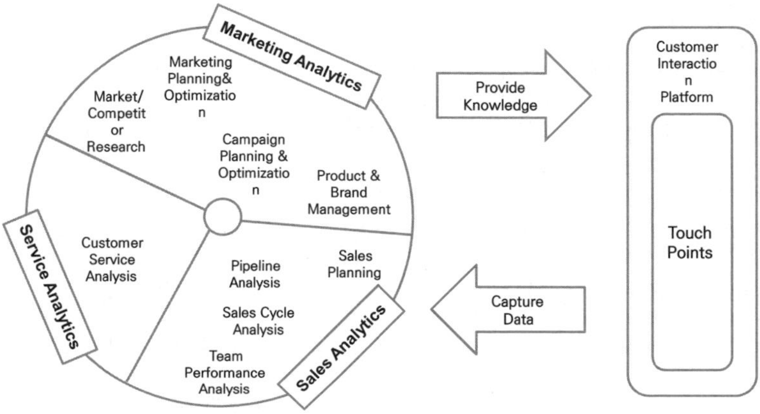

자료: SAP White Paper 'Analytical CRM'

<그림 6.5> 분석 CRM의 사업 구조

우스, 이를 기반으로 하는 데이터 마이닝이 분석 CRM의 기술적인 요소로 주류를 이루고 있다. 최근에는 온라인 채널에서의 고객 활동, 특히 웹이나 모바일 채널을 통한 고객 활동이 활발하여 이를 고객의 프로파일이나 특성을 찾아내는 주요한 수단으로 생각하고 있어 이를 기존 고객 데이터 웨어하우스에 반영시켜 분석을 하고 있다.

최근에 기업에서 분석 CRM을 구축했다라고 하면 이러한 OLAP 및 통합된 고객 데이터 웨어하우스를 구축하고 이를 OLAP으로 볼 수 있도록 했다는 말이며 여기에 마케팅 기능을 구축했다는 것으로 받아드릴 수 있다. 마케팅의 캠페인 관리나 리스트 관리 등의 기능 요소가 분석이라기 보다는 고객에게 어떤 운영을 위한 활동이라고 간주할 수 있지만 최근에는 이러한 마케팅 요소까지를 분석 CRM이라고 정의하는 경우가 많다. 이것은 기업이 분석

CRM의 주요 요소인 고객 데이터 웨어하우스와 OLAP등의 기능만을 갖고는 빠른 ROI를 누릴 수 없기 때문이며 상대적으로 마케팅은 Contact Center 다음으로 빠른 ROI를 보여줄 수 있는 구성요소이기도 하기 때문이다.

또한 실제 프로젝트를 진행할 때 고객 데이터 웨어하우스를 설계하여야 하는데 쉽게 간과하는 부분이 고객 데이터 웨어하우스 및 OLAP 과 마케팅 모듈을 별개의 것으로 생각하는 경우 많은데 이것은 분석 CRM 프로젝트를 성공하지 못하게 하는 사고의 출발이라고 말할 수 있다. 반드시 고객 데이터 웨어하우스는 캠페인 전략 등이 융화된 고객 데이터 웨어하우스여야 한다.

그래야만 분석과정에서 발견된 마케팅 기회가 바로 리스트 관리, 캠페인 관리 등으로 이음새 없이 매끄러운 연결과 이에 대한 반응분석도 쉽게 이루어 질 수 있는 것이다. 그래서 고객 데이터 웨어하우스를 구축할 때는 OLAP 따로, 캠페인 관리 툴 따로 이렇게 구축하는 것은 시간적으로나 효과측면에서 별로 바람직하지 못하고 고객 마트를 CRM 패키지가 포함하는 것이 오히려 유리하다고 볼 수 있다. 이러한 이유로 분석 CRM에 마케팅이 포함되어 있는 것이다.

이러한 분석 CRM을 구축 시 고려사항은 먼저 고객을 이해하기 위한 다양한 분석 및 기술 지원이 있어야 한다는 점과 고객 지식 데이터 베이스 구축이 관건이라는 점이다. 또한 특히 운영 CRM과 유기적 관계를 맺어야 하며, 데이터의 숨겨진 정보 획득과 분석정보 이해를 위한 도식화 등이 중요한 고려사항이라 할 수 있다.

제2항 분석 CRM의 단계

분석 CRM은 영업·마케팅·서비스 측면에서 고객정보를 활용하기 위해 고객 데이터를 추출, 분석하는 시스템이다. 이를 통해 사업에 필요한 고객과 시장의 세분화, 고객 프로파일링, 제품 컨셉의 발견, 캠페인 관리, 이벤트 계획, 프로모션 계획 등의 기회 및 방법에 대한 아이디어가 도출된다. 분석적 CRM은 CRM의 기반기술들인 데이터 웨어하우징, 데이터 마이닝, OLAP 등의 기반기술을 이용하여 고객의 행동양식을 분석, 예측하고 이를 통하여 고객의 충성도를 확보하는 것을 목표로 한다. 분석적 CRM의 단계를 살펴보면 다음과 같다.

1단계: 고객 분석 및 세분화(segmentation)

CRM을 위한 전략을 구상하는 단계로, 다양한 고객 속성 및 구매 정보 또는 데이터 마이닝 기법들을 이용하여 고객의 특성 및 성향을 다차원적으로 분석하고 그 결과로 고객을 세분화하여, 각 고객집단별로 구매를 창출할 수 있는 마케팅 전략을 수립하는 단계이다. 이러한 분석과 세분화는 이후 캠페인 관리와 효율적으로 연계, 활용될 수 있도록 지원체계가 확립되어야 한다.

2단계: 캠페인 관리

1단계에서 수립된 전략에 근거하여 반복적으로 다양한 채널을 통해 캠페인을 실시한다. 이때 반복적으로 수행된 캠페인의 결과를 여러 각도에서 분석하여 보다 개선된 캠페인을 도출할 수 있도록 한다. 즉, 축적된 캠페인 결과 자료들을 이용하여 최적의 캠페인을 수행하도록 한다.

3단계: 고객 판매 및 서비스 제공

2단계에서 수행된 캠페인들의 결과를 수확하는 단계로 고객을 상대로 판매행위를 하여 실질적인 매출신장을 성취하는 단계이다.

4단계: 고객 반응 접수

앞에서의 단계들을 통해 수행된 일련의 마케팅 과정에 대한 고객의 만족도를 조사하여 이를 분석하고 그 결과를 다시 1단계에 반영하여 한층 개선된 고객관계를 정립한다. 이때, 캠페인 성과의 분석 내용으로는 캠페인 실적분석, 고객 반응분석, 채널 효율성 분석, ROI분석 등이 있다.

○○증권 '분석CRM 데이터 마트'

세분화된 고객 분석이 가능한 분석CRM 환경을 구축하고 맞춤형 타깃 마케팅을 강화. 가입자들의 편의성을 높이고, 이들에게 보다 적합한 맞춤형 금융 상품을 추천함으로써 종합 자산 관리대상 고객으로 충성도를 높일 필요성을 인식. 맞춤형 금융 상품 추천 위한 고객 분석 제시.

고객 맞춤형 상품 개발과 장기적, 단기적 이벤트 등을 수행하는데 활용.

고객 맞춤형 캠페인을 통해 휴면 고객 중 15% 고객의 이탈을 방지.

제3절 협업 CRM(Collaborative CRM)

제1항 정의 및 고려사항

협업 CRM은 Customer Interaction Management라는 말과 같이 고객과 기업 사이에 정보교환이 원활하게 이루어지도록 e-메일, 개인화된 인쇄, e-커뮤니티 및 다른 유사한 도구들을 포함하는 협업적 서비스 제공과 활용을 지원한다. 인터넷을 기반으로 한 전자상거래 사이트 및 포탈 사이트들의 급성장과 오프라인 기업들의 온라인화가 가속화되면서, 인터넷에 대응하는 신개념의 CRM으로서 특히 e-CRM에서 강화된 분야이다. 또한 협업이라는 의미는 분석과 운영시스템의 통합을 의미한다. e-비즈니스 환경에서 각 고객별로 차별화 된 서비스를 제공하는 웹 개인화 서비스 시스템이 대표적 예이다.

협업 CRM은 기존의 오프라인 CRM에 비해 인터넷을 통해 고객 데이터를 수집하고 고객과 커뮤니케이션할 수 있다는 특징이 있다. 또 e-비즈니스의 특징인 실시간 반응(real time reaction), 실시간 가격 책정(real time pricing) 등을 CRM에 도입할 수 있다는 장점이 있다. 또 e-CRM은 고객과 회사간의 물리적인 거리를 제거함으로써 글로벌 관점에서 고객 관리를 할 수 있다. 즉 e-CRM을 이용하면 아프리카나 알래스카에 있는 고객이라도 얼마든지 관리할 수 있다.

물론 e-비즈니스 기업은 오프라인 비즈니스 기업에 비해 고객 데이터를 쉽게 수집할 수 있는 특성 때문에 e-CRM을 도입하기가 용이하며, 더 정교한 e-CRM을 전개하고자 할 것이다. 그러나 e-CRM은 e-비즈니스 기업만이 실행할 수 있는 것은 아니다. 오프라인 기업도 고객 관리는 인터넷을 통해 할 수 있으므로 e-CRM을 이용할 수 있다.

협업 CRM은 타 솔루션과의 상호 연동을 위한 부분이다. 특히 이 부분에 대해서는 최근 확대되고 있는 PRM(Partner Relationship Management)과 Demand Chain Management라 하는 것이 협업 CRM의 대표적인 것이며, 기업 내부의 Enterprise Application의 통합도 CRM에서는 중요한 요소이기 때문에 EAI(Enterprise Application Integration)도 협업 CRM의 중요한 요소이다. 또한 공동 마케팅을 위한 Loyalty Program, Profiling, Publish Network 등이 있다.

협업 CRM에서의 고려사항은 Internet, e-mail, 전화, VoIP, 대면 접촉 등과 같은 채널(Customer Touch Points)의 다양화 문제일 것이다. 또한 언제 어디서나 어떻게든 서비스를(Any Time, Any Where, Any How) 구현해야 하는 문제도 중요하다. 마지막으로 여러 다양한 서비스를 다양한 채널에 걸쳐 모두 일관된 메시지를 제공해야 한다는 것이 중요 고려사항이다.

제2항 협업 CRM의 구성요소

협업 CRM 시스템은 고객 접점 채널과 이러한 고객 접점 채널들을 총괄하여 일관된 고객 커뮤니케이션을 이루도록 지원하는 고객 상호작용센터로 구성된다.

1. 고객접점채널

고객접점채널은 크게 고객과의 직접적인 대면 여부에 따라 대면채널과 비대면채널로 구분할 수 있다.

1) 대면채널: 대면채널은 본사·본점, 지점, 매장, 영업 사원의 방문, 그리고 고객서비스센터와 같이 고객과의 직접적인 대면 접촉이 이루어지는 채널을 의미한다. 대면채널은 고객과의 직접적인 상호작용이 가능하므로 고객의 니즈를 충분히 파악할 수 있는 기회가 제공되기 때문에 비대면채널에 비해서 고객 접촉의 효과가 매우 높게 나타나며, 아울러 풍부한 고객정보를 획득할 수 있다는 장점을 가지고 있다.

하지만, 대면 접촉 채널은 비대면 채널에 비해 운영 비용이 매우 높으며, 사람이 직접 응대한다는 점 때문에 인적 자원 증대에 따른 부담과 시간과 공간의 제약 사항이 존재한다는 단점이 있다. 또한, 대면채널의 성과는 고객을 응대하는 직원의 개별 역량에 따라 많은 차이가 발생할 수 있다는 점을 고려해야 한다.

2) 비대면채널: 비대면채널은 고객과 직접적인 대면 접촉을 하지 않는 전화, 인터넷, e-메일, 팩스, 우편, SMS, 그리고 ATM이나 키오스크(Kiosk)와 같은 무인 단말기기 등을 포함한다. 비대면채널의 장점은 대면채널과는 반대로 운영에 있어서 시간과 공간의 제약이 거의 없으며, 초기 구축 비용 이외의 운영 비용도 상대적으로 낮다는 장점이 있다. 또한, 채널의 효과가 시스템적으로 운영되기 때문에 개인의 역량에 의해 좌우되지 않는다는 것도 장점이라고 할 수 있다.

단, 비대면채널은 기계적인 접촉 채널인 만큼 고객과의 충분한 상호작용을 이끌어내기 어렵기 때문에, 새로운 고객 관계를 획득하거나, 고객과의 관계를 강화하고자 하는 고도의 CRM 전략을 수행하는 데는 다소 한계가 있다는 단점을 가지고 있다.

한편, 대면채널과 비대면채널이 갖는 장단점은 상호보완적인 측면에서 다루어져야 한다. 가령, 대면채널에서의 개별 역량에 따른 채널 성과의 차이와 높은 운영 비용의 문제는 대면 접촉 시 정보 시스템을 통한 통합된 고객정보의 지원과 비수익성 고객에 대한 비대면채널로의 전환을 통해서 해결할 수 있다. 또한, 비대면채널의 상호작용 부족의 문제는 접수되는 고객의 요청과 메시지의 형태에 따라 전략적으로 대면접촉 채널과의 연계를 도모함으로써 해결될 수 있을 것이다.

따라서, 고객접점채널의 할당과 운용은 상황에 따라 매우 동적으로 이루어져야 하는데, 이를 위해서는 제품·서비스의 특성, 고객의 특성, 고객의 선호, 개인별 채널의 성과, 내부적인 채널 전략 기준, 그리고 마케팅 메시지의 특성 등과 같이 마케팅 채널 전략을 구성하는 다양한 판단 기준을 함께 고려하는 것이 필요하다.

2. 고객상호작용센터

고객상호작용센터(Customer Interaction Center)는 고도화된 콜센터 기능과 고객서비스 지원기능, 그리고 기타 여러 운영 CRM 활동들의 채널 전개를 지원하는 통합된 고객접점 운영 시스템이라고 할 수 있다. 고객상호작용센터의 이러한 특징으로 이것을 협업 CRM 시스템뿐만 아니라. 운영 CRM 시스템의 일부로 보는 시각도 있다.

협업 CRM 시스템의 관점에서 고객상호작용센터는 모든 채널들을 전사적인 관점에서 총괄하여 운영하기 때문에 이른바 '통합 마케팅 커뮤니케이션(Integrated Marketing Communication)'을 구현하는 역할을 제공한다고 볼 수 있다. 또한, 고객상호작용센터는 제품 운송 체계나 계약 관리, 품질 보증, 서비스 부문의 계획, 그리고 결점 추적 기능을 지원하는 필드서비스 자동화(FSA, Field Service Automation)와 FAQ, 주문 및 배송상태 조회, 고객자가진단, 온라인 원격지원과 같은 웹 기반 고객서비스 기능을 제공하기 때문에 운영 CRM의 고객서비스 관점에서도 바라볼 수 있다.

제3항 개인화

개인화(Personalization) 솔루션은 협업 CRM에서 가장 중요한 기능이다. 개인화 기능은 온라인 상 많은 곳에서 그 역할을 첨가해 기존 기능이나 역할을 몇 배로 효과적이고 눈에 띄게 달라진 모습을 보여 줄 수 있는 기능이기 때문이다. 다시 말하면 다른 투자에 비해 눈에 띄게 성과(ROI)를 볼 수 있는 기능이라고 할 수 있기 때문이다. 그래서 협업 CRM을 말하면 가장 먼저 생각하는 것이 개인화이다.

그러나 개인화가 단순히 웹 페이지 개인화만 생각해서는 안되며 여러 가지 Entity들이 개인화를 필요로 하고 있다. 예를 들어 캠페인도 개인화를 요구하고 있으며, Call Center의 CTI도 개인화를 필요로 하고 있다.

일반적으로 많이 쓰이는 방법들은 규칙 기반 필터링(Rules-based filtering), 협업 필터링(Collaborative filtering), 학습 에이전트(Learning agent) 등을 들 수 있다. 각각의 방법들은 실행 방법과 비용에서 차이를 가지고 있으며, 일반적으로 웹사이트 개인화에는 한가지 방법만 사용하는 것이 아니라 위에서 말한 것들 중 두 세가지 방법을 혼합해서 사용한다. 따라서 각 방법들의 비용과 이로 인해 나타나는 직간접적인 효과를 정확하게 판단하고 적절한 방법을 선택하는 것이 매우 중요하다.

개인화의 방법 중 가장 기초적이고 일반적인 것은 규칙 기반 필터링(Rules-based filtering)이다. 이 방법은 사용자에게 개인 신상,

관심 분야, 선호도 등에 대한 몇 가지 질문을 하는 것이 일반적이다. 예를 들어 우편번호, 사용하는 컴퓨터의 종류, 취미, 어떤 특정한 사항에 대한 선호도 등을 묻는 경우 우편번호는 그 사람이 어떤 지역에 거주하는 지를 알아내는데 사용되며 몇 가지 질문을 거치는 것을 통해 그 사람에 대한 정보들의 프로파일(Profile)이 생기게 된다. 웹 개인화 담당자는 이렇게 수집된 사용자의 인구 통계학적·심리적 정보와 사용자의 선호도 정보에 알맞은 정보 및 상품을 추천 혹은 제공하는 것이다.

협업 필터링(Collaborative filtering)은 사용자들의 기초 정보와 고객들의 선호도·관심 표현을 바탕으로 선호도·관심에서 비슷한 패턴을 보이는 고객들을 묶는 것을 통해 고객 서비스 방향을 결정한다. 즉 비슷한 취향을 가진 고객들에게 서로 아직 구매하지 않은 상품들을 교차 추천하거나 분류된 고객의 취향이나 생활 형태에 따라 관련 상품을 추천하는 형태로 서비스를 제공한다.

협업 필터링이 사용자들의 자발적인 정보 입력이나 구매를 기준으로 사용자들에 대한 정보나 추천을 제공하는데 반해 학습 에이전트(Learning agent) 기술은 덜 의도적인 방법으로 사용자의 정보를 수집한다. 사용자가 사이트 내에서 어떤 페이지에 오래 머무르는지, 어떤 페이지를 인쇄하는지, 어떤 제품을 구매하는지 등 일종의 로그 분석을 통하여 파악한 사용자들의 행동을 기준으로 사용자의 선호도와 관심을 알아내고 이를 바탕으로 사용자들에게 적절한 내용을 제공하게 된다.

1. 규칙 기반 필터링(Rule-based filtering)

규칙 기반 필터링에서의 규칙이란 어떠한 특정 규칙을 말한다. 즉, 흔히 우리가 표현할 때 If… Then…으로 표현하는 조건과 실행문으로 구성된 규칙을 말하는 것이다. 예를 들어 "Login하면 해당 고객 ID에 할당되어 있는 캠페인을 검색한다", " 해당 고객 ID에 할당된 캠페인 있으면 frame ID xxxx에 Campaign Contents xxxx를 채워라" 앞의 문장들은 모두 조건문 과 실행문으로 구성된 Rule이다. 이러한 여러 관련 있는 룰들을 하나로 묶은 것을 Rulebase라고 한다. Rulebase가 여러 개가 모여 Rulebase를 이용한 개인화를 가능하게 해준다.

2. 학습 에이전트(Learning agent)

규칙기반 필터링이나 협업 필터링이 사용자들의 자발적인 정보 입력이나 구매를 기준으로 정보를 제공하거나 추천하는데 반해, 의도적인 방법으로 사용자의 활동 상태를 통하여 관심을 갖는 내용을 학습하여 추천하는 방법이 학습 에이전트(Learning agent)이다. 이 방법은 일정한 기준을 두어 웹 페이지를 분류하고, 사용자가 오래 머무르는 웹 페이지(선택하거나 인쇄한 컨텐츠), 구매하는 상품 등을 토대로 지능적으로 고객이 선호하는 것을 파악하여 알맞은 정보를 제공하는 것이다. 예를 들어 고객이 노트북 상품 카테고리를 자주 살펴보고 체류하는 시간이 길어질 때 노트북 컴퓨터의 구매를 고려하고 있다고 판단하고 노트북에 대한 상품제안을 제시하는 형태이다.

3. 협업 필터링(Collaborative filtering)

협업 필터링은 추천시스템 분야에서 가장 성공적인 추천기법으로 전자상거래 기업에 널리 이용되고 있다. 협업 필터링의 핵심은 추천대상 고객과 유사한 고객들을 찾고, 선호도가 유사한 고객군에서 높이 평가한 아이템을 추천하는 것이다. 추천시스템에 이용되는 협업 필터링에는 크게 두 가지 접근방법으로 나눌 수 있다. 사용자 기반 협업 필터링과 아이템 기반 협업 필터링이 그것이다.

사용자 기반 협업 필터링은 사용자 간의 유사성을 측정하여 선호도가 비슷한 다른 고객들이 평가한 상품을 기반으로 어떤 특정 고객이 선호할만한 상품을 추천하는 방식이다. 즉, 사용자 기반 협업 필터링 방식은 사용자와 사용자 간의 연관관계를 파악하는 것이 핵심이며, 이처럼 다른 사용자 집단의 패턴을 기반으로 추천하는 알고리즘이라는 의미에서 '사회적 필터링'이라고 부르기도 한다. 사용자 기반 협업 필터링에서 사용자 간의 연관성을 토대로 어떤 특정 고객과 선호도가 비슷한 이웃들을 선정하는 기법으로는 클러스터링, 최근접 이웃 추출법, 베이지안 네트워크 등이 있다.

사용자 기반 협업 필터링은 선호도가 비슷한 유사 고객들이 동일하게 평가한 상품에 대하여 상대적으로 높은 예측력을 보이고 있고, 새로운 상품에 대한 예측도 가능하며, 데이터가 많은 경우에는 다른 기법에 비해 상대적으로 정확한 예측을 한다는 장점을 가지고 있다. 그러나, 사용자 기반 협업 필터링의 한계점은, 둘 또는 그 이상의 고객이 모두 평가를 내린 동일 상품이 있어야 하는데, 고객들이 서로 이질적인 평가를 한 상품에 대해서는 단지 두 고객 사이에서만 상관관계를 구하므로 예측의 정확성이 떨어질 가능성이 있다는 것이다. 또한, 고객의 집단이 커지면 규모의 문제가 발생하게 되어 연산처리를 많이 해야 한다는 단점도 가지고 있다.

협업 필터링의 또 하나의 방법으로는 아이템 기반 협업 필터링이 있다. 아이템 기반 협업 필터링은 대부분의 사람들이 과거에 자신이 좋아했던 상품과 유사한 상품을 선호하는 경향이 있고, 반대로 싫어하거나 선호하지 않았던 상품과 유사한 상품은 선호하지 않는 경향이 있다는 점을 근간으로 하고 있다. 아이템 기반 협업 필터링은 아이템 간의 유사성, 즉 고객이 선호도 등급을 입력한 기존 상품들과 추천하고자 하는 상품들 간의 유사성을 측정하여 어떤 특정 고객이 어떤 상품을 선호하는지 예측하여 추천하는 방식이다.

즉, 예측하고자 하는 상품과 유사한 상품들에 대하여 고객이 높은 점수로 평가하였다면 그 상품도 높게 평가할 것이며, 반면에 낮은 점수로 평가하였다면 그 상품도 역시 낮은 점수로 평가할 것이라고 예측하는 것이다. 이 방법은 상품들 간의 유사도를 계산하기 위하여 두 상품 모두에 선호도를 입력한 고객들의 선호도를 사용한다. 그러나, 고객들 간의 유사도가 전혀 고려되지 않기 때문에, 어떤 특정 고객과 전혀 선호도가 다른 사용자들의 평가를 기반으로 한다면 상품들 간의 상관관계 정확도가 떨어지게 되어 추천시스템의 예측력과 추천능력이 떨어지게 될 수 있다.

III. 데이터 마이닝과 웹 마이닝

제7장 데이터 마이닝

모든 산업에 있어, 미래 지향적인 기업들은 각각의 고객을 개별적으로 이해하고 이를 바탕으로 고객지향적인 경영전략을 통해 경쟁자들보다 고객들과의 업무가 쉽도록 한다는 목표를 가지고 있다. 이와 같은 기업들은 각 고객의 가치를 파악하여 어떤 고객이 투자하여 붙들어 둘만한 가치가 있는지, 어떤 고객은 그냥 두는 편이 나은지를 분석하는 법을 습득하고 있다. 과거의 포괄적인 시장 세분화에서 개별적, 차별적인 고객으로 초점을 바꾸는 일은 또한 기업 전반에서 큰 변화를 요구하였다.

즉, 이러한 기업 환경 변화의 위협 속에서 경쟁력을 유지하며 고객을 만족시키고 매출을 증대하기 위해서 많은 기업들이 정보통신기술을 이용한 고객관계관리를 기업의 중요한 전략의 하나로 추진하고 있다. 은행, 증권, 보험, 신용카드사 등 대규모 고객 데이터 베이스를 보유하고 있는 금융기관들은 이미 대부분 CRM 시스템을 구축하였으며 기반 조성을 위해 콜 센터운영, 데이터 웨어하우스(Data Warehouse)의 구축, 인터넷뱅킹과 같은 인터넷 채널의 구축에 기업의 경쟁력을 높이기 위해 e-CRM 도입 하였다. 또한 모바일 시장의 확대 및 SNS의 사용 확대로 m-CRM, s-CRM으로 진화 하였다.

CRM은 다양한 고객 데이터를 내부, 외부 등으로부터 추출하여 업계에 알맞은 데이터 모델을 기반으로 데이터 웨어하우스를 구축하는 것으로 시작한다. 데이터 웨어하우스를 기반으로 다양한 보고서를 작성할 뿐 만 아니라 분석을 통한 예측을 가능케 한다.

이와 같이 분석되고 예측된 기반으로 결과를 마케팅 기획과 실행을 수행하며 이와 같은 과정을 통하여 세일즈, 고객 유지 및 관리를 다양한 접촉 채널을 통하여 실시하면서 CRM을 하는 것이다. 이를 위해서는 무엇보다도 정확한 분석과 예측이 중요하다고 할 수 있다.

현재 기업의 여러 업무현장에서는 IT의 발달에 따라 데이터 베이스 시스템의 발달이 이루어졌고 이에 사용 가능한 풍부한 정보를 가지는 대규모의 데이터 베이스를 보유하고 있다. 그러나 데이터의 무제한적인 증가는 원하는 정보에 접근하는 것을 점차적으로 어려운 상황으로 만들었다.

즉, 많은 양의 데이터가 존재하지만 너무나 많은 데이터의 양 때문에 실제로 필요한 정확한 분석과 예측을 하기가 점점 힘들어졌다. 이렇게 수 많은 데이터들을 잘 정제된 정보로 분석함으로써 CRM을 성공적으로 활용하는데 원천으로 활용할 수 있다. 이러한

CRM을 성공적으로 수행하기 위해서는 단순 데이터를 축적하는 데이터 웨어하우징을 넘어 그 데이터를 정보로 변환하여 유용하게 사용할 수 있는 데이터 마이닝(Data Mining)기법이 요구된다.

데이터 마이닝은 많은 데이터를 저장하고 있는 데이터 베이스에서 유용한 패턴을 추출하거나 내재된 규칙들을 효과적으로 찾을 수 있도록 도와준다. 대량의 데이터로부터, 이전에 잘 알려지지는 않았지만, 묵시적이고, 잠재적으로 유용한 정보를 추출하는 작업인 데이터 마이닝은 기업들이 보유한 기존의 경험적 지식을 다시 확인하는 역할을 수행함과 동시에 지금까지 인식하지 못했던 새로운 정보를 제공하여 경영의사결정에 도움을 준다. 다시말하면, 데이터 마이닝은 데이터를 축적해 두는 것을 넘어서 가치 있는 정보를 효과적으로 찾아 낼 수 있고 또한, 이미 알려져 있는 기대했던 정보뿐만 아니라 예상하지 못했던 정보까지를 찾아내도록 하는 방법이다.

즉, 데이터 웨어하우스에 축적된 거대한 데이터를 데이터 마이닝을 통해 고객관계관리를 위한 중요한 정보가 될 수 있도록 할 수 있다. 그러한 정보는 기업이 고객에게 어떠한 서비스를 제공해야 하는지 알려주며, 고객에게 또한 가치 있는 것일 것이다.

고객 데이터 저장소의 대량의 데이터를 고객 데이터 웨어하우스에 통합시켜 데이터를 분석할 때 핵심은 거대한 데이터 저장소로부터 정보를 찾아내는 능력이다. 즉, 적절한 분석을 하여 최적의 값을 찾는 것이 무엇보다 중요하다. 이를 통해 기업은 수익성 있는 고객을 찾을 수 있고, 고객에 대한 이해를 통해 고객이 원하는 서비스 제공을 통해 새로운 고객 유치 및 유지가 가능해질 것이다.

본 장에서는 데이터 웨어하우스에 대한 소개와 데이터 마이닝의 여러 방법들에 대해서 알아보도록 하겠다.

제1절 데이터 웨어하우스(Data Warehouse)

기업에서는 거래 관련업무, 결제, 주문처리, 고객 서비스, 급여, 복지, 직원 관리 등 기업내외의 활동을 지원 및 유지하기 위해서 데이터 베이스를 필요로 하며, 이러한 데이터 베이스는 기업의 효율성을 높이고 기업활동에 관한 정보제공 및 의사결정 지원의 역할을 수행한다. 데이터 웨어하우스란 기업의 각 부문에 산재해 있는 개별 시스템의 데이터들을 활용목적 별로 통합하여 유연한 분석이 가능하도록 만들어 놓은 방대한 양의 데이터를 저장할 수 있는 대형저장창고를 말한다.

한편, 기업내의 운영시스템에 산재해 있던 데이터들을 모아서 의사 결정을 효과적으로 지원해 줄 수 있는 데이터 형태로 다시 정의하고 통합하여 저장해 놓은 곳을 데이터 웨어하우스라고 한다면, 이를 활용하여 개별 부서 차원에서 각 부서의 특성에 맞게 데이터를 검색, 가공 및 분석할 수 있도록 해놓은 훨씬 작은 규모의 전자저장공간을 일반적으로 데이터 마트(Data Mart)라고 한다.

전사적인 데이터 웨어하우스와는 달리, 데이터 마트는 특정 주제나 부서가 중심이 되며, 개별적인 부서 혹은 사용자 그룹에 의해 활용되는 소규모의 데이터 웨어하우스라 할 수 있다. 데이터 마트는 데이터 웨어하우스를 대체하는 것은 아니지만, 오늘날 많은 기업들이 대규모의 데이터 웨어하우스를 구축하기 이전에 쉽게 실행에 옮길 수 있는 데이터 마트부터 먼저 구축하는 경향이 있다. 이러한 데이터 마트를 활용하여 현업에서 일하는 최종사용자들은 보고서 작성이나 정보의 추출·분석 등 다양한 작업을 수행할 수 있다.

제1항 데이터 웨어하우스의 정의

데이터 웨어하우스란 운영 시스템의 데이터와는 별도로 오직 의사결정지원을 목적으로 하는 대규모의 통합 데이터 베이스를 구축하는 일련의 과정이다. 부서단위, 애플리케이션 단위 등으로 흩어져있는 정보들을 하나의 저장 창고에 통합, 저장하여 의사결정자가 직접 데이터 웨어하우스에 있는 데이터로 접근하여 이를 가공, 분석, 활용함으로써 풍부한 정보를 바탕으로 의사결정을 내림으로써 경쟁적 우위를 확보하자는 것이다.

데이터 웨어하우스의 데이터는 일반적으로 운영 시스템의 데이터로부터 실시간으로 전달되어 축적되는 것이 아니고 운영 시스템의 수행에 영향을 미치지 않는 시간을 이용하여 일정한 스케줄에 따라 주기적으로 데이터 웨어하우스에 전달·저장된다

제2항 데이터 웨어하우스의 특성

데이터 웨어하우스의 특성으로는 주제지향성(Subject oriented), 통합성(Integrated), 비휘발성(Non-volatile), 그리고 시계열성(Time Variant)이 있다.

첫째, 주제지향성은 일상적인 업무처리 중심으로 이루어 지는 OLTP(On-Line Transaction Process)에 반해 데이터 웨어하우스의 데이터는 OLAP(On-Line Analysis Process) 시스템 기반으로 일정한 주제별로 구성 된다.

둘째, 통합성은 데이터 웨어하우스 내의 테이터는 사용자의 요구에 맞게 표준화 및 통합화 과정을 거쳐 일관된 정보를 제공해야 한다.

셋째, 비휘발성은 데이터 웨어하우스는 오직 두 가지 오퍼레이션(Operation)을 갖게 되는데, 하나는 데이터를 로딩(Loading)하는 것이고, 다른 하나는 데이터를 읽는 것, 즉 엑세스 하는 것으로 이를 달리 표현하면 데이터 웨어하우스에 일단 데이터가 로딩되면 읽기 전용으로 존재한다는 것이다. 따라서 데이터 웨어하우스의 데이터는 운영시스템(Operational System)에서 수시로 발생되는 갱신이나 삭제 등이 적용되지 않으므로 수시로 변한다는 의미의 "휘발성"을 갖지 않게 된다.

넷째, 시계열성은 운영시스템 데이터는 액세스(access)하는 순간 데이터가 정확해야만 의미가 있게 되나 데이터 웨어하우스의 데이터는 일정한 시간 동안의 데이터를 대변하는 것으로 "스냅 샷(Snap

Shot)"과 같다고 할 수 있어서 데이터 구조상에 '시간'이 아주 중요한 요소로서 작용한다.

이와 같은 이유에서라도 데이터 웨어하우스의 데이터에는 수시적인 갱신이나 변경이 발생되지 않아야 한다.

제2절 데이터 마이닝(Data Mining)

데이터 마이닝이란 고객 데이터, 외부데이터 등 데이터들간의 숨겨진 사실을 발견하기 위한 데이터 분석 방법이다. 알고 나면 당연하지만 미리 그 중요성을 인식하지 못했던 사실을 찾아내는 것이 데이터 마이닝의 역할이다. 즉, 데이터 마이닝은 새로운 사실이 밝혀지기 전까지는 당연하게 여겨지던 사실이 당연하지 않다는 것을 과학적으로 설명해가는 과정이라 할 수 있다.

CRM에서의 데이터 마이닝은 기업이 고객과의 관계에서 축적·교환된 데이터를 기업 입장에서 가치 있는 정보로 발굴하고 관리하는 일종의 정보 자동감지 및 비교·분석프로세스라고 할 수 있다. 또한, 체계화되고 잘 정립된 통계적 분석처리 방법과 전자적·기계적 학습프로그램을 활용하여 고객의 행태를 분석·예측하는 모델로도 볼 수 있다.

제1항 데이터 마이닝의 정의

데이터 마이닝(Data Mining)은 방대한 양의 데이터 속에 감추어져 잘 나타나지 않았던 유용한 정보를 찾아내는 과정이라고 말할 수 있다. 데이터 마이닝의 목표는 기업이 고객을 더 잘 이해함으로써 마케팅, 판매, 고객 지원 업무 등을 향상시키는 것이다. 이러한 고객관계관리에 사용되는 데이터 마이닝의 도구나 기술은 그 유용성과 적용가능성 덕분에 탈세방지, 천문학, 의학, 산업 공정 통제 등 광범위한 분야에 사용할 수 있다.

데이터 마이닝에서 주로 사용되는 기법들은 기계학습분야와 통계분야에서 발전되었던 것들이 주종을 이루는데, 1980년대 이후 인공신경망과 의사결정나무등의 분석기법이 개발되면서 컴퓨팅 방법의 연구가 활발해지면서 데이터로부터의 지식발견(KDD, Knowledge Discovery in Database)이라는 용어가 등장하며 KDD가 데이터로부터 지식을 뽑아내는 총체적인 과정을 지칭하는 용어로 사용되기 시작하였다. 이런 관점에서 데이터 마이닝을 정의하면, '데이터 마이닝은 기업의 전략적 의사결정을 돕기 위하여 처음에는 알려지지 않았던 규칙이나 관계를 찾기 위하여 대용량의 데이터를 선택, 탐색, 모델링을 하는 과정'이라고 할 수 있다.

제2항 데이터 마이닝 특성

데이터 마이닝은 다음과 같은 특성을 지니고 있다.

첫째, 가치 있는 정보를 창출하는 것이다. 데이터 마이닝 과정을 통하여 숨겨져 있는 데이터를 가치 있는 정보로 창출(발견과 발굴, 가공, 수정, 보완, 전환, 비교)하고 분석할 수 있다.

둘째, 자동화된 분석도구의 지원 기능이 있다. 데이터 확보나 통계적 처리를 뛰어넘어 대량의 데이터로부터 새롭고 의미 있는 정보로 추출, 분석하여 마케팅이나 경영 등의 의사결정에 활용할 수 있다. 이러한 특성으로 인하여 마케팅 자동화 기능과 데이터 웨어하우스 구축이 병행되어야 한다.

셋째, 특정 가설조건의 추출이다. 이는 일반 질의나 다차원 분석을 위한 OLAP(On Line Analytical Process) 기능과는 달리 숨겨져 있는 새로운 정보의 조건적인 추출, 즉 특정 가설 중심으로 결과를 도출함으로써 분석과 판단이 가능하다.

넷째, 의사결정에 활용이 가능하다. 정보활용의 가치는 고객 확보나 관리 차원의 업무 영역도 있으나, 데이터 마이닝을 통하여 단순한 관리 차원을 넘어 경영에 있어서의 중요한 의사결정 능력을 제고할 수 있다.

제3항 데이터 마이닝의 범위

데이터 마이닝의 범위는 분류, 추정, 예측, 연관성 규칙과 유사성 집단화, 군집화, 그리고 프로파일링 등으로 나타낼 수 있다.

1. 분류

분류는 새로 나타난 대상들의 특징들을 살펴보고, 사전에 정의된 분류의 집합들에 할당하는 과정을 나타낸다. 생물들을 종, 속, 과, 목 등으로 분류하고, 물질을 원소로 분류하며, 인간을 인종에 따라 나누는 것과 같이 분류는 사람들의 일상생활에서도 종종 사용하는 방법이다.

분류 작업의 특징은 클래스들에 대한 사전에 명확한 정의가 존재하며, 미리 분류된 예들로 구성된 훈련 집합(learning sets)들을 가진다는 것이다. 분류 작업의 목적은 분류되지 않는 데이터에 적용되어 분류할 수 있도록 해주는 모형을 만들어내는 것이다. 신용평가 대상자를 위험도에 따라 상중하로 분류하거나 혹은 사기성 보험 청구를 판단 할 때 등이 이에 해당한다.

이러한 분류에 적절한 기법으로는 의사결정나무(decision tree)와 인공신경망(neural network) 분석 등이 있다.

2. 추정

앞서 설명한 분류는 이산형 출력, 즉 예 혹은 아니오, 상중하와 같은 출력들을 다룬다. 반면 추정은 연속형 값을 가지는 결과들을 다룬다. 추정은 주어진 입력 데이터에 대하여 소득, 신장, 신용카드 잔액 등과 같은 미지의 연속형 변수의 값을 산출한다.

실제 활용에서 추정은 분류 작업에도 자주 사용된다. 가령 카드

회사에서 스키용품에 대한 홍보를 하고자 한다면 회사는 고객들을 스키를 즐기는 사람과 그렇지 않은 사람으로 분류하여 나눌 수 있을 것이다. 그러나 이 경우에 문제점은 스키를 즐기는 사람들을 모두다 똑같이 일관되게 평가한다는데 있다. 어떤 고객은 스키를 겨울 시즌내내 즐기는가 하면, 다른 고객은 스키를 좋아하지는 않지만 가족여행을 겸하여 한번 정도 다녀온 적이 있는 경우가 있다고 생각해봤을 때, 카드회사 측에서는 전자와 같은 고객들에게 스키용품 홍보를 하는 것이 바람직할 것이다. 즉 각각의 고객들에게 '스키 선호 점수'와 같은 방식을 부여하여 고객 중 스키를 탈 확률 혹은 스키의 이용 빈도율을 구함으로써 임계점(판단을 위한 최소 기준치)보다 크거나 같은 점수를 가지는 사람들에게 홍보를 함으로써 홍보 효과를 극대화 할 수 있는 것이다.

한 가정의 총 가계 수입이나 고객의 평생가치를 판단하는 사안 등이 추정 작업에 해당하고, 회귀분석(regression) 모델, 인공신경망 등이 추정작업에 유용하게 사용되는 데이터 마이닝 기법이다.

3. 예측

예측은 분류나 추정과 동일하지만, 미래의 행위를 분류하거나 추정한다는 점에서 차이가 있다. 다시 쉽게 풀어 분류를 'A는 ~이다', 추정은 'A는 ~일 가능성이 있다'라고 표현할 수 있다면 예측은 'A는 아마 ~할(될) 것이다' 정도로 표현할 수 있다. 예측작업에서 분류의 정확성을 확인할 수 있는 방법은 미래의 시점까지 기다리는 방법뿐이다. 예측을 분류나 추정과 분리해서 다루는 주된 이유는 예측적 모형화에 있어서는 입력변수들과 목표변수의 예측치 간의 순차적인 관계에 대한 추가적인 고려가 필요하기 때문이다. 즉, 발생 사건의 전제와 전개, 결말 등을 고려해야 한다는 것이다.

신용카드 소지자가 잔액 이체 제안을 받아들이는 경우 이체할 잔액의 양을 판단하거나 6개월 이내에 이탈할 고객들을 찾아내는 것 등이 예측의 작업이라고 할 수 있다.

4. 연관성 규칙과 유사성 집단화

유사성 집단화 혹은 연관성 규칙 작업은 어떤 일들이 함께 발생하는지를 판단하는 것이다. 가장 대표적인 예로써 대형마트에서 동일한 쇼핑카트 안에서 함께 구매되는 물건들을 분석하는 것이다. 소매 체인에서는 진열대나 카탈로그에서 함께 구매되는 상품들이 한눈에 보일 수 있도록 진열하는 목적으로 유사성 집단화를 활용한다.

유사성 집단화는 교차판매의 기회들을 찾아내는 데 사용될 수 있고, 상품이나 서비스의 패키징을 매력적으로 설계하는 데 사용될 수 있다. 유사성 집단화는 데이터로부터 규칙들을 생성하는 단순한 접근법을 사용한다. 예를 들어서 맥주와 콜라의 연관성 혹은 유사성 집단화를 알아보고자 한다면 맥주를 구매시 콜라의 구매확률과 콜라 구매시의 맥주 구매확률을 살펴보는 방식이라고 할 수 있다.

장바구니 분석(market basket analysis)은 연관성 규칙 작업을 위한 대표적인 데이터 마이닝 기법이다.

5. 군집화

군집화는 이질적인 사람들의 모집단으로부터 다수의 동질적인 하위 집단 혹은 군집들로 세분화하는 작업이다. 군집화가 분류와 다른 점은 사전에 정의된 클래스에 의존하지 않고 자유롭게 새로운 패턴을 찾아나가며 새로이 클래스를 할당, 분류 한다는 것이다. 즉, 군집화에서는 사전에 정의된 클래스나 분류 예시가 따로 존재하지 않고 데이터들을 상호 유사성에 근거하여 그룹화한다. 그리고 새로이 그룹 지어진 군집들에 대해 새로운 의미를 부여할지 여부는 사용자의 판단에 달렸다.

군집화는 다른 형태의 데이터 마이닝이나 모형화의 사전 작업으로 활용될 수 있다. 가령 시장 세분화를 위한 시작으로 홍보방식에 따른 고객들의 반응을 살펴보기 보다는 고객들을 비슷한 취향의 고객들로 군집을 나누고, 홍보효과를 분석하여 수정을 하는 것이 보다 올바른 방법이라고 할 수 있겠다.

이러한 시장에서의 이용 이외에도 군집화는 새로운 질병의 발생에도 이용될 수 있다. 2003년도 SARS나 2009년도의 H1N1과 같은 신종 질병들은 기존의 질병증세에 따른 환자의 분류로는 가려낼 수 없는 질병이었다. 기존의 유사성에서 벗어나 새로운 유사성에 대한 탐색과 군집화를 통해 신종질병을 발견해 내는 것도 군집화의 또 다른 활용방안이다.

6. 프로파일링

데이터 마이닝은 때로는 무슨 일들이 발생하는지를 단순히 설명하는 것이 될 수 있다. 예를 들어, 고객, 상품, 업무 프로세스 등에 무슨 일들이 일어나는지에 대한 이해를 높이는 방법으로 데이터 마이닝을 사용할 수 있다. 행동에 대한 설명을 통해 이를 적절히 해석하여 다른 데이터 마이닝의 범주에 이용할 수 있는 것이다.

예를 들어서 범죄 수사는 고도의 프로파일링을 기초로 이루어진다. 영화 "양들의 침묵"을 생각해보자. 영화에 등장하는 렉터박사는 젊은 FBI 여자 요원과의 첫만남에서 그녀의 복장과 말투, 향기를 통해 그녀가 어떤 사람인지 혹은 어떤 특성과 기질을 가졌는지를 추리해낸다. 나아가 연쇄 살인범에 대한 수사에 있어서 그의 범행 방식과 지역에 대한 설명을 통해 사건의 본질을 꿰뚫어보고 이후의 사건을 예측한다.

미국 정치계에서 '여성들이 남성들에 비해 민주당을 더 많이 지지한다'는 것은 정치에 있어 성별 차이에 대한 단순한 설명이지만 이에 관해 후보자는 물론 여러 분야의 학자들은 이에 관심을 갖고 연구를 한다.

의사결정나무는 특정 목표나 결과에 대해 고객들을 프로파일링하는데 있어 가장 많이 활용되는 방법이다.

제4항 데이터 마이닝 프로세스

데이터 마이닝이란 단순히 방대한 데이터로부터 필요값을 불러오는 것이 아니라 많은 데이터들로부터 새로운 그리고 유용한 정보를 밝혀내고자 하는 것이다. 그렇기에 데이터의 무조건적인 수집이 아닌 다음과 같은 일정한 프로세스를 거쳐 이루어진다.

1. 샘플링

데이터 마이닝은 대용량의 데이터를 기반으로 하기 때문에 방대한 양의 데이터를 모두 살펴보고자 한다면 그만큼의 비용과 시간이 발생하게 된다. 행여 진행과정에서의 치명적인 오류가 발생하기라도 한다면 이와 같은 작업과정을 몇 번이고 반복해야 되기 때문에 샘플링이라는 과정을 통해 이러한 한계점을 해결하도록 한다. 샘플링이란 방대한 양의 데이터(모집단)에서부터 모집단을 닮은 작은 양의 데이터를 추출하는 것이다. 이는 데이터 마이닝 작업을 하는데 있어서 시간과 비용을 절감하여 효율적인 작업진행을 돕고, 이를 통하여 데이터 마이닝 작업의 무게를 조금 가볍게 할 수 있는 절차이다.

유의할 점은 모집단을 닮지 않은, 한쪽으로 치우쳐진 샘플이 추출되는 경우로 이는 샘플링 후 기본적인 몇 가지의 자료탐색을 거쳐 반드시 확인하여야 한다.

2. 탐색

탐색과정은 이미 알고 있는 사실들을 확인하여 수치화하는 작업을 시작으로 하여 보유하고 있는 수많은 변수들의 관계를 살펴보는 단계이다. 예를 들어 '백화점의 A 상품구매 고객들은 주로 특정 요일에 집중되어 있다'거나, 'B상품의 구매고객은 주로 여자다'등의 모르고 있던 정보 또는 기존에 현업관계자의 정략적 분석 사실들을 확인할 수 있게 되는 경우도 있고, 가끔은 반대로 이러한 사실실들이 틀렸다는 것도 확인할 수 있다. '여성고객의 신용카드가 단란주점 등에서 거액으로 사용되었다면 그것은 주로 도난된 카드다' 라는 고정관념은 실제 국내 한 카드사의 데이터 마이닝 과정에서 사실과 다르다는 것이 드러난 바 있다.

이처럼 탐색단계는 데이터의 모양을 면밀히 검토하여 정보화 할 수 있는 기반을 잡아가는 과정이다. 이 단계에서는 실제 한 모집단으로 알고 있던 것이 두 개 이상으로 나뉠 수도 있고, 수십 개 이상의 많은 변수를 실제 중요한 정보를 주는 소수의 변수로 축소시킬 수도 있으며, 기존에 있던 변수들 외에 새로운 변수를 생성할 필요성을 느끼게 될 수도 있다.

3. 변환 및 조정

이 단계에서는 탐색단계에서 얻어진 정보를 기반으로 이후 구축할 모형의 성능을 향상시키기 위해 데이터가 가지고 있는 정보를 효율적으로 사용할 수 있도록 변수변환, 수량화, 그룹화와 같은 방법을 통해서 데이터를 변형하고 조정한다.

가령 신용카드회사의 거래정보를 상상해보자. 그 거래정보에는 각 고객의 지난달 카드사용내역이 포함되어 있겠지만 이 정보는 분석자의 요구에 반드시 적합하지는 않을 것이다. 또한 연령정보와 같은 경우는 이용의 편의성을 위해 10대, 20대, 30대 등으로 나누던지 혹은 미취업인, 직장인, 직장 후 계층 등으로 나눌 수도 있을 것이다. 이러한 작업들을 고려하는 단계가 바로 변환 및 조정 단계이다.

4. 모형화

데이터 마이닝 과정에서 가장 중요한 단계로써, 앞서 선행되었던 단계에서 선정된 주요 변수들을 사용하여 다양한 데이터 마이닝 기법을 이용한 모델링을 적용하는 단계이다. "신용카드의 사기방지 모형은 인공신경망이 잘 맞는다"와 같은 잘 알려진 모형이 있을 수도 있으나, 그렇지 않으면 다양한 모형에 적용 후 예측력이 가장 뛰어난 모형을 선택하는 것이 일반적이다.

5. 평가

여러개의 데이터 마이닝 모델을 적용한 후에 각 모형의 효과를 비교하여 가장 좋은 모형을 선택할 수 있다. 이렇게 선택된 모형은 실제 모집단에 반영하여 그 효과를 재평가할 수 있으며, 이로 인하여 새로운 문제를 제기하여 이전 작업을 다시 반복할 수도 있다.

제3절 데이터 마이닝 분석방법

데이터 마이닝을 위해서 CRM에서는 다양한 방법들이 사용된다. 이들은 통계학, 전산학, 공학 등을 기반으로 하여 정보 분석에 유용하게 변형된 형태들이다. 이들 도구는 데이터를 분류, 군집, 연관규칙의 발견을 가능하게하고 이를 경영학의 마케팅에 활용하는 것이 CRM에서의 데이터 마이닝의 활용이라고 할 수 있다.

이러한 대표적인 데이터 마이닝 방법에는 의사결정수, 인공신경망, 군집화, 연관성분석, 순차적패턴, 등이 있다.

데이터 마이닝은 하나의 기법을 지칭하는 것이 아니라 유용한 데이터로부터 더 많은, 더 정확한, 더 유용한 정보를 추출하기 위한 여러 가지 방법들을 총체적으로 지칭하는 용어이다. 어떠한 목적을 가지고 있는가에 따라서 각각 다른 방법들이 적용되며 각 방법은 고유한 장단점을 가지고 있다.(<표 7.1>참조)

데이터 마이닝은 의사결정을 위한 의미 있는 정보를 추출하는 과정으로서 크게 예측과 설명의 두 가지 목적으로 활용된다. 예측은 작업유형에 따라 분류규칙, 설명은 연관규칙과 연속규칙 데이터 군집화로 나누어 달리 활용하며 다음(표 7.2)은 데이터 마이닝의 목적별 사용기법을 정리 한 것이다.

<표 7.1> 데이터 마이닝 방법의 장단점

	장점	단점
의사결정수	이해가 쉽고, 데이터 선정이 용이하며, 어떠한 속성들이 각각의 분류값에 결정적인 영향을 주는가를 쉽게 파악	연속형 데이터를 처리하는 능력이 떨어짐 예측력도 감소. 표본의 크기에 민감 분리의 경계점에서 예측오류 가능성 분석용 자료에만 의존하기 때문에 새로운 자료의 예측에서는 불안정할 가능성
인공신경망	연속적·불연속적 자료에 적용이 용이 입력변수들의 비선형 조합을 통해 제공하기 때문에 예측력이 우수 다양한 문제에 적용 가능 복잡한 문제에 대한 우수한 결과 기대	결과에 대한 설명력이 부족. 변수 변환의 추가적이 노력 필요. 복잡한 학습과정이 필요하므로 모형을 구축하는 데 시간이 많이 걸린다 비전문가들이 사용하기에 어려움
군집화	주어진 데이터의 내부구조에 대한 사전 정보 없이 의미 있는 자료구조를 찾아 낼 수 있다. 다양한 형태의 데이터에 적용이 가능 분석방법의 적용 용이	군집 결과에 대한 해석이 용이하지 않다 거리정의와 가중치 선택이 어렵다 초기 군집수 설정에 민감
연관규칙	결과가 분명 거대 자료의 분석의 시작으로 적합 변수의 갯수가 많으때 쉽게 사용 기존의 데이터를 특별한 변형 없이 계산이 용이하게 사용 가능	품목 수의 증가에 따라 계산량이 폭증 자료의 속성에 제한이 있다. 적절한 품목을 결정하기가 어렵다 거래가 드문 품목에 대한 정보를 찾기가 어렵다
순차적패턴	순서를 갖는 연관성 규칙 탐색적인 기법 사용 편리한 분석데이터의 형태 계산의 용이성	상당한수의 계산과정 적절한 품목의 결정 어려움 품목의 비율차이 발생

<표 7.2> 데이터 마이닝의 목적별 사용기법

목적	작업유형	설명	도출 규칙 예	사용기법
예측/결정	분류 규칙	과거의 데이터로부터 고객특성을 찾아 분류모형을 만들고 새로운 레코드의 결과값을 예측. 목표마케팅 및 고객신용평가 모형에 활용	- 신용 평가결과가 불량인 고객은 '25~30세 가량의 미혼남으로 월 평균 수입 이백만원 이하인 고객'으로 신규고객 유치시 이러한 규칙 활용	- 회귀분석, - 시계열분석 - Neural Networks, - Decision Tree
설명	연관 규칙	데이터안에 존재하는 항목간의 종속관계를 찾아 제품이나 서비스의 교차판매, 매장진열, 첨부우편, 사기적발 등의 다양한 분야에서 활용	- 넥타이를 구매한 고객은 셔츠도 구입 - 정장과 벨트를 구입하면 코트도 함께 구입 등	- 동시발생 매트리스
	연속 규칙	연관 규칙에 시간관련 정보가 포함된 형태로, 고객의 구매이력속성이 반드시 필요, 목표마케팅, 일대일 마케팅에 활용	- 새 냉장고를 구입한 고객중 한달 이내에 새 오븐을 구입하는 확률이 75%이다. 등	- 동시발생 매트리스
	데이터 군집화	고객 레코드들을 유사한 특성을 지닌 몇 개의 소그룹으로 분할 작업의 특성이 분류규칙)과 유사하나 분석대상 데이터의 결과값이 없으며, 판촉활동이나 이벤트 대상을 선정하는데 활용 됨	- 고객을 평균예탁금, 월평균 약정, 회전율, 월평균 거래 건수 등으로 고객 세분화 실시후, 이들 군의 특성을 파악하고 이탈과 복귀를 반복하는 고객군을 선별, 특성파악 - 다른 데이터 마이닝의 선행작업으로 많이 활용됨	- K-means Clustering

제1항 의사결정수(Decision Tree)

1. 의사결정수란?

의사결정수는 의사결정규칙에 의해서 나무구조로 나타내는 분석방법으로 분류 및 예측을 수행하는데 있어서 효과적으로 사용되는 방법으로 분석의 정확도보다는 분석과정의 설명이 필요한 경우에 활용된다. 의사결정수의 나무구조는 연속적으로 발생하는 의사결정 문제를 시각화하여 의사결정이 이뤄지는 시점과 성과를 한눈에 볼 수 있게 하며, 계산결과가 의사결정수에 직접 나타나게 되어 분석이 간편한 방법이다.

의사결정수는 일련의 단순한 의사결정 규칙들을 적용시켜 큰 레코드의 집합을 작은 레코드의 집단들로 나누는 데 쓰이는 구조이다. 각각의 연속적인 분할에서 결과가 되는 집합들의 구성원들은 갈수록 서로 비슷해진다.

하나의 의사결정수 모형은 특정한 목표변수에 대하여 큰 다원적인 모집단을 좀더 작고 일원적인 집단들로 나누는 규칙들의 집합을 포함한다. 의사결정수는 분류 또는 예측을 목적으로 하는 어떤 경우에도 사용할 수 있으나 분석의 정확도보다는 분석과정의 설명이 필요한 경우에 더 유용하게 사용된다.

의사결정수는 분류나 예측의 근거를 알려주기 때문에 이해하기가 쉽고, 데이터를 구성하는 속성의 수가 불필요하게 많을 경우에도 모형 구축시 분류에 영향을 미치지 않는 속성들을 자동으로 제외시키기 때문에 데이터 선정이 용이하며, 어떠한 속성들이 각각의 분류값에 결정적인 영향을 주는가를 쉽게 파악할 수 있다는 장점이 있다. 그러나 나이나 소득 등과 같은 연속형 데이터를 처리하는 능력이 신경망이나 통계기법에 비해 떨어지며, 결과적으로 예측력도 감소한다. 또한 모형을 구축하는데 사용되는 표본의 크기에 지나치게 민감하여 보다 정확한 모형을 만들기 위해서는 서로 상이한 값을 갖는 레코드들을 가능한 한 많이 포함하는 데이터가 필요한 단점이 있다.

의사결정수는 흔히 나무형태처럼 마디부터 아래로 뿌리를 내려 이어지게 되는데, 마디(Node)라고 불리는 것 중에서 맨 위에 그려지는 마디(Node)를 뿌리마디라 하며, 모든 레코드 관측치 들을 의미한다. 뿌리마디를 어떤 특정한 법칙에 의하여 나누게 되면 바로 밑에 생기는 마디가 있는데, 이를 자식마디라고 한다. 결국 자식마디는 뿌리마디의 한부분이 되는 것이다.

다시말하면, 의사결정수는 뿌리마디(Root Node), 자식마디(Child Node), 부모마디(Parent Node), 끝마디(Terminal Node), 중간마디(Internal Node), 가지(Branch), 깊이(Depth)로 구성되어 있다. 뿌리마디(Root Node)란 처음 시작되는 마디로 전체 자료로 구성되어 있는 것이다. 자식마디(Child Node)는 한 마디로부터 뻗어나간 2개 이상의 마디들을 의미하며 부모마디(Parent Node)란 그렇게 뻗어나간 마디의 상위마디를 일컫는다. 끝마디(Terminal Node)는 더 이상 가지가 뻗어나가지 않는, 자식마디가 없는 마디를 가리키며, 중간마디(Internal Node)란 부모마디와 자식마디가 모두 존재하는 마디이다. 한편 가지(Branch)는 뿌리마디에서 시작하여 끝마디까지 연결된 마디들을 의미하며, 깊이(Depth)라 함은 뿌리마디에서 끝마디까지 존재하는 중간마디의 수를 가리킨다. 의사결정수를 구축하는 알고리즘에는 여러 가지가 존재하는데 이들 알고리즘의 차이는 "어떻게 적절한 크기의 나무를 결정하느냐"라는 데 있다 .

이런 식으로 어떤 법칙을 가지고 위의 마디를 나누는 것을 가지치기라고 하고 더 이상 가치가 쳐질 마디가 없으면 이 마디는 종단마디가 된다. 다시 말하면 종단마디는 의사결정수의 맨 하단에 생기는 마디가 된다. 아래 <그림 7.1>은 '커피나라'의 의사결정수 방법 예제이다.

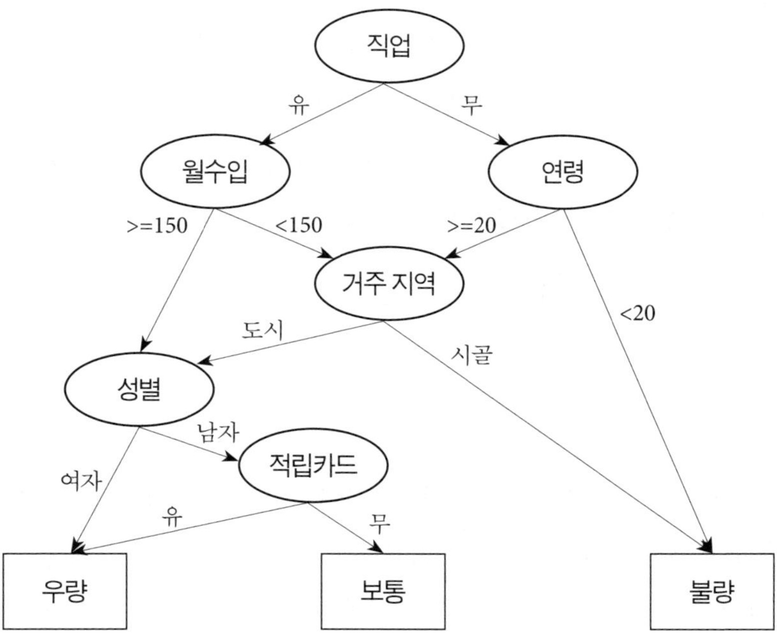

<그림 7.1> '커피나라'의 의사결정나무

<그림 7.1>에서 보듯이 커피나라에서 고객의 형태를 파악하기 위해 의사결정나무를 사용했다. 뿌리마디는 직업이 있는지 없는지 파악하는데 사용됐다. 다음단계로 커피를 이용하는 고객의 특성을 찾아내어 그 특성을 기준으로 뿌리마디를 나눈다. 만약 그 특성이 연령이라면 20세 이상인 고객이 20세 미만인 고객보다 커피 이용률이 높았다. 다음에는 20세 이상인 고객과 미만인 고객을 각각 따로 응답여부에 가장 영향을 주는 고객특성을 찾아 가지를 계속 친다. 만약 20세 이상 고객에게 영향을 주는 특성이 거주 지역이라면 20세 이상 고객들을 거주 지역을 기준으로 다시 가지를 친다. 20세 미만인 고객의 경우에도 마찬가지로 영향을 주는 특성을 찾는데, 더 이상 응답률에 영향을 미치는 특성이 발견되지 않으면 가지치기를 멈추고 20세 미만의 고객으로 이루어진 노드가 향한 불량이라는 속성이 마지막 종단마디가 된다.

이렇게 형성된 의사결정나무로 20세 이상이면서 거주지역이 도시이고 성별이 여자라면 커피회사를 이용할 확률이 매우 높다는 결론을 내릴 수 있다.

2. 의사결정수의 활용

의사결정수는 분류 또는 예측을 목적으로 하는 어떤 경우에도 사용될 수 있으나, 앞에서 언급했듯이 분석의 정확도보다는 분석과정의 설명이 필요한 경우에 더 유용하게 사용된다. 예를들어, 어느 회사에서 응답할 가능성이 높은 고객에게만 광고인쇄물을 보내려고 한다고 하자. 이 때 단순히 광고인쇄물을 보낼 고객을 추출하는 것 못지 않게 중요한 것은, 어떤 속성을 가지고 있는 고객이 응답할 가능성이 더 높은지를 찾아내는 문제라 할 수 있다. 의사결정수는 광고인쇄물의 응답자 분석, 고객들의 신용점수화, 의학연구, 시장분석, 품질관리 등 다양한 분야에서 이용될 수 있다.

일반적으로 의사결정수가 활용되는 응용분야는 다음과 같다.

- 세분화: 관측개체를 비슷한 특성을 갖는 몇 개의 그룹으로 분할하여 각 그룹별 특성을 발견하고자 하는 경우 또는 각 고객이 어떤 집단에 속하는지를 파악하고자 하는 경우를 나타낸다. 시장세분화, 고객 세분화 등이 해당되는데, 특히 고객 세분화의 경우 작업은 고객의 요구, 기호, 행동 및 경제적인 잠재가치를 기반으로 수행되어야 하는데, 이런 고객의 수익성은 마케팅, 영업 및 서비스 부문에 기업의 자원을 할당하는 의사결정문제에 중요한 기준으로 작용한다.
- 분류: 여러 예측변수에 근거하여 목표변수의 범주를 몇 개의 등급으로 분류하고자 하는 경우로 예를 들면, 고객을 신용도에 따라 우량·불량으로 분류하는 것이다.
- 예측: 자료로부터 규칙을 찾아내고 이를 이용하여 미래의 사건을 예측하고자 하는 경우로 예를 들면, 고객속성에 따라서 대출한도액을 예측하는 것이다.
- 차원축소 및 변수선택: 매우 많은 수의 예측변수 중에서 목표변수에 큰 영향을 미치는 변수들을 골라내고자 하는 경우이다.

- 교호작용 효과의 파악: 여러 개의 예측변수들이 결합하여 목표변수에 작용하는 교호작용을 파악하고자 하는 경우이다.
- 범주의 병합 또는 연속형 변수의 이산화: 범주형 목표변수의 범주를 소수의 몇 개로 병합하거나 연속형 목표변수를 몇 개의 등급으로 이산화하고자 하는 경우이다.

제2항 인공신경망(Neural Network)

1. 인공신경망이란?

인공신경망모형은 데이터 마이닝에 대한 관심이 모아지면서 가장 일반적으로 언급되고, 또한 다양한 응용 분야를 가지고 있는 기법이다. 인간 두뇌의 신경세포를 모방한 개념으로 마디(node)와 고리(link)로 구성된 망구조를 모형화하고, 의사결정나무와 마찬가지로 과거에 수집된 데이터로부터 반복적인 학습과정을 거쳐 데이터에 내재되어 있는 패턴을 찾아내는 모델링 기법이다. 분류, 군집, 연관규칙 발견과 같은 작업에 널리 사용된다. 인공신경망모형은 인간이 경험으로부터 학습해 가는 두뇌의 신경망 활동을 흉내 내어 자신이 가진 데이터로부터 반복적인 학습과정을 거쳐 패턴을 찾아내고 이를 일반화함으로써 특히 향후를 예측(Prediction)하고자 하는 문제에 유용하게 쓰인다.

매우 복잡한 구조를 가진 데이터들 사이의 관계나 패턴을 찾아내는 유연한 비선형모형(Flexible nonlinear Model)의 하나로, 신경

생리학과의 유사성 때문에 일반적으로 다른 (통계적) 예측모형에 비해 흥미롭게 여겨지고 있다. 이러한 인공신경망모형은 고객의 신용평가, 불량거래의 색출, 의료진단 예측, 우량고객 선정, 타깃 마케팅의 여러 주제 등을 비롯한 여러 분야에 적용될 수 있는데, 주로 지도학습(supervised learning)에 적용되어 목적변수에 대한 예측이나 분류를 목적으로 감춰진 패턴을 찾고 이를 일반화하는 데 이용된다.

인공신경망모형은 상당히 다양한 산업분야의 여러 문제에 적용될 수 있고, 입력변수와 목적변수의 관계를 그리기가 어려운 복잡한 데이터에 대해서도 좋은 결과를 주는 것으로 알려져 있다. 또한 입력변수와 목적변수의 속성이 연속형이나 이산형인 경우를 모두 다룰 수 있다. 그러나 인공신경망모형은 매우 유연하기는 하지만 설명력이 부족하여 종종 블랙박스로 불리고 있다. 의사결정나무나 연관성 분석은 명쾌하고 쉽게 이해할 수 있는 결과물(일종의 rule)을 제공하는 데 반해, 인공신경망모형은 인간이 어떠한 현상을 인지하게 되는 것처럼 쉽게 설명되지 않는 내부적인 작업을 수행하고 이를 통해 얻어진 결과물을 제공할 뿐 어떠한 변수가 중요한지, 어떻게 상호작용이 이루어져 그러한 결과물을 주게 되는지에 대한 설명은 하지 않는다. 따라서 설명력보다는 정확한 예측이 중요한 경우에 이용될 수 있다.

신경망을 적용하기 좋은 문제의 특징으로는 첫째, 입력들이 잘 이해된 상태일 경우이다. 즉, 데이터의 어떤 특징들이 중요한지를 알아야 한다는 것이다. 둘째, 출력이 잘 이해된 상태로 모형을 만드는 목적이 무엇인지 분명해야 한다. 마지막으로 경험이 사용가능하므로 입력과 출력 모두가 알려진 예시들을 충분히 보유하고 있어야 한다는 것이다.

이러한 인공신경망은 예측력이 우수하여 예측에 있어 활용가능성이 매우 넓은 점과 이러한 장점을 바탕으로 기존에 상용화된 프로그램과 모형화가 잘 되어있다는 장점이 있지만, 분류, 예측의 결과만을 제공하고 그에 대한 이유를 설명해 내지 못한다는 점과 신경망의 구축 과정이 복잡하여 매개변수에 대한 전문성이 필요할 뿐만 아니라 이에 따른 구축 소요시간이 오래 걸린다는 단점을 가지고 있다.

인공신경망은 인간두뇌의 정보처리과정과 그 구조를 모형화 한 것으로서 이는 뇌의 신경회로망같이 신경세포에 해당하는 다수의 처리 프로세스들을 네트워크 형태로 접속하여 상호간에 신호를 주고 받으면서 병렬로 작동하여 하나의 인공신경망으로 자료를 처리한다. 그 구조는 입력층(InputLayer), 은닉층(HiddenLayer), 출력층(OutputLayer)의 삼층구조로 나눠진다. 은닉층라고 불리는 독특한 구성요소에 의해서 일반적인 통계모형과 구별된다. 은닉층은 인간의 신경세포를 모형화 한 것으로 각 은닉층은 입력변수들의 결합을 수신하여 목표변수에 전달한다. 이때 결합에 사용되는 계수(coefficient)들을 연결강도(synaptic)라고 부르며, 활성함수는 입력값을 변환하고 이를 입력으로 사용하는 다른 마디로 출력하게 된다.

- 입력층(Inputlayer): 각 입력변수에 대응되는 마디들로 구성되어 있다. 명목형(nominal)변수에 대해서는 각 수준에 대응하는 입력마디를 가지게 되는데, 이는 통계적 선형모형에서 가변수(dummyvariable)를 사용하는 것과 같다.
- 은닉층(Hidden layer): 여러개의 은닉마디로 구성되어 있다. 입력층으로부터 전달되는 변수값들의 선형결합(linearcombination)을 비선형함수(nonlinear- function)로 처리하여 출력층 또는 다른 은닉층에 전달한다
- 출력층(Outputlayer): 목표변수(target)에 대응하는 마디들을 갖는다. 여러 개의 목표변수 또는 세 개 이상의 수준을 가지는 명목형 목표변수가 있을 경우에는 여러 개의 출력마디들이 존재한다.

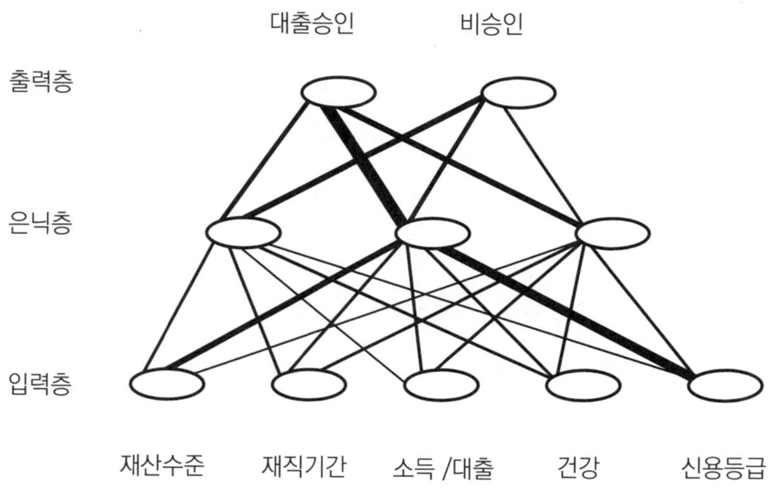

<그림 7.2> 인공신경망의 활용

신경망의 구조는 다른 분류모형에서는 불가능한 입력변수와 출력변수 사이의 매우 복잡한 관계를 파악하는 구조를 지니고 있기 때문이며 다음과 같은 모습을 하고 있다. (<그림 7.2>참조)

가장 널리 사용되는 역전파 학습 알고리즘이 적용 가능한 인공 신경망 구조는 입력층, 은닉층, 출력층이 서로 연결된 다계층 구조이다. 각 계층에는 뉴런이 존재하고 이들 뉴런이 서로 연결되어 주어진 문제를 학습하고 추론 기능을 수행한다. 인공 신경망의 핵심은 뉴런간의 연결 강도와 이에 따른 다계층 구조에 있다.

2. 인공 신경망의 활용

신경망은 분류, 군집, 연관규칙 발견과 같은 작업에 널리 사용되는 데이터 마이닝 기법으로 부도예측, 외환시장거래, 주식과 상품거래 선정, 신용카드 및 금융거래의 부정행위 발견, 고객관계 관리 등 여러 금융분야에서 많은 신경망모형이 성공적으로 적용되어 왔다. 따라서 목적에 따라 사회 여러 분야에서 적용되어 사용될 수 있으며, 일반적으로 신경망의 가장 큰 장점은 높은 예측성과에 있다.

또한 신경망 기술의 응용분야는 데이터 마이닝, 네트워크 관리, 언어 인식, 의약 및 생명정보공학, 금융서비스, 모델링 및 과학이론 개발, 신호처리, 로봇, 화학물질 합성, 생산공정 제어 등 광범위하다.

인공신경망은 안정적인 기업 환경보다는 매우 동적인 환경에서 그 진가가 발휘될 수 있는 가능성이 큰데, 인공신경망은 학습 능력이 있기 때문에 변화하는 환경에 대해 적응력이 뛰어나다는 점과 새로운 사실에 대한 추론 능력이 뛰어나기 때문이다. 따라서, 인공신경망을 기업의 주요 전략부서단위에 의사결정 매커니즘으로 활용한다면 기업의 경영성과 향상에 큰 도움을 줄 수 있을 것이다. 구체적은 예시를 들자면, 오래 전부터 주가 예측이나 기업도산예측에 대하여 인공신경망을 주요 의사 결정 매커니즘으로 사용하여 좋은 성과를 얻었다. 또한 회계감사, 생산부서의 공정관리, 그리고 마케팅 의사결정문제에 이르기 까지 인공신경망을 주요 의사결정 매커니즘으로 사용하며 특히 최근에는 마케팅 고유의 영역이라 생각되는 가격 결정 문제까지 인공 신경망을 성공적으로 활용한 사례가 발표되고 있다.

제3항 군집화(Clustering)

1. 군집화란?

대용량의 데이터가 복잡할 때 이를 구성하고 있는 몇 개의 군집을 우선 살펴봄으로써 전체에 대한 윤곽을 잡을수 있다. 군집분석은 어떤 목적변수를 예측하기 보다는 고객수입, 연령 등과 같이 속성이 비슷한 고객들을 묶어서 몇 개의 의미있는 군집으로 나누는 것이다. 즉, 모집단 또는 범주에 대한 사전정보가 없는 경우에 주어진 데이터들간의 유사성을 이용하여 전체를 몇 개의 집단으로 나누고 각 집단의 성격을 파악함으로써 데이터 전체의 구조를 이해하는데 도움이 되는 분석방법이다. 다시 말하면, 군집 분석은 입력 데이터 집합을 우사한 관찰 값들의 군집들로 구분하여 데이터 집합 속에 존재하는 의미 있는 정보를 얻는 과정이다. 즉, 군집내의 유사성은 최대화하고 군집들 간의 유사성은 최소화 하도록 데이터 집합을 분할하는 것이다.

이러한 군집 발견 과정은 우리에게 군집의 데이터 분포가 갖고 있는 특징을 설명하며, 다른 분석 기법을 위한 토대를 마련 해 주는 역할을 수행 할 수 있다.

군집화 기법은 기업의 고객을 구매 패턴에 근거해서 분류하거나, 공간상의 군집을 분류하거나, 웹 문서의 로그를 통해 비슷한 접근 패턴을 그룹화 하거나, 유사한 기능을 하는 유전자와 단백질을 분류하는데 이용하는 등 다양한 응용 분야에 적용이 가능하다. 최근에는 대용량의 데이터 베이스로부터 유용한 정보를 발견하고 데이터 간에 존재하는 연관성을 탐색하고 분석하는 데이터 마이닝에 관한 많은 연구들이 진행되고 있다. 데이터 마이닝의 출현으로 인해 대용량 데이터를 대상으로 원시 데이터에 대한 접근 횟수를 줄이고 알고리즘이 다루어야 할 데이터 구조의 크기를 줄이는 군집화 기법에 관한 연구들이 활발하다.

의사결정나무 또는 인공신경망모형을 이용한 데이터 마이닝 작업의 목적은 대체로 목적변수가 있어서 결과 변수에 영향을 주는 다른 변수들을 찾아내어 그들의 상호관계를 파악한 후 이 상호관계를 근거로 추후에 일어나는 사건들에게 어떤 결과가 있을 지를 예측하는 것이다. 즉, 지도(Supervised) 데이터에 적합한 분석기법들인 것이다. 이에 반면 군집분석은 연관성규칙처럼 어떤 목적변수를 예측하기 보다는 고객수입, 고객연령과 같은 속성이 비슷한 고객들을 묶어서 몇 개의 의미 있는 군집으로 나누는 것을 목적으로 한다. 숲이 너무 복잡해서 전체를 파악할 수 없을 때, 나무들부터 살펴보아야 하듯이, 대용량의 데이터가 너무 복잡할 때는 이를 구성하고 있는 몇 개의 군집을 우선 살펴봄으로써 전체에 대한 윤곽을 잡을 수 있을 것이다. 군집분석은 이런 상황에 유용하게 쓰일 수 있다.

마케터나 의사결정자들에게는 고객들을 몇 개의 군집으로 나눈다는 것이 최종적인 목표가 아닐 것이기에 군집분석은 주로 다른 분석을 위한 사진단계로 쓰여 질 때가 많다. 예를 들어 은행에서 이탈고객의 특성을 파악하여 이탈 가능성이 높은 고객들에 대해 사전조치를 취하고 싶다고 하자. 이탈여부에 영향을 주는 요인을 모든 고객에 대해서 고려하기보다는 사전에 고객들을 월별거래실적, 방문횟수, 거래사유 등을 기준으로 거래패턴이 비슷한 고객들을 몇 개의 군집으로 묶은 후, 각 군집 내에서 이탈할 가능성이 높은 고객들을 뽑아낸다면, 이탈의 예측률도 높일 수 있고, 고객의 거래패턴을 근간으로 한 효과적인 대응전략도 펼 수 있을 것이다.

다음은 K-Means 알고리즘은 '거리'라는 개념을 이용하여 가깝게 위치한 점들을 찾아 군집으로 묶어주는 기법으로 차원의 제약이 전혀 없다. 2차원 공간(방문횟수와 사용량으로 2개변수로 군집화를 함)에서 이 알고리즘을 설명하여 이해를 돕고자 하나 결국 같은 원리로 다차원 이상으로 이를 쉽게 확대할 수 있을 것이다. 다음의 순으로 K-Means알고리즘이 수행된다.

① 일단은 몇 개의 군집으로 나눌 것인지 사전에 정의한다. K-Means에서 K는 사전에 정의된 군집의 수를 의미하는 것이다. 이 예에서는 4개의 군집으로 나눈 다고 가정하자.

② 군집의 수만큼 기준 값이 정해진다. 이는 각 군집의 중심점이 되는 값으로 처음에는 아무 곳에나 임의로 정해진다. 즉 2차원 공간에 아무데나 K개의 점을 찍는 것과 같은 원리다.

③ 각 점들을 4개 중의 하나인 군집으로 배정한다. 즉, 가장 가깝게 위치한 중심 값에 해당하는 군집으로 배정된다.

④ 가깝다는 것은 거리상으로 가깝다는 의미이며, 다음과 같은 공식으로 계산이 되는데 이는 두 점을 연결하는 직선의 길이로 해석할 수 있다.

$$거리^2 = (방문횟수-방문횟수의\ 중심\ 값)^2 + (사용량-사용량의\ 중심\ 값)^2$$

⑤ 각 군집에 속하는 점들의 방문횟수, 사용량에 대한 평균값을 계산하여 각 군집의 새로운 중심 값을 구한다. 이때 중심 값이 이동할 것임을 짐작할 수 있다.

⑥ 이 새로운 군집의 중심 값을 기준으로 각 점들을 가까운 군집에 다시 배정한다. 처음에 배정된 군집과 같을 수도 다를 수도 있다.

⑦ 새로운 점들로 구성된 군집들에 대한 중심 값을 다시 계산하여 3,4,5과정을 반복한다.

⑧ 군집의 중심 값이 변하지 않을 때 최종적인 군집이 형성되는 것이다.

유별나게 큰 값을 가지는 몇 개의 점들은 위와 같은 과정을 거쳐서 하나의 군집으로 형성될 가능성이 크기 때문에 군집분석은 특이한 값을 가지는 점들을 찾아내는 데에도 유용하게 쓰일 수 있다. 뿐만 아니라, 어떤 점의 한 값에 결측치가 있어 이를 적당한 값으로 대체하고 싶을 때에도 군집분석의 결과는 활용될 수 있다. 예를 들어 방문횟수, 사용량, 수입을 기준으로 3개의 군집으로 나누었다 하자. 어떤 새로운 고객에 대해 방문횟수, 사용량을 알지만 수입을 모를 경우, 이 값을 고객 전체에 대한 수입의 평균으로 대체하기보다는 방문횟수, 사용량을 기준으로 해당 군집을 배정한 후 그 군집의 수입평균값으로 결측치를 대체한다면 보다 더 정교한 원리로 결측치를 해결한 셈이 된다. 이와 같이 군집분석은 대용량 데이터에 대한 분석을 위한 사전 작업뿐만 아니라 변수들을 정제하는데까지도 그 활용범위를 넓힐 수 있다.

다시말하면 K 평균 군집화는 가장 흔히 사용되는 군집화 알고리즘들 중 하나이다. K의 의미는 이 알고리즘이 데이터 점들의 서로에 대한 유사성을 기초로 한 고정된 수(K)의 군집들을 찾는다는 것이다. (<그림 7.3>참조)

첫 번째 단계에서 알고리즘은 임의로 K개의 데이터 포인트들을 시드로 선택한다. 선택된 레코드들이 어떤 의미 있는 순서를 지니는 경우보다 넓은 공간에서 흩어진 레코드들을 선택하거나 임의로

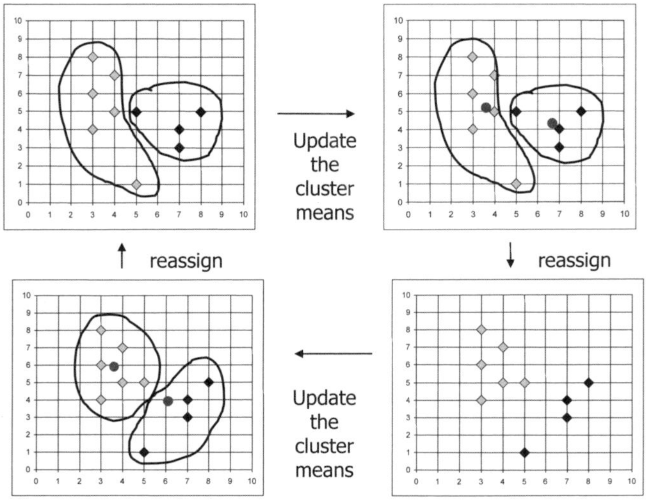

<그림 7.3> k 평균군집

선택된 레코드들을 활용하는 것이 좋다.

두 번째 단계에서는 각 레코드들을 가장 가까운 시드에 배정한다. 분포된 레코드들을 군집을 짓고 이들 사이의 경계를 찾아 이를 수행하는 것이 가능하다. 군집들 사이의 경계는 각 군집으로부터 같은 거리를 가지는 점들로 경계선을 이용하여 어떤 레코드들이 어떤 시드에 더 가까운지를 쉽게 알 수 있다.

마지막으로 군집들의 중심점을 찾는다. 초기 시드들에 비하여 중심점들이 군집들을 더 잘 설명할 것이다. 중심점을 찾는 것은 단순히 군집의 모든 레코드에 대해 각 차원의 평균값을 취하는 것이다.

군집들은 데이터 밑에 있는 구조를 설명한다. 그러나 그 구조에 대한 정답이 하나만 존재하는 것은 아니다. 가령 서울에 살지 않는 사람들은 서울 전체가 도심이라고 생각하겠지만, 실제 서울에 사는 여러 사람들, 서대문구에 사는 사람이나 강남구에 사는 사람들이 생각하는 도심은 모두 다를 것이다. 결국 군집화라는 것은 K의 선택, 즉 군집들이 사용될 곳에 따라 달라진다. 이러한 K 평균 군집화 기법은 상용화된 제품이 많으며, 사용 또한 쉽고 간편하다.

따라서 사용자가 자신이 원하는 사양을 갖춘 제품을 이용하여 손쉽게 문제의 영역에 적용할 수 있다. 또한 군집분석 이외에도 분류·예측을 위한 선행작업, 특이 오류값이나 결손값 처리작업 등 다양한 분석에 사용할 수 있다는 장점이 있다. 그러나 군집 결과에 대한 해석이 용이하지 않다는 문제점을 가지고 있다.

2. 군집분석의 활용

군집분석은 전자상거래, 이동통신사, 금융권 등 다양한 산업분야에서 전체 데이터의 분포 상태나 패턴 등을 찾아내는데 유용하게 사용되고 있다. 특히 문서 군집화, 텍스트 군집화는 정보 추출, 자연어 처리, 기계 학습 분야에서 개념을 빌려온 데이터 군집과 연관이 깊다. 데이터 군집화는 데이터들을 각각 다른 그룹으로 분류해 각 그룹 내의 데이터들이 유사성을 가질 수 있도록 하는 기법이고, 문서 군집화는 비지도적 문서 구조화, 자동 토픽 추출, 고속 정보 검색 혹은 필터링을 구현하는데 사용된다.

또한 인구통계학적 변수, 고객의 세부 니즈 등 고객을 군집화 함으로써 다른 형태의 데이터 마이닝이나 모형화의 사전작업으로 활용할 수 있다. 예를 들어, 시장 세분화를 위한 노력의 첫 걸음으로 사용될 수도 있는데, '어떤 홍보가 고객들에게 가장 좋은 반응을 얻을 수 있을지'에 대해 하나의 규칙에 모든 고객들을 맞추는 방식보다는, 먼저 고객들을 비슷한 구매 습관을 가진 고객들의 군집으로 나누고, 각 군집에 대해 어떤 홍보 방식에 잘 반응하는지를 확인하는 것이다.

전자상거래 업체의 구매자 리스트를 이용해 특정 상품을 구매하는 집단과 그렇지 않은 집단을 찾아내어 해당 상품과 연계한 이벤트 등을 전개 할 수 있다. 또한 모든 고객의 신상 정보를 이용해 그 유사성에 따라 고객을 그룹화 할 수 있다. 그리고, 이탈고객을 특징별로 분류하여 이탈 원인 별로 효과적인 이탈 방지책을 수립할 수 있도록 지원할 수 있다.

그 외에도 품질개선을 위해서 군집분석을 이용할 수 있는데, 군집분석을 통해 일정한 불량 패턴 분석을 찾아냄으로써, 불량품을 찾고, 그 원인을 밝혀서 궁극적으로 이를 예방 할 수 있다. 또한 부정행위의 적발에도 이용될 수 있다. 부정행위적발의 목적은 고도의 사기행위를 발견할 수 있는 패턴을 알아내는 것이다. 은행에서 발견된 패턴을 이용하여 신용카드 거래사기 및 불량 수표를 적발할 수 있고, 통신회사에서 전화카드거래사기를 방지하며, 보험회사에서는 허위 및 과다 청구를 예방할 수 있다.

제4항 연관규칙(Association Rule)

1. 연관규칙이란?

연관규칙은 상품을 구매하거나 서비스를 받는 등의 일련의 거래나 사건들의 연관성에 대한 규칙을 나타내며, 이를 이용한 분석으로 연관성 분석이 있다. 연관성 분석은 데이터 안에 존재하는 항목간의 연관규칙(Association Rule)을 발견하는 과정이며, 마케팅분석에서 손님의 장바구니에 들어있는 품목간의 관계를 알아본다는 의미에서 장바구니 분석(Market Basket Analysis)이라고도 한다.

장바구니 분석은 연관규칙을 찾아가는 과정으로써 단순한 하나의 기법이 아닌 거래 데이터 전체를 이해하는 과정을 지칭한다. 장바구니 분석은 고객들이 무엇을 구매하는지에 대한 정보를 이용하여 그들이 누구이며, 그들의 구매에 대한 이유가 무엇인지를 알 수 있도록 한다. 장바구니 분석을 통해 어떤 물품들이 함께 구매되는 경향이 있으며, 어떤 것들이 홍보의 효과를 잘 볼지를 알려주어 상품들에 대한 통찰력을 제공한다.

이런 정보는 곧바로 새로운 상점의 상품 배치를 설정하거나, 어떤 상품에 대한 행사를 할지를 결정하거나, 쿠폰을 발행할 시점을 정하는 등의 결정을 즉각 실행할 수 있게 해준다. 이러한 데이터가 멤버십 카드 혹은 웹사이트 등록을 통하여 개별 고객들에게 연계된다면 한층 더 가치가 높아질 것이다.

장바구니 분석과 관련한 가장 유명한 사례는 맥주와 기저귀 사례일 것이다. 일반적으로 전혀 관계가 없을 것 같은 두 제품이 종종 함께 구매된다는 패턴을 바탕으로 이와 관련한 상품 배치를 다시 하게 된 사례는 연관성 규칙의 분석의 중요성을 알려준다. 국내의 경우 치킨과 맥주의 대표적인 예가 있다. 월드컵과 같은 커다란 이벤트 경기가 열리는 경우 많은 사람들이 동료나 가족들과 함께 술집을 찾아 경기를 보려는 특징이 있는 것을 알고 많은 술집이 대형 TV를 설치하여 경기를 보다 큰 화면과 술집의 흥겨운 분위기에서 술을 즐길 수 있게 함으로써 이벤트 경기와 음주간의 연관성을 잘 이용하여 많은 매출을 올릴 수 있었다.

이처럼 유용한 연관규칙을 이끌어내기 위해서는 먼저 어떠한 상품들이 어느 정도의 연관성을 가지고 있는지를 측정해야 한다. 즉 관심 있는 규칙이 얼마나 가능성이 있는 가를 측정하는 연관성 측정의 기본은 얼마나 자주 구매되었는가 하는 빈도이며, 이 빈도를 이용하여 지지도와 신뢰도 그리고 리프트의 계산이 가능하다.

이러한 연관성 규칙을 평가하는 기준으로는 지지도(Support), 신뢰도(Confidence), 향상도(Lift or Improvement)가 있다.

연관성 규칙의 세 가지 평가기준에서 지지도는 잘 구매되지 않는 품목의 경우 값이 작아지게 된다. 즉, A와 B의 연관성이 깊어도 지지도는 작을 수 있다. 이러한 단점을 보완하기 위해 A가 구매되었을 때 B가 추가로 구매된 확률을 보는 것이 신뢰도이다. 또한 향상도 값이 1보다 큰 것을 찾아내는 것은 의미 있는 연관성규칙을 발견하고자 하는 경우 유용하다.

연관성 규칙 A → B에서 지지도는 페이지 A와 B에 동시에 접속한 사용자의 수를 전체 사용자의 수로 나눈 값이 된다. 즉 지지도는 두 사건이 동시에 일어날 확률 P(A∩B)를 의미하며 다음과 같이 나타낼 수 있다. 지지도는 상호대칭적으로서, 연관성 규칙 A → B의 지지도는 규칙 B → A의의 지지도와 같다.

지지도는 전체 거래항목 중 두 품목(품목A와 품목B)을 동시에 구매한 거래의 비율을 말한다. 즉, 지지도는 전체 거래 중 품목 A와 B를 포함하는 거래가 어느 정도인가로써 품목 A와 B를 동시에 포함하는 거래수를 전체거래수로 나누어 계산한다.

$$\text{지지도} = \Pr(A \cap B) = \frac{A\text{와 } B\text{가 동시에 포함된 거래수}}{\text{전체 거래수}}$$

신뢰도는 어느 한 사건이 일어나는 조건하에서 다른 사건이 일어날 확률을 의미한다. 다시 말하면 신뢰도는 페이지 A와 B에 동시에 접속한 사용자의 수를 페이지 A에 접속한 사용자의 수로 나눈 값이 되며 다음 식과 같이 표현할 수 있다.

신뢰도는 지지도와는 달리 상호 대칭적이지 않으며, 따라서 규칙 A ⇒ B의 신뢰도와 규칙 B ⇒ A의 신뢰도는 같지 않다.

신뢰도는 품목A를 포함하는 거래 중 품목 B를 동시에 구입한 거래의 비율을 말한다. 즉 신뢰도는 품목A를 포함하는 거래 중에서 품목B가 포함된 거래는 어느 정도인가 하는 것으로 품목A와 B를 동시에 포함하는 거래수를 품목A만을 포함하는 거래수로 나누어 구할 수 있다.

$$신뢰도 = \Pr(A|B) = \frac{\Pr(A \cap B)}{\Pr(A)} = \frac{품목\ A와\ B를동시에포함하는거래수}{품목\ A를포함하는거래수}$$

향상도는 실제의 신뢰도를 독립가정 하에서의 신뢰도로 나눈 값이며 다음식과 같이 표현된다. 또한 향상도는 지지도와 마찬가지로 상호 대칭적이다.

향상도는 품목 A와 B의 거래가 발생한다고 하자. 이 경우 품목 A가 주어지지 않았을 때의 품목 B의 확률 대비 품목 A가 주어졌을 때의 품목 B의 확률의 증가비율을 말한다. 즉, 향상도는 임의로 B가 구매되는 경우에 비해 A와 관계가 고려되어 구매되는 경우의 비율로 다음과 같이 구할 수 있다.

$$향상도 = \frac{\Pr(B|A)}{\Pr(B)} = \frac{\Pr(A \cap B)}{\Pr(A)\Pr(B)} = \frac{품목\ A와\ B를\ 포함하는\ 거래수 \times 전체거래수}{품목\ A를포함하는\ 거래수 \times 품목\ B를포함하는\ 거래수}$$

향상도는 품목 A와 B의 거래가 일어나는 경우를 생각해보자. 향상도의 의미상 값이 클수록, 품목 A의 구매여부가 품목 B의 구매여부에 큰 영향을 미친다. 따라서 향상도가 의미가 있기 위해서는 보통 1이상의 값을 가져야 한다.

향상도 정의에 근거하면 품목 A와 품목 B의 구매가 상호 관련이 없다면 P(B|A)와 P(B)와 같게 되어 향상도가 1이 된다.

따라서 상호 독립사건인 경우 향상도 값 1을 기준으로 볼 때, 어떤 규칙의 향상도가 1보다 크면, 이 규칙은 결과를 예측하는데 있어서 우연적 기회(Random chance)보다 우수하다는 것을 의미하고, 향상도가 1보다 작으면 이러한 규칙은 결과를 예측하는데 있어서 우연적 기회보다 나쁠 것이다.

향상도	의미
1	두 품목이 독립적인 관계
< 1	두 품목이 서로 음의 상관 관계
> 1	두 품목이 서로 양의 상관 관계

예를 들어 3가지 품목을 포함하는 거래가 발생한다고 하자. 전체거래에서 품목A의 거래가 발생할 가능성은 0.45라고 하자. B와 C를 포함하는 거래 중 품목 A를 구입한 거래의 비율이 0.333이라고 하면 이 연관성 규칙은 실질적으로 의미가 없다. 왜냐하면, B와 C를 포함하는 거래 중 품목A를 구입한 거래의 확률(0.33)이 전체거래에서 품목A의 거래가 일어날 확률(0.45)보다 작기 때문이다. 즉 이러한 경우의 연관성 규칙은 향상도 기준에서 볼 때, 규칙이 없는 경우보다 못한 결과를 주기 때문에 무의미하다고 볼 수 있다.

2. 연관성 분석 활용

연관성분석은 각 품목들의 거래회수가 비슷한 경우에 가장 효율적으로 수행될 수 있다. 분류체계를 이용하여, 거래회수가 비교적으로 작은 품목은 상위수준의 분류체계를 사용하고, 거래회수가 많은 품목은 세분화 하여 거래회수를 줄인다. 가상 품목을 지정하여 사용할 수 있다. 예를 들면, 디자이너 레벨(예: Calvin Klein), 저지방과 무지방 제품, 에너지 절약형 옵션, 현금 또는 신용카드 등을 들 수 있다. 하지만, 이러한 가상 품목은 품목의 개수를 지나치게 많게 할 수 있는 위험이 있다. 따라서, 가상 품목의 지정에 신중을 기하여야 한다.

연관성분석이 활용되는 분야는 위에서 언급된것과 같이 다양한데, CRM을 목적으로 백화점, 호텔 등에서 고객들이 다음에 원하는 서비스를 미리 예측하여 대응하기 위해서 활용하며, 카드사, 은행 등에서는 특정한 서비스를 받을 가능성이 높은 고객을 탐지하는데 사용한다. 또한 보험회사의 경우 Fault Detection을 위해서 연관성 분석을 활용하는데 의료보험금이나 상해보험금을 청구할 때 내용이 특이한 경우 보험사기의 징조로 의심하여 이를 조사하는데 활용한다. 그리고 병원 등 Health 분야에서도 활용이 되는데 환자의 의무 기록에서 여러 치료가 동시에 이루어진 경우 합병증 발생 등을 분석할 수 있는데 사용한다.

연관성 규칙이 발견되면 이것을 어떻게 이용하는가? 일반적으로 교차판매(Cross-Selling), 보험 사기 적발, 첨부 우편물 선정, 상품진열 등의 마케팅 전략에 유용하게 활용할 수 있게 된다. 교차 판매란 은행들이 자체 개발 상품만을 판매하는 것에서 벗어나, 전문성, 경쟁력을 갖추지 못한 상품의 개발, 운용 등의 경영활동을 과감히 외주 기업이나 은행에 맡기는 한편, 타 금융기관이 개발한 상품을 적극적으로 함께 세일즈하는 방향으로 상품 관련 사업 모델을 수정하는 현상 그 자체를 말한다. 특정 상품에 대한 고객의 계층, 성향이 파악되면 바로 그 계층 고객에 대해서 특정 상품을 홍보하는 목표 마케팅 전략을 활용가능하다. 금융업계 쪽에서는 예금, 대출, 투자 등의 상품들 사이에 내재된 연관성을 발견한다면 고객이 원하는 다른 상품의 개발을 통해 추가적으로 고객을 확보하고, 기존의 고객들의 충성도를 드높일 수 있을 것이다. 연관성 규칙의 경우 분석에 사용되는 계산방법이 간단하다. 그리고 대용량 데이터에 대한 Undirected Web Mining 분석 기법으로 유용하다. 또 다른 예로 상품의 수, 거래 수 증가에 따른 계산량 증가 문제에 상품의 그룹화를 통해 해결할 수 있다는 장점이 있다.

연관성분석의 하나인 장바구니 분석은 이해와 적용이 용이하고, 사용이 편리한 분석 데이터로 계산이 편리하지만, 대형 마트와 같이 제품의 수가 수만가지에 이르는 경우 각각의 경우에 대해 모두 연관성을 찾아내기가 어렵고, 때문에 적절한 품목의 결정이 힘든 단점이 있다. 이러한 장바구니 분석 방법의 예는 다음과 같다.

고객의 구매 상품 List

ID	판매 상품
1	소주, 콜라, 맥주
2	소주, 콜라, 와인
3	소주, 주스
4	콜라, 맥주
5	소주, 콜라, 맥주, 와인
6	주스

지지도가 50% 이상인 연관성 규칙

지지도 50% 이상인 규칙	해당 Transaction	신뢰도
소주 => 콜라 콜라 => 맥주 맥주 => 콜라	1,2,5 75% 1,4,5 75% 1,4,5 100%	

Lift = P(콜라|맥주) / P(콜라) = 1/ (4/6) = 1.5

* 연관성 규칙 : 맥주를 구입한 사람들 모두는(100%) 콜라도 구매한다
- 그리고 이러한 경향을 가지는 사람들은 전체의 절반(50%) 정도이다
- 맥주 구매 시 콜라를 구입하게 될 가능성은 맥주 구매가 전제되지 않았을 경우보다 1.5배나 높아진다.

제5항 순차적 패턴(Sequential Pattern)

1. 순차적 패턴이란?

순차적 패턴 혹은 순차 연관 규칙(sequential association rule)은 연관 규칙에 시간의 개념을 첨가하여 시계열(time series)에 따른 패턴들의 상호연관성을 탐색하는 것이다. 이를 시퀀스(sequence)라 하며, 순차 패턴의 탐색은 사용자가 정의한 최소지지도를 갖는 시퀀스인 빈도가 많은 시퀀스(large sequence)를 추출하고 이들 가운데 최대시퀀스(maximal sequence)를 찾는 것이다.

순차 패턴은 동시에 구매될 가능성이 큰 상품군을 찾아내는 연관성 측정에서 시간이라는 개념이 포함되어 순차적인 구매 가능성이 큰 상품군을 찾아내는 연관성 추정에서 시간이라는 개념이 포함되어 순차적인 구매 가능성이 큰 상품군을 찾아내는 것을 말한다. 예를 들어, "새 컴퓨터를 구입한 사람들 중 25%는 그 다음 달에 레이저프린터를 구입하고, 12개월 이내에 메모리를 구입하는 경향이 있다."와 같은 연관 규칙을 찾아내는 것을 말한다.

순차 패턴 발견에서의 연관 규칙 X → Y는 "상품 X가 구매되면 일정시간이 경과한 다음에 상품 Y가 구매된다." 라고 해석한다. 순차적 패턴발견은 구매의 순서가 고려되어 상품간의 연관성이 측정되고 이의 정도에 따라 유용한 연관 규칙을 찾는 기법이다. 위의 연관성 측정에서의 자료 형태는 각각의 고객으로부터 발생한 구매의 시점에 대한 정보가 포함되어야 한다. 연관 규칙과 순차 패턴이 다른 점은 연관성 규칙은 X → Y, Y → X가 성립하지만, 순차패턴은 X → Y만 성립한다는 것이다. 다시 말해 연관규칙은 X, Y 중 어느 것이 먼저 일어나도 관계없지만 순차패턴은 반드시 X가 먼저 발생하는 것을 말한다.

순차패턴 마이닝의 주요 알고리즘은 다음의 다섯 단계로 구분할 수 있다.

① 거래의 정렬 단계(Sort Phase): 이 단계에서는 거래 데이터 베이스 원본을 시퀀스 데이터 베이스로 변환시키고 거래 데이터 베이스는 고객의 ID를 주 키로 하고, 거래 시간을 보조키로 하여 정렬되어야 한다.

② 빈도가 높은 항목집합 발견 단계(Litemset Phase): 이 단계에서 빈도가 많은 항목집합(large itemset; litemest) L의 집합을 발견한다. 동시에 빈도가 높은 1-시퀀스의 모든 집합을 발견한다. 즉, 최소 지지도를 만족하는 빈도가 높은 항목집합을 찾는 단계이다. 여기서, 지지도는 항목집합을 포함하는 고객의 수를 의미한다. 한 고객이 다른 거래에서 같은 항목을 사더라도 지지도는 한 번만 계산된다. 구해진 빈도가 높은 항목을 연속된 정수로 변환한다.

③ 거래 데이터 베이스 변환 단계(Transformation Phase): 주어진 빈도가 높은 시퀀스들의 집합이 고객의 시퀀스에 포함되어 있는지를 반복적으로 결정할 필요가 있다. 이러한 검정을 빠르게 하기 위해서 우리는 고객 각각의 시퀀스를 또 다른 표현으로 변

환시킨다. 각각의 거래에서 빈도가 높은 항목집합을 포함하고 있는 거래만을 존속시킨다. 또한 고객의 시퀀스가 어떤 빈도가 높은 항목집합도 포함하고 있지 않다면 이를 제거시키지만 고객의 총 수를 계산에서는 포함시킨다. 이 과정을 통하여 각 거래의 항목들이 거래에 속하는 빈도가 높은 항목으로 대체되는 것이다. 이러한 변환을 통하여 고객의 시퀀스는 이제 빈도가 높은 항목집합의 리스트만으로 표현되게 된다.

④ 빈도가 높은 시퀀스 발견단계(Sequence Phase): 원하는 시퀀스를 발견하기 위해서 빈도가 높은 항목의 집합을 사용한다. 알고리즘의 각 단계는 빈도가 높은 시퀀스를 초기 입력 값의 집합으로 놓고 시작한다. 그러한 초기 입력 값 집합을 새로운 잠재적 빈도가 높은 시퀀스를 생성하기 위해 사용하며, 이러한 잠재 시퀀스를 "후보 시퀀스(candidate sequence)" 라 부른다. 주어진 데이터 베이스를 이용하여 후보 시퀀스에 대한 지지도를 구한다. 사용자가 기술한 최소지지도를 만족하는 후보 시퀀스만이 실제빈도가 높은 시퀀스가 된다. 이러한 빈도가 높은 시퀀스가 다음 단계의 초기 입력 값이 된다. 첫 번째 단계에서 최소 지지도를 가지는 모든 1-시퀀스는 빈도가 높은 항목집합에서 얻어지며 초기 입력값 집합을 형성한다.

⑤ 최대 시퀀스 발견 단계(Maximal Phase): 빈도가 높은 시퀀스들의 집합 중에서 최대 시퀀스를 발견한다. 여기서 구해진 최대 시퀀스(maximal sequence)가 순차 패턴 마이닝의 최종 결과가 된다.

다른 예를 들어보면, 대형 슈퍼마켓에서 고객들의 물품 구매 행태를 데이터 베이스에 저장한다고 하자. 고객 A는 처음에는 담배와 술을, 다음날에는 담배와 신문을, 그 다음날에는 음료수와 과자를 구매했다고 하면 이러한 구매 패턴을 각각 {담배, 술} 이라는 트랜잭션, {담배, 신문}이라는 트랜잭션, {음료수, 과자}라는 트랜잭션으로 나타낼 수 있다. 이들 트랜잭션의 시간적 순서를 고려하면 ({담배, 술}, {담배, 신문}, {음료수, 과자})와 같은 트랜잭션들의 사건들로나타낼 수 있을 것이다. 그 외에 다른 고객의 구매 패턴도 이런 식의 사건들로 데이터 베이스에 저장되어 있을 것이다. 이 사건들을 사용자 시퀀스라고 한다. 이때, 모든 사용자 시퀀스 중 몇%이상 공통으로 나타내는 사건들, 조합을 찾는 것이 순차 패턴이다.

2. 순차적패턴의 활용

이런 순차 패턴 마이닝을 어디에 어떻게 사용할 수 있을까? 대표적으로 앞의 예와 같은 사용자 구매 조합들의 패턴을 조사해, 고객이 다음 방문 시 구매할 것으로 예상되는 물품에 대한 선전물이나 쿠폰을 집으로 보내주는 등의 서비스를 할 수 있을 것이다. 이러한 서비스를 웹에 적용해 생각해 보자. 전자상거래 사이트에서 고객별로 데이터 베이스에 구매 패턴을 저장해놨다면, 어떤 고객이 향후 방문 시 구매할 것으로 예상되는 물품에 대한 광고나 배너, 또는 하이퍼링크를 화면에 나타내 줌으로써 매출을 올리거나 CRM 등에 사용할 수 있다.

활용 예로써, 홈쇼핑 회사에서 소비자가 구매한 물건의 목록을 관찰하여 다음에 구매할 가능성이 높은 물건들의 쿠폰이나 카달로그를 발송한다던지, 우편주문이나 전자상거래 사이트에서 고객이 미래에 구매할 물건을 예측하는데 사용할 수 있다. 또한 병원의 진료 기록을 보고 과거의 어떤 증상이나 치료과정이 현재 걸린 병을 유발하는 원인이었는지를 찾아내는 데 이용할 수 있다.

또 다른 사례로써 유아용품을 취급하는 어떤 회사는 분유와 기저귀를 처음 구입한 사람은 6개월 후 보행기나 유모차를 구입한다는 사실을 발견하였다. 그래서 이에 기초하여 처음 분유와 기저귀를 구입하는 고객 명단을 추출하여 자사의 보행기와 유모차 할인 쿠폰, 팜플렛을 배포하는 방법으로 판매량을 크게 늘릴 수 있었다.

고객의 니즈가 시시각각 변화하는 경영환경에서 획일화된 매장관리 방법으로 매장의 수익성을 증대시키기에는 한계가 있다. 따라서 고객의 선호 변화를 예측하여 각 매장에 적절한 상품을 추천할 필요가 있다. 로드샵 화장품 브랜드 더페이스샵은 판매 데이터 분석을 통해 시간 순서를 고려한 상품 추천 및 매장관리 방법을 제안받았다. 즉 자기조직화지도(Self Organizing Map) 알고리즘을 이용하여 매장의 판매 프로파일을 군집화하고, 매장 궤적의 예측을 통해 목표 매장을 관리하는 방법을 제시 받은 것이다. 더페이스샵은 고개의 선호 변화를 조사함으로써 어떤 제품이 많이 팔리는지 알 수 있었고 그 제품을 매장에 배치함으로써 수익을 올릴 수 있다. 화장품처럼 유행에 민감하고 라이프사이클이 짧은 특징을 지닌 상품을 판매하는 매장에서 쓰기에 아주 유용한 기법이다.

순차적 패턴에 의한 대부분에 연구는 우편물 첨부를 이용한 직접 마케팅, 고객만족 등에서 시작되었으나 웹 사이트 이용자의 접속 패턴 예측이나 특정 접속자들을 대상으로 한 광고 마케팅 등 다른 경영학 분야에 적용되고 있다.

제8장 웹 마이닝(Web Mining)

제1절 웹 마이닝 개요

기존의 데이터 마이닝에 온라인이라는 개념이 추가되어 웹 마이닝으로 발전되었다.

제1항 웹 마이닝이란?

1. 웹 마이닝의 등장 배경과 정의

인터넷의 확장과 온라인 비즈니스가 일반화되고, 인터넷을 통한 전자상거래가 새로운 사업의 기회로 인식되면서 웹에 대한 연구가 활성화되었다. 또한 데이터의 생산과 저장 및 처리 기술의 혁신적인 발전은 온라인 활동에 대한 방대한 양의 데이터의 기록이 가능해졌고, 이러한 데이터는 접속자의 행위에 대한 가치있는 정보를 내포하고 있다. 가장 일반화되어 있는 분야는 웹로그 데이터에 대한 분석이다. 분석툴에 의해 분석되는 로그 분석 결과는 동적인 웹서비스와 개인화된 웹서비스의 개발에 충분하지 않았다. 이러한 부족함을 극복하기 위하여 데이터 마이닝을 웹에 적용하고자 하는 노력이 계속되어 왔다.

웹 마이닝이라 함은 널리 알려진 의미로 다음과 같이 정의될 수 있다.

> 웹 마이닝(Web mining)은 웹 자원으로부터 의미 있는 패턴, 프로파일, 추세 등을 발견하기 위하여 데이터 마이닝 기술(많은 데이터 가운데 숨겨져 있는 유용한 상관관계를 발견하여 미래에 실행 가능한 정보를 추출해 내고 의사결정에 이용하는 과정)을 응용한 것이다. 그 활용분야에는 정보필터링, 경쟁자와 특허 그리고 기술개발 등의 감시, 이용도 분석을 위한 웹 엑세스 로그의 마이닝, 브라우징(고객의 웹에서의 이동경로 탐색) 지원 등이 있다.

끊임 없는 경영환경의 변화는 기업의 경영성과의 예측 불가능성을 높이고 있고, 또한 끊임없는 혁신 또한 요구하고 있다. 기업의 경영성과는 고객이 창출하는 만족을 통한 수익극대화만이 기업의 생존을 보장한다. 시장의 변화가 고객 중심으로 이동하면서 보다 세분화되고 있는 고객의 니즈에 초점을 맞추어야 한다. 그러므로 기업은 이 니즈를 파악하기 위하여 많은 노력을 기울여야 한다.

마케팅적 측면에서 고객관계관리는 고객에게 기업이 주는 가치를 재평가 하고, 기업의 한정된 공급 역량을 효율적으로 집중한다는 데서, 경쟁력을 강화하고 기업의 최종 목표인 기업의 영속성을 유지하기 위한 방편이라 할 수 있다.

기업이 고객관계관리에서 한 방편으로 웹 마이닝을 선택하게 된 기술적 배경은 정보기술의 발달과 네트워크 인프라의 급성장에 기인한다. 인터넷의 쌍방향성은 고객에게 새로운 대화 채널을 형성함으로써, 기존의 물리적 채널보다 3A(Anytime, Anywhere, Anyplace)의 항상성을 지원하고, 기업 또한 그 항상성을 이용하여 더욱 효과적인 데이터 마이닝을 가능케 하였다.

다른 측면에서 웹 마이닝이란 웹의 정보로부터 데이터 마이닝 툴을 사용하여 유용한 정보를 발견하고 분석하는 일련의 프로세스이다. 웹 마이닝에 사용되는 데이터는 일반적인 로그분석에 사용되는 데이터에 고객의 데이터와 웹사이트 컨텐츠와 관련한 웹 데이터의 해석이 동시에 이루어져야 한다.

웹 마이닝은 분석의 바탕이 웹 환경이란 점이 일반적 데이터 마이닝과 구분될 수 있으며, 이러한 특성으로 여러 유의미한 추가적 내용을 발견할 수 있다. 웹에서 제공하는 하이퍼링크 또한 일반적인 데이터 마이닝과는 다른 형태의 문서간의 구조화에 대한 독특한 특성을 나타낸다.

웹 마이닝의 단계

① 자료 수집

웹 사이트를 구성하고 있는 웹 페이지 및 웹과 연동되는 데이터 베이스, 웹 사이트의 구조 정보, 웹 사이트 사용자가 웹 서버에 접속한 정보가 기록된 웹 서버 로그 파일, 사용자의 프로필 등의 정보를 직접 또는 에이전트를 이용하여 수집한다.

② 전처리 과정

준비된 데이터들에 마이닝 작업을 수행할 수 있도록 필터링 한다. 그리고 정제(cleansing), 변형(transforming) 등의 작업을 하여 데이터를 재구성한다.

③ 일반화

각 목적에 맞는 다양한 데이터 마이닝 알고리즘을 적용하여 하나의 혹은 여러 개의 웹 사이트에 대해서 일반적인 패턴을 자동으로 발견한다.

④ 분석

데이터 마이닝을 통해 발견된 패턴과 결과를 적절한 검증 기법을 이용하여 해석·검증한다.

2. 웹 마이닝(Web Mining)의 정의

e-CRM의 핵심기술은 인터넷상에서 고객의 활동 내역을 분석해내는 웹 마이닝(Web Mining)이라고 볼 수 있다. 웹 마이닝이란 웹의 정보로부터 데이터 마이닝 툴을 사용하여 유용한 정보를 발견하고 분석하는 일련의 프로세스이다. 인터넷상에서 발생한 실시간 정보를 다양한 알고리즘 기법에 맞춰 일정 패턴을 찾아내는 것으로 e-CRM의 핵심기술로 사용되고 있다.

1990년도 후반부터 인터넷 사용이 폭발적으로 늘어나면서 웹을 이용하는 고객의 데이터를 수집하고 분석하여 일정한 패턴을 찾아내는 웹 데이터 마이닝이라는 분야가 생겨났다. 기존의 데이터 마이닝 기법과 비교하여 중요한 차이가 날 만큼 새로운 것이 아니라 이용되는 데이터가 웹데이터이다 보니 자연스럽게 웹 데이터 마이닝이라는 용어를 쓰게 되었다. 따라서 데이터 관련 인프라, 마이닝 프로세스, 사용기법 등은 기존의 데이터 마이닝 구조와 유사하다고 볼 수 있다.

웹 마이닝의 작업은 데이터 마이닝 작업과 유사하다. 하지만 확연히 구분될 수 있는 기준은 분석 대상인 데이터의 종류이다. 이에 따라 마이닝의 작업유형인 연관규칙, 연속규칙, 군집과 등을 동일하게 적용시킬 수 있다. 웹 마이닝의 작업에는 데이터 마이닝과 다른 접속자의 탐색 특성을 발견하는 접속경로분석(Path Analysis or Click Stream Analysis)등이 특별히 다른 점이다. 경로분석은 경로를 탐색하여 웹페이지의 구조를 접속자의 선호나 필요에 맞게 합리적으로 리모델링(Remodeling) 할 수 있게 한다.

웹 마이닝의 목적 중 하나는 개인화된 사용 추적으로 개별적인 웹 사용자의 행동 패턴과 성향을 파악하고 이를 통해 웹사이트를 사용자에 맞게 개인화시키는 것이다. 즉 웹 사용자의 행동 패턴에 근거해서 웹사이트에 제시되는 정보, 웹 사이트의 구조 등을 개인화 하는 것이다. 웹 사이트를 개인화 하려면 웹서버로그 뿐만 아니라 고객정보, 거래정보를 통합하여 분석해야 하는데, 이를 통해서 제품 추천(recommendation)이나 개인화된 광고 등을 제공할 수 있다. 이러한 개인화된 웹 사이트를 적응형 사이트(adaptive site)라고 부르는데, 웹 사용자의 행동 패턴을 학습하고, 행동 패턴에 맞게 스스로 자신을 향상시키는 웹 사이트를 말한다.

인터넷 사용자가 웹 사이트를 방문하면 웹 서버에는 사용자가 요청한 서비스나 방문 페이지, 방문 시간 등에 대한 정보를 파일 형태로 저장하게 되는데 이를 웹 로그 파일이라 한다. 웹 사이트 운영자는 웹 로그 파일을 이용하여 웹 사이트 사용자들의 행동 패턴을 분석하여 유용한 정보를 얻어내기 위해 데이터 마이닝을 웹에 적용하게 되었고, 이를 웹 마이닝이라 하는 것이다.

웹 마이닝은 웹 서버 로그(web server log)는 물론 웹 상에서 존재하는 모든 데이터(고객 신상정보, 구매기록, 장바구니 정보 등)를 대상으로 웹 데이터간의 상관관계를 자공적으로 밝혀내고, 웹 사용자의 의미 있는 접속 행위 패턴을 발견하는 과정이라 말할 수 있다. 웹 마이닝은 고객이 웹사이트에서 무엇을 찾고, 무엇을 하기를 원하는지 등에 관한 분석을 통하여 고객의 성향 및 행동을 예측할 수 있는 내용을 제공함으로써 고객대응전략에 맞는 비즈니스 방형을 제시해주며, 개별 고객의 욕구에 맞게 제공하는 비즈니스를 일반화하는 기회를 제공한다.

3. 웹 마이닝의 분류

웹 마이닝은 웹을 이용하는 고객의 데이터를 수집하고 분석하여 일정한 패턴을 찾는 일련의 기법들을 총칭한다. Cooley와

Mobssher는 웹 마이닝은 크게 웹 컨텐츠 마이닝(Web Contents Mining)과 웹 이용 마이닝(Web Usage Mining)으로 분류하였다.

웹 컨텐츠 마이닝은 전통적인 웹 검색 엔진의 한계를 극복하고 정보의 품질을 위한 보다 지능적 도구를 개발하기 위한 노력으로 시작되었다. 웹 컨텐츠 마이닝은 다시 에이전트 기반의 접근법과 데이터 베이스 접근법으로 나누어 볼 수 있다. 에이전트 기반 웹 마이닝(Agent based Web Mining) 시스템은 지능적 검색 엔진, 정보 필터링, 개인화 된 웹 에이전트(Personalization Web Agent)는 세 개의 범주를 포함하고 있으며 데이터 베이스 접근법에 의한 웹 마이닝(Database based Web Mining)은 웹에 존재하는 반구조화(Semi-Structure) 된 데이터를 보다 구조화 된 자료의 집합으로 조직하기 위한 기술과 데이터 마트를 이용한 분석 기술에 초점을 두었다. 데이터 베이스 접근법은 다층데이터 베이스(Multi-database)와 웹 질의 시스템(Web Query System)을 포함하고 있다. 웹 이용 마이닝은 하나 혹은 그 이상의 웹서버에 접속하는 접속자의 연속 패턴을 자동적으로 발견하는 것이다.

한편, Kosala와 Blockeel 는 웹 마이닝을 세 가지 범주로 구분하였다. 웹 컨텐츠 마이닝(Web Contents Mining), 웹 구조 마이닝(Web Structure Mining), 웹 이용 마이닝(Web Usage Mining)들 이다. 검색엔진과 웹 스파이더에 의해 수집된 데이터를 검사하는 웹 컨텐츠 마이닝은 웹의 컨텐츠, 자료 문서로부터 유용한 정보를 발견하는 것으로 정의된다. 웹 컨텐츠는 비구조화 된 텍스트 데이터와 반구조화된(HyperLink) HTML, 문서, 가장 구조화된 테이블이나 데이터 베이스에 포함된 데이터 등으로 구성되어 있다. 웹 컨텐츠 마이닝은 정보검색과 데이터 베이스 관점으로 구분하였다. 특정 웹 사이트 구조와 관련된 데이터를 조사하는 웹 구조 마이닝은 웹 문서 내의 하이퍼링크 구조에 초점을 두고 웹에 링크 된 하위의 구조의 모델을 발견하고자 한다. 모델은 링크 된 하이퍼링크 토폴로지(HyperLink Topology)에 기반하여 범주화 혹은 군집화 한다. 한번이라도 이용했던 형태의 데이터는 물론 특정 사용자의 브라우저와 관련된 데이터를 조사하는데 사용되는 웹이용 마이닝은 웹 접속자의 세션이나 행동에 의해 생성되는 데이터를 탐색하여 웹 접속자가 웹과 상호작용 하는 동안 접속자의 행동을 예측하고자 하는 기술

<표 8.1> 웹 마이닝에 대한 분류

	Web Content Mining		Web Structural Mining	Web Usage Mining
	1R 관점	DB 관점		
데이터 관점	- 비 구조적 - 반 구조적	- 반 구조적 - Web site as DB	- 링크 구조	- Interactivity
주요 데이터	- 웹 페이지 - 하이퍼텍스트 문서	- 하이퍼텍스트 문서	- 링크 구조	- 서버 로그 - 클라이언트 로그
표현	- Bag of word, n-gram - 단어, 문장	- Edge-labeled graph(OEM) - 관계	- 그래프	- 관계 테이블 - 그래프
방법론	- 기계적 학습 - 통계기법	- Proprietary 알고리즘 - 연관성 규칙	- Proprietary 알고리즘	- 기계학습 - 통계기법 - 연관성 규칙
적용 분야	- 그룹화 - 군집화 - 추출규칙 탐색 - 문장의 패턴 탐색 - 사용자 모델링	- 하위구조의 빈도 탐색 - 웹 사이트 구조 탐색	- 그룹화 - 군집화	- 사이트 개발, 적용, 관리 - 마케팅 - 사용자 모델링

에 초점을 둔다.

1) 웹 컨텐츠 마이닝(Web Contents Mining)

웹 컨텐츠 마이닝은 웹의 컨텐트에서 유용한 정보를 찾는 방법이다. 즉 웹 정보 검색 및 활용의 패턴을 찾아 분석하는 것으로 웹 페이지에 수록된 컨텐츠의 검색 및 활용에 관한 정보를 수집한다. 웹의 컨텐트에는 텍스트 문서뿐 아니라, 이미지, 오디오, 동영상, 메타데이터, 하이퍼링크 등과 같은 다양한 형식의 데이터가 존재한다. 이런 데이터들을 마이닝하기 위해서는 비구조적인 텍스트 문서와 HTML과 XML같은 반구조적(semi-structured)인 문서, 데이터 베이스에 테이블로 저장되어있는 구조적인 문서로 구분하여 데이터에 접근할 수 있다. 따라서, 웹 컨텐츠 마이닝의 두 가지 관점으로는 정보 검색 접근 방식과 데이터 베이스 접근 방식이 있을 수 있다. 정보 검색 접근 방식에서는 사용자가 제공하거나 추론된 프로필로부터 정보를 찾고 필터링하는데 사용하는 것이고, 데이터 베이스 접근 방식에서는 웹 데이터의 구조를 찾아냄으로써 모델링하고, 키워드가 아닌 다른 효과적인 질의가 가능하도록 하는 것이다.

웹사이트의 컨텐츠, 자료, 정보 등의 관계를 분석하여 사용자의 요구에 가장 잘 부합하는 내용(사용자의 만족, 기호, 관심)을 보여줄 수 있도록 자동으로 찾아주는 프로세스이다. 웹사이트의 컨텐츠, 자료, 문서에서 유용한 정보를 찾는 웹 마이닝 방법으로 예전과 달리 텍스트 문서뿐 아니라, 이미지, 오디오, 동영상, 메타데이터 등과 같은 다양한 데이터 형태(Fromat)로 구성되어 존재한다. 이러한 멀티미디어 데이터 마이닝 또한, 웹 컨텐츠 마이닝에 포함되어질 수 있으나, 현재까지 주된 흐름은 텍스트 문서 데이터에 연구가 집중되고 있다.

웹에 존재하는 문서는 비구조적인 무제약 텍스트 문서(Ascii 파일이나 Binary Document)나 HTML과 같은 반구조적(Semi-Structured) 문서, 데이터 베이스에 테이블로 저장되어 있는 구조적인 문서로 구분하여, 데이터에 접근할 수 있다. 따라서, 웹 컨텐츠 마이닝의 목표는 정보검색(IR: Inormation Retrieval) 접근방식과 데이터 베이스 접근방식이 있을 수 있다. 정보 검색 접근 방식에서는 사용자가 원하는 정보를 빠르게 찾을 수 있도록, 검색 능력을 향상시키는 것(Search Engine: 자연어 처리스세팀)인 반면에, 데이터 베이스 접근 방식에서는 웹데이터, 비구조적이거나 반구조적인 문서를 포함한 모든 문서에 구조를 찾아냄으로써, 효과적인 질의(SQL)를 가능하도록 하는 것이다.

2) 웹 구조 마이닝(Web Structure Mining)

웹 구조 마이닝은 웹 사이트의 링크 구조를 모델링하는 것으로, 웹 페이지를 분류하고 각 페이지들간의 유사성이나 관계 정보를 찾아내는 작업이다. 즉, 웹 이용자들이 어떻게 웹서핑을 하는지에 경로분석을 하여 웹 사용자에게 최적의 접속경로가 제공될 수 있게 웹 페이지를 조합하고 배열할 수 있게 하는 분석방법이다. 웹 페이지 내의 하이퍼 링크 구조에 초점을 두고 엡에 링크된 하위 구조의 모형을 발견하고자 하는 것으로 이해할 수 있으며, 유사한 웹페이지를 군집화하거나 서로 다른 사이트 간의 관계에 관한 정보를 얻는데 유용하다. 웹 구조 마이닝은 많이 참조되는 사이트(Authority Site)와 이런 문서들을 많이 연결해 놓은 사이트(Hub Site)를 찾는 작업을 수행한다. 최근에는 이러한 것을 이용하여 사이트들을 분류하거나 작은 공동체(Micro Community)를 찾는데 적용되어지기도 한다. 웹 구조 마이닝은 다시 웹 페이지 간의 하이퍼링크를 분석 대상으로 한 외부적 구조 마이닝과 웹 페이지 내의 하이퍼링크를 분석 대상으로 하는 내부적 구조 마이닝 그리고 URL을 분석 대상으로 하는 URL마이닝으로 구분된다.

3) 웹 사용 마이닝(Web Usage Mining)

웹 사용 마이닝은 사용자가 웹에 접속하여 만들어진 데이터나 세션에 의해 만들어진 데이터를 분석하여 사용자의 탐색에 관한 패턴이나 접속자의 관심 분야 등의 의미를 찾아내는 작업이다. 분석 대상이 되는 데이터로는 사용자의 접속 내용이 웹 서버에 저장되는 웹 서버 로그 등의 로그 데이터, 사용자 프로필, 사용자 세션, 북마크 데이터, 쿠키, 마우스 클릭과 스크롤, 웹 상에서 사용자가 직접 작성한 등록 정보, 설문조사 등이 있다.

웹 사용 마이닝은 웹 서버에 저장된 웹로그 데이터를 통해 웹 서버 접속자의 접속 패턴을 발견하고 분석하는 프로세스를 말한다. 이러한 웹 사용 마이닝에 사용되는 데이터는 웹 서버 로그 파일, 프락시 서버 로그 파일 등 웹로그 파일 뿐만 아니라 접속자의 프로파일, 로그인 데이터, 사용자의 세션이나 거래, 쿠키, 사용자 질의, 북마크 데이터, 마우스 클릭이나 스크롤 등 사용자의 웹사이트 사이에 발생하는 모든 데이터를 사용한다. 웹 서버의 로그 데이터를 분석하는 웹 로그 분석도 웹 이용 마이닝의 한 분야라고 할 수 있다. 일반적으로 웹사용 마이닝의 경우 대부분의 데이터 마이닝 기법들을 그대로 이용할 수 있는데 크게 두 가지 주된 어플리케이션이 있다. 하나는 접속자의 프로파일을 학습하거나 접속자를 모델링하여 순응적인 인터페이스를 제공하는 등 효과적인 웹 사이트 구축과 운영에 이용할 수 있으며 다른 하나는 접속자의 탐색 패턴을 학습하여 고객의 평생가치 측정, 교차판매 전략, 세분화된 고객 분류에 따른 목표 광고, 캠페인 효과 측정 등에 응용할 수 있다. 웹사용 마이닝은 최근 개인화라고 하며, 웹에 접속하는 사용자별 서비스를 제공하거나, 사이트 개선, 개인화 맞춤서비스, 시스템 개선, 사이트 개선, 업무프로세스 개선, 사용자 특성분석 등을 통하여 마케팅에 사용되고 있다.

웹 사용 마이닝은 웹을 이용하는 행동 데이터를 수집하여 웹 이용자의 패턴을 분석함으로써 웹 이용자의 행동을 분석하는 것으로 웹 로그 파일을 많이 이용한다. 주로 이용되는 로그 파일들은 다음과 같다.

- 액세스 로그: 일반적인 사이트 방문 기록 등을 기록하며, 웹 사이트 방문시간 및 방문경로를 파악할 수 있는 기초적 정보를 제공하는 로그 파일로 방문자IP, 도메인 네임, 파일 요청시간, 처리시간, 요청한 파일의 종류 및 결과 등을 제공한다.

- 레퍼럴 로그(Referrer Log): 해당 웹 페이지를 요청하기 전에 어디에 있었는지에 대한 정보를 가지고 있는 로그파일이다. 방문자가 어디를 통해서 방문했는지에 대한 정보. 방문자의 이용 검색엔진, 키워드, 거친 URL경로 등 연결 관계에 대한 근거를 제공한다.
- 에이전트 로그: 방문자의 웹 브라우저 종류, 운영체제 등에 관한 정보를 제공하여 최적화된 사이트 구성의 단서를 제공한다.
- 에러 로그: 웹 서버의 오류에 대한 모든 정보를 제공한다. 존재하지 않는 파일, 서버 설정에 대한 오류 등을 통해 사이트의 신뢰성을 개선하는 근거를 마련해주는 로그 파일이다.

4. 웹 마이닝의 활용

웹 마이닝이란 웹서버로그(web server log)로부터 웹 사용자의 의미 있는 접속 패턴을 발견하는 과정이다. 웹서버는 웹사이트 사용자의 행동 패턴에 대한 정보를 웹 서버 로그 파일에 저장하는데 여기에는 IP 주소, HTTP 요청 페이지, 요청에 응답한 시간 등 사용자에 관한 귀중한 정보가 들어 있다. 이에 따라 웹 사이트 운영자는 웹 서버 로그 파일을 분석함으로써 사용자의 관심 이 어느 곳에 있는지, 자신의 사이트가 사용자의 요구를 잘 반영하고 있는지를 파악할 수 있고, 이를 통해 웹 사이트의 디자인과 성능 등을 개선할 수 있을 뿐 아니라 효과적인 마케팅 전략을 세울 수도 있다.

또한 고객 개개인을 분석하여 고객의 가치를 측정할 수 있고 교차판매를 유도할 수 있으며 캠페인을 효과적으로 수행하기 위한 정보를 얻을 수도 있다.

웹 마이닝의 목적 중 하나는 개인화된 사용 추적으로 개별적인 웹 사용자의 행동 패턴과 성향을 파악하고 이를 통해 웹 사이트를 사용자에 맞게 개인화시키는 것이다. 즉 웹 사용자의 행동 패턴에 근거해서 웹 사이트에 제시되는 정보, 웹 사이트의 구조 등을 개인화하는 것이다. 웹 사이트를 개인화 하려면 웹 서버 로그뿐만 아니라 고객정보, 거래정보를 통합하여 분석해야 하는데, 이를 통해서 제품 추천이나 개인화된 광고 등을 제공할 수 있다. 이러한 개인화된 웹 사이트를 적응형 사이트(adaptive site)라고 부르는데, 웹 사용자의 행동 패턴을 학습하고, 행동 패턴에 맞게 스스로 자신을 향상시키는 웹 사이트를 말한다.

1) 경로 완성(Path Completion)

웹 마이닝을 수행하기 위해 꼭 거쳐야 되는 절차 중의 하나가 바로 경로 완성 단계이다. 경로 완성은 웹 서버 로그 파일에 저장되지 않은 중요한 요청 페이지들을 찾아내어 사용자 행동이력에 포함시키는 과정이다. 이 과정이 필요한 이유는 브라우저 캐시(cache)에 그 원인이 있다. 대부분의 브라우저는 PC의 파일 시스템에 있는 로컬 객체 캐시에 최근 불러온 HTML 파일, 이미지 파일과 같은 객체를 저장해 놓고, 웹 사용자가 그 페이지로 다시 오면 웹 서버에 페이지 요청을 하지 않는 대신 캐시 안에 저장되어 있던 페이지를 불러온다. 이런 경우 웹 서버 로그에는 이 사건에 대한 아무런 기록도 저장되지 않는다. 경로 완성은 이와 같이 브라우저 캐시에 의해 기록되지 않은 요청 페이지들을 찾는 과정이라 하겠다.

2) 패턴 발견(Pattern Discovery)

패턴 발견은 웹 마이닝의 가장 중요한 단계이다. 이것은 패턴 발견의 여러 기법을 이용하여 사용자들의 패턴을 찾아내는 과정으로 여기서 찾아낸 패턴을 이용하여 고객의 성향을 파악하고 행동을 예측하는 등의 고객 응대 전략을 세우게 된다. 패턴 발견 과정에서는 연관성 규칙, 순차적 패턴, 군집화, 분류 등의 기법을 사용한다.

웹 마이닝에서의 연관성 규칙은 함께 접속하게 되는 페이지를 뜻한다. 예를 들어 AB와 같은 연관성 규칙은 페이지 A를 보는 고객은 페이지 B도 본다는 의미이다. 연관성 규칙을 평가하는 기준으로는 지지도(support), 신뢰도(confidence), 향상도(lift or improvement)가 있다. 연관성 규칙 AB의 지지도는 전체 사용자 중에서 페이지 A와 페이지 B를 모두 접속한 사용자의 비율로 표현된다. 즉, 두 페이지를 모두 볼 확률 P(AB)를 의미한다. 신뢰도는 페이지 A를 본 사용자 중에서 페이지 B도 본 사용자의 비율을 나타낸다. 즉, 조건부 확률 P(B|A)로 표현할 수 있다. 향상도는 전체 사용자 중에 페이지 B를 본 사용자의 비율, P(B)와 페이지 A를 본 사용자 중에서 페이지 B를 본 사용자의 비, 즉, 신뢰도 AB의 비율로 나타낸다. 즉, P(B|A)/ P(B)가 된다. 이는 페이지 A를 본다는 것이 페이지 B도 역시 방문하도록 만드는가를 재는 값으로 1보다 크면 페이지 A가 페

이지 B의 방문비율을 높게 하는 것이고 1보다 작으면 연관성이 낮다는 것을 의미한다. 그러므로 의미있는 연관성 규칙은 일정값 이상의 지지도와 신뢰도를 가져야 하고, 향상도가 1 이상이 되어야 한다.

한편 순서를 갖는 연관성 규칙을 찾아낼 수도 있는데 이를 순차적 패턴이라 한다. 순차적 패턴은 시간순서로 된 방문(혹은 구매)의 집합에서'어느 한 페이지의 접속이 다른 페이지의 접속 이후에 나타난다'와 같은 방문(혹은 구매)간의 패턴을 찾는다. 순차적 패턴 발견을 통해 웹 사이트 운영자는 앞으로의 사용자 접속 패턴을 예측할 수 있다.

제2항 e-CRM과 웹 마이닝

e-CRM과의 통합을 통해 인터넷 비즈니스는 저비용의 매스 비즈니스 수준에서 정교하게 타겟팅 된 수익성 높은 비즈니스의 모습으로 변화될 수 있다. 이들 간의 연계와 상호 보완적인 기능의 통합은 더 이상 새로운 시장이 생겨나기 어려울 정도로 포화상태에 이른 시장에서 기업의 생존과 지속적인 성장을 위한 통합된 고객중심 마케팅 전략 실행으로의 혁명을 실제로 가능하게 될 것이다.

e-CRM에서 웹 마이닝은 다음과 같은 이유로 필요하다. 첫째, 고객들을 개별적으로 파악하고 대우하려면 고객 세분화를 위한 웹 마이닝의 사용이 필요하다. 즉, 개별고객의 가치를 기준으로 제공하는 혜택 및 고객 서비스 수준을 차별화하거나, 동일 가치를 갖는

고객들도 개인 특성 및 요구에 따라 혜택 종류나 의사전달 방법을 다양화하기 위해서 필요하다. 둘째, 고객가치의 극대화를 통한 수익창출을 위해서이다. 즉, 연관성 분석을 통한 교차판매를 수행하기 위해서, 최소의 비용으로 최대의 이익을 얻을 수 있는 높은 가치의 고객을 확보하기 위해서, 그리고 잠재가치가 높은 기존 고객 유지 및 상승·교차 판매를 통해 고객가치의 극대화를 추구하기 위해서 필요하다. 셋째, 쌍방적이고 지속적인 고객과의 관계 구축을 중시하기때문에 필요하다. 즉, 타겟 고객 선별을 위해 웹 마이닝이 필요하며, 특정거래와 상관없이 지속적으로 email 같은 상호 교류 매체를 활용하여 고객과의 연대성 강화를 위해서 필요하다. 마지막으로 정량화된 고객 반응 분석을 통해 각각의 활동을 끊임없이 보완·개선하고 고객 개개인의 정보를 추적·분석하여 마케팅을 계획하는데 반영하기 위해서 웹 마이닝은 필요하다.

효율적인 e-CRM을 위해서 꼭 필요한 것 즉, 고객에 대한 특성 정보와 구매 의사결정 기준, 그리고 구매행위에 대한 정보를 획득하고 관리하는 과정에는 상당한 비용과 시간이 소요되며, 그 보다는 최초에 입력되는 고객 정보는 신뢰성이 부족하여, 지속적으로 갱신되지 않으면 e-CRM을 통해 얻을 수 있는 이점은 거의 없다.

이렇게 수집된 데이터가 각종 통계, 데이터 마이닝 기법으로 분석되어 고객 개개인을 타켓으로 한 수준 높은 마케팅 조치가 설계될 수 있기 때문에 기존의 CRM과 그 격이 달라진다. 웹 사이트에서 수집한 고객등록 정보들과 그 내용들에 대한 마이닝을 통해 기업은 인구통계 학적 소비자 선호도를 발견하고 특정 광고나 배너를 포지셔닝 할 수 있도록 하는 기초 자료를 추출할 수 있다.

새로운 데이터나 정보가 웹 사이트를 통해 수집되면 이 정보들은 지속적으로 데이터 웨어하우스로 통합되어 향후의 의사결정에 도움을 주는 분석결과를 제공하고, 데이터 베이스 마케팅과 전략기획을 위한 자료로 활용되는 것이다. 또한 웹 사이트 데이터 마이닝을 통해서 온라인상에서 제공하는 서비스와 제품간의 연관관계를 밝혀내어, 적절한 제품이 적절한 서비스와 함께 판매가 되고 있는지의 여부를 밝혀내게 할 수도 있다.

데이터 마이닝을 통해서 기업은 웹 사이트의 패턴을 의미 있는 정보로 종합해내고, 인터넷상의 고객들과 예상치들을 이해하고 연관시킬 수 있게 된다. 데이터와 웹이 제공하는 방대한 사업지식의 흐름에 근거한 웹 데이터 마이닝은 온라인 고객과의 관계를 생성하고 유지시키며 생산성 있는 상점의 최전선을 구축하는데 있어 결정적 열쇠가 되는 것이다. 즉, 고객이 웹사이트에 방문하여 등록할 때 입력한 고객의 신상정보와 고객이 접근한 시간, IP주소, Agent 등의 정보를 바탕으로 고객이 재방문하였을 때 고객이 관심 있을만한 정보를 동적으로 서비스해 준다.

1. e-CRM의 웹 마이닝의 작업

e-CRM의 웹 마이닝의 작업은 데이터 마이닝과 유사하다. 하지만 확연히 구분될 수 있는 기준은 분석 대상인 데이터의 종류이다. 이에 따라 마이닝의 작업 유형인 연관규칙, 연속규칙, 군집화 등을

동일하게 적용시킬 수 있다. 웹 마이닝의 작업은 데이터 마이닝과 다른 접속자의 탐색 특성을 발견하는 접속경로분석(Path Analysis or Click Stream Analysis) 등이 특별히 다른 점이다. 경로 분석은 경로를 탐색하여 웹페이지의 구조를 접속자의 선호나 필요에 맞게 합리적으로 리모델링 할 수 있게 한다. (<표 8.2> 참조)

<표 8.2> 웹 마이닝 작업

웹 마이닝 작업	내용 및 특성
연관규칙	- 아이템간의 연관성 탐색 - 데이터의 크기에 의존적 - 효과적 마케팅 의사결정, 사이트 구조개선, 교차판매, 메일 서비스
연속규칙	- 접속 방문 패턴 예측 - 타겟 광고, 맞춤형 제품 & 서비스(특정시간, 특정사이트 방문 접속자의 특성, 특정 페이지 접속 시간 간격에 대한 정보)
분류규칙	- 부류 값에 따라 데이터를 분류, 예측 모형 설계 - 타겟 마케팅, 이-메일 응답자의 특성 파악
군집화	- 유사한 특성을 갖는 아이템을 그룹화 - 고객 세분화 - 개인화된 컨텐츠 제공, FAQ 정보
경로 분석	- 가장 빈번히 방문되는 경로 탐색 - 연관 규칙과 연계 - 합리적인 경로 설계

2. e-CRM의 웹 마이닝 프로세스

웹 마이닝 프로세스가 데이터 마이닝 프로세스와 다른 점은 분석 대상인 데이터의 차이에 있다. 우선 로그 데이터의 특성상 오프라인의 데이터 정제과정과 다른 의미의 정제과정이 필요하며, 웹 마이닝의 분석 데이터의 원천(Raw Source)이 웹로그 데이터, 회원 정보 데이터, 컨텐츠 데이터로 구성된다는 점에서 데이터 마이닝과는 다소 다른 프로세스를 갖게된다. 데이터 마이닝 프로세스를 크게 구분하면 데이터 사전 준비, 모형 개발, 데이터 마이닝 결과의 해석 이렇게 세 단계로 나눌 수 있듯이 웹웨어하우스가 구축된 상태에서 웹 마이닝의 프로세스를 크게 구분하면 데이터 마이닝의 프로세스와 같다고 볼 수 있다.

- 로그 데이터의 클리닝(Log Data Cleaning) : 분석에 불필요 항목을 제거하는 필터링 과정
- 트랜잭션 구분(Transaction Identification) : 세션(Session)의 인식 및 구분을 통하여 유효한 트랜잭션의 기준을 가지고 트랜잭션을 구분
- 데이터 통합 : 유효한 트랜잭션 데이터, 컨텐츠 데이터 그리고 사용자 프로파일 데이터(사용자 정보를 통한 접속자 구분)를 결합하여 하나의 의미 있는 통합 데이터 베이스로 구축한다. 웹웨어하우스의 구축이 이 단계에 해당한다.
- 데이터 변형 : 데이터의 분석 목적에 맞게 결합, 분리, 첨가하며, 적용하고자 하는 웹 마이닝 작업에 적당한 형태의 목적형 데이터 마트를 생성
- 패턴의 발견(분석 모형 개발): 기초 분석을 통해 데이터에 대한 전반적 이해를 가지고 분석 목적에 맞는 패턴을 개발(발견)하고 모형의 타당성을 평가
- 패턴분석(결과해석): 발견된 패턴의 결과치를 분석하며 추가적

처리가 필요한지 검토

제3항 소셜 CRM과 웹 마이닝

앞에서 언급한바와 같이 소셜 CRM은 소셜 네트워크 서비스상에서 발생하는 다양한 데이터를 분석하여 마케팅에 활용하는 것이다. 따라서 다양한 데이터 마이닝 방법들, 즉 웹 마이닝 방법들을 사용하여 이를 수행한다.

소셜 미디어 이용정보와 함께 모바일 환경에 의한 사용자 위치정보를 활용하여 실시간으로 서비스 사용자(고객)의 행동패턴, 선호도와 고객경험을 파악하는 상황인지(context awareness)가 일부 가능해졌으며, 이를 바탕으로 기업들은 자사의 서비스나 제품 등 다양한 오퍼를 고객의 상황에 맞게 즉시 추천할 수 있게 되었다.트위터의 타임라인, follower 혹은 리트윗을 통해 전달된 맛집 정보, 특정 상품 사용후기 등을 분석한다면, 전통적인 서베이를 통한 시장조사보다 즉시성과 역동성을 지닌 결과를 얻을 수 있을 것이다.

앞장에서 알아보았던 몇 가지 웹 마이닝 방법들이 소셜 CRM에 도입되고 있는 사례를 살펴보도록 하겠다.

1. 연관규칙

앞에서 논의된것처럼 연관성 규칙은 하나의 세션에서 발생한 아이템 사이의 연관성을 찾아 주는 마이닝 기술이다. 웹 사용 마이닝에서는 사용자가 하나의 세션에서 본 페이지들 사이의 연관성을 찾아준다. 이를 통해 사용자가 웹 사이트를 방문해서 함께 참조하는 페이지 정보를 얻을 수 있다.

예를 들어서 사이버머니의 충전 및 사용시 사용자들은 게임이나 선물가게 등을 구매 예정지로 함께 보는 경향이 있다. 오래된 대표적인 사례로 '싸이월드'에서 사이버머니인 도토리의 구매 시 도토리가 사용 가능한 지역을 연관성으로 묶어진 사이트라 분석하여 함께 알려줌으로써 더욱 더 많은 사이버머니의 소비를 권유한다. 이것은 한 번에 함께 산 물건들에 관한 연관 규칙을 찾아내어 나타내는 기술이다.

2. 순차적 패턴

연관 규칙은 물건을 한 번에 살 때 같이 구매한 것들을 이용해 규칙을 찾는 것인 반면, 순차 패턴 발견은 순서대로 일어난 데이터를 분석해 빈도수가 높은 순차 패턴을 찾아내는 기술을 말한다. 예를 들어 비디오 대여점에서 고객의 데이터를 분석해 '포레스트 검프'를 빌려본 고객은 나중에 아폴로 13이나 캐스트 어웨이를 함께 빌려 본다는 패턴을 발견했다고 가정하자. 이러한 패턴 정보를 편의상 '({포레스트 검프}) → ({아폴로 13, 캐스트 어웨이})'로 나타내보자. 이 순차 패턴 정보에 따라 다른 고객 역시 포레스트 검프를 빌려본 사람이고 나머지 두 영화를 아직 빌려 보지 않았다면 대여점을 방문했을 때 이 두 영화를 추천해 줄 수 있다.

예를 들면, 사용자들은 전에 방문한 사용자의 미니홈피를 일정한 시간 이내에 다시 방문하는 경향이 있다.

사례 1: 싸이월드의 미니홈피 상단에는 자신이 방문했던 사람의 이름이 순차적으로 표시된다. 그래서 이전 방문했던 사용자의 접근이 비교적 용이하게 만든다.

사례 2: 이것의 구체적인 사례로써 싸이월드에서 자신이 가진 페이지 내의 배경을 꾸밀 수 있는 '스킨'의 구입시, 싸이월드에서 자신의 페이지 내 배경음악으로 사용되는 음악을 무료로 주고 음악의 할인 쿠폰 또한 제공한다. 이것은 음악을 필요로 하는 사람의 대부분이 배경을 꾸밀 수 있는 '스킨'을 다시 살 것이라는 웹 마이닝의 패턴을 발견하여 접목 시킨 것이다.

3. 군집화

군집화는 유사한 특징이 있는 여러 가지 객체를 몇 개의 군집으로 생성하는 데이터 마이닝 방법 중 하나다. 웹 사용 마이닝에서 군집화의 대상이 되는 객체는 웹 사이트를 방문한 사용자와 웹 사이트를 구성하는 페이지가 된다. 따라서 군집화 기법을 이용하면 사용자와 웹 페이지를 유사한 형태의 군집으로 묶을 수 있다.

텍스트 마이닝은 트위터나 페이스북 사용자가 올린 글들을 분석하여 특정 상품, 서비스, 식당 추천 등의 선호도 및 여론의 방향을 파악하는 것으로, 문장형태의 비정형 데이터를 정형화하는 데이터 전처리 기술과 사용자의 호감(positive)과 비호감(negative)의 선호도를 인지할 수 있는 해당 단어들이 어떤 것들인지에 대한 노하우가 필요하다. 선호도를 나타내는 표현과 단어는 소프트웨어만을 이용한 분석으로 파악하는 것이 불가능하여, 실제 문장을 읽고 해당 글이 호감 혹은 비호감을 나타내는지에 대한 전문가 판단이 축적되어야 한다는 점이 중요하다. 텍스트 마이닝은 구전 효과를 모니터링 하는 입소문 분석(viral analysis)과 평판 분석(sentiment analysis)에 적용되고 있다. 그리고 특정 서비스 및 상품의 시장규모 예측을 위해, 관련 상품 혹은 서비스가 인터넷 공간에서 논의된 횟수 및 심도, 그리고 소셜 미디어 기반의 입소문 데이터를 활용하여 예측 모델링하는 마케팅 인텔리전스에 사용되고 있다.

소셜 네트워크 분석은 주로 사용자의 중요도를 측정하여, 입소문의 중심이나 허브 역할을 하는 사용자를 발굴하는데 활용된다. 즉, 소셜 네트워크의 연결 구조 상 다른 사용자에게 많은 영향을 끼칠 수 있는 사용자를 찾아 해당 사용자의 입소문을 모니터링하고 관리하는데 활용된다. 여기서 군집분석은 소셜 네트워크 사용자의 특징을 파악하여 비슷한 성향의 사용자 군(group)을 발굴하는데 사용된다.

기업에서 소셜 네트워크 데이터 분석을 통해 마케팅 고도화 혹은 신상품이나 서비스에 대한 고객반응, 평판을 파악할 수 있는 방법은 무엇일까? 즉, 소셜 미디어 데이터 분석을 도입하는 방안은 무엇인가? 과거 내부의 고객 데이터를 분석하던 상황과는 달리, 기업이 소셜 미디어 데이터를 수집하고 빅 데이터 분석 환경을 기업 자체적으로 구축하는 것은 어려울 것이다. 물론 분석 목적과 데이터

규모에 따라 데이터 수집을 구글이나 네이버와 같은 검색엔진을 활용하여 모으고, 오픈소스나 상업용 분석 소프트웨어를 활용하는 방안도 있을 수 있다. 이런 경우는 B2B 형태의 비즈니스를 하는 기업이 최종 사용자 시장 동향을 파악하기 위한 분석을 수행할 때와 같이, 데이터가 크지 않고 분석 목적이 단순, 명확한 경우이다. 그러나 B2C 비즈니스 처럼 대중의 활동, 여론, 기업의 서비스 및 제품 평가를 파악하여야 하고 소셜 네트워크 분석을 통해 빅 마우스 사용자를 찾아 내고 싶은 경우, 데이터 수집 노하우 및 대형 스토리지, 그리고 고성능의 컴퓨팅 환경이 필요할 것이다.

예를 들어, 소셜 네트워크 관계 하에서 주로 언급되는 트위터 내용이 삼성 스마트폰에 관심이 있는 사용자 그룹이 있을 수 있다. 이들에 대한 정보를 모아 군집화 시킨다. 그 후 마이닝을 통해 그들이 삼성 스마트폰에 호감을 가지는 지 비호감을 가지는 지 분석한다. 또 상품의 시장규모 예측을 위해, 관련 상품 혹은 서비스가 인터넷 공간에서 논의된 횟수 및 심도, 그리고 소셜 미디어 기반의 입소문 데이터를 활용하여 예측한다. 그 후 이에 대한 그들을 입소문 분석과 평판 분석을 실시한다. 이러한 데이터를 마이닝 시키는 것은 삼성의 스마트폰의 시장 규모나 앞으로의 새로운 제품을 만들거나 업데이트 시키는 등 미래의 시장을 예측할 수 있게 한다. 모바일 분야의 경우 제품 주기가 굉장히 짧다고 한다. 제품의 히트 여부가 3개월 안에 결정난다고 한다. 그래서 고객불만 등을 단기간에 처리하면 반응이 좋아져서 제품이 성공한다고 한다. 소셜분석을 활용하면 시중의 이런 반응에 대해서 적극적으로 파악할 수 있게 되기 때문에 기업들이 적극적으로 소셜분석을 활용하려 한다.

다른 예를 들면, 사용자 1와 사용자 2는 입력한 거주 지역이나 직장 등으로 판단해 볼 때 같은 군집에 속한다. 즉, 방문 패턴이 비슷한 사람들이라 추측할 수 있다.

사례로써 Facebook의 친구 추천에서는 방문했던 페이지나, 사용자들 간의 '아는 사이'를 바탕으로 같은 관심사를 가진 친구나 잊고 지냈던 사람을 쉽게 찾을 수 있도록 도와준다. 이것은 아는 사람을 발견 '할 수도 있는' 것이다.

4. 분류

분류는 각 사용자들을 미리 정해진 몇 개의 그룹 중 하나에 할당하는 것을 말하는 것으로 이는 사용자 그룹이 미리 규정되어 있다는 점에서 군집화와 구분된다. 사이트의 운영자가 보유하고 있는 사용자들 중 다른 경쟁사이트로 이탈할 사용자들은 누구이며 그 특성은 어떤지, 또는 특정 제품을 구매하는 사용자들은 누구이며 어떤 특성을 갖는지 등의 내용을 확인할 수 있다.

예로써, 사용자의 입력된 거주 지역이나 학교, 직장 등을 통하여 그룹을 미리 규정지어 놓는다. 이에 따라서 사용자들을 분류한다. Facebook의 경우, 스마트 리스트는, 같은 학교나 직장을 다니는 사용자들만 따로 묶어서 보여주기도 하고, 같은 지역 내에 거주하는 사용자들만 따로 묶어 뉴스피드로 나타내어 주기도 한다.

5. 예측

데이터 일반화란, 데이터의 일반적인 특성을 분석하는 것으로 데이터 베이스에서 많은 관련된 데이터를 낮은 개념 레벨에서 높은 개념 레벨로 추상화시키는 작업이다. 통상 여러 추상화 레벨에 있는 데이터에 관하여 일반화된 뷰를 제공하는 것은 바람직하다.

예를 들어 예측이란 과거의 데이터를 바탕으로 관측되지 않은 변수의 미래의 값을 평가하는 것이다. SNS의 데이터를 통하여 소셜 CRM을 구축하는 것 자체가 데이터 일반화라고 볼 수 있다.

- 소통을 통한 고객 대응 및 고객 정보 축적

기업들은 SNS를 통해 고객 관리를 할 수 있다. 가령 고객이 불만을 제기했을 때는 홈페이지나 콜센터보다 빠른 대응을 할 수 있고, 고객들과 메시지로 소통한 내역들은 해당 고객을 분석하는데 도움이 되는 훌륭한 데이터 베이스가 된다.

- 모바일로 '실시간 소셜 CRM' 구현

기업에서도 모바일 SNS를 고객 관리에 활용해 '실시간 소셜 CRM'을 구현.

고객들을 자사 SNS 계정의 친구 등록을 해 놓으면 휴대폰을 통해 실시간으로 고객들의 문의나 불만에 응대할 수 있으며, 이들의 메시지들을 기반으로 고객의 관심사를 파악.

SNS도 소셜 CRM 기능을 통해 훌륭한 타깃광고 플랫폼으로 활용.

위에서 말한바와 같이, 이제 웹을 통한 소비자의 정보교환 등은 제품 구매의사결정에 있어 상당한 위치에 자리잡고 있다. 이러한 상황에서 웹에 대한 정보를 수집하여, 필터링하거나, 상관관계를 확인함으로써 소비자행동에 대한 예측이 가능해졌다. 이는 비단 홈페이지나 포털에서 뿐만이 아니라, 개인적 또는 집단적으로 상호소통하는 SNS의 영역에도 해당 한다.

- SNS 활용하면 소비 트렌드 알 수 있어

SNS 데이터를 분석하면 소비자의 요구를 일시 현상이 아닌 트렌드로 파악.

SNS의 디지털 공간에서 비정형성 데이터를 신속하게 처리할 수 있는 어드밴스트 애널리틱스(advanced analytics) 분석 기법. 어드밴스트 애널리틱스란 대용량의 SNS 데이터나 웹 콘텐츠를 실시간 수집하고 분석,기업의 선제적인 의사결정을 지원하는 차세대 데이터분석 기술.

- '예측 분석' 통해 고객관리 최적화

SNS나 웹에 떠도는 정보를 실시간으로 수집하고 분류한 뒤 최적의 예측 값을 도출해낼 수 있다. 이를 통하면 고객관리를 최적화할 수 있다. 이동통신 고객의 해지율을 낮추거나 우수 고객을 등급화하고, 고객 불만을 사전에 예방할 수 있는 아이디어의 기반이 된다. SAS의 소셜 미디어 분석 솔루션이 대표적인 예다. 이 솔루션은 웹, 이메일, 블로그, 미디어 등 기업 안팎에 떠도는 비정형 데이터를 분석해 기업 이미지와 제품에 대한 고객의 평판,트렌드 정보를 제공.

- 텍스트로 소비자 감정까지 분석

현재 기업에서 생성하는 정보의 80%는 그림, 웹 문서, 음성, 비디오, 이메일 등의 비정형 데이터다. 앞으로 최대 90%까지 증가할 것으로 예상되기 때문에 텍스트 기반 데이터를 분석하는 기술은 중요한 분석 방법. 텍스트 분석은 문장을 형태소 등의 최소 단위로 분해하고 언어학적 구조를 패턴화해서 문장의 의미를 파악. 텍스트에 표현된 긍정 또는 부정적 감정을 자동적으로 파악할 수 있기 때문에 '감정 분석'이라고도 한다. 특정 제품이나 서비스에 따라 키워드를 식별해 텍스트 문맥에서 긍정, 부정적 평가를 구분한다. 장기간에 걸쳐 이런 감정을 추적하면 일종의 트렌드와 패턴이 보인다.

6. 협업 필터링

협업 필터링은 고객들의 인구통계학적인 기본 정보와 웹페이지들의 성격을 명확히 하여 사용자들의 표현으로 선호도, 관심에서 비슷한 패턴을 보이는 고객들을 묶는 것을 통해 고객 서비스 방향을 결정한다. 즉 비슷한 취향을 가진 고객들에게 서로 아직 구매하지 않은 상품들을 교차 추천하거나 분류된 고객의 취향이나 생활형태에 따라 관련 상품을 추천하는 형태로 서비스를 제공하게 된다. 즉 선호도를 비교하여 유사한 취향을 가진 사용자들이 공통적으로 선호할 것이라 예상되는 정보를 추천하는 방식이다. 이를 위해 비슷한 취향을 가진 사용자를 그룹화하는 작업이 필요하다. 하지만 사용자 성향을 학습하기까지 시간이 걸리고, 그룹 안에서 다루지 않은 새로운 상품이 나타났을 경우 추천이 불가능하며 그룹의 사람들과 다른 기호를 지닌 사용자를 수용하지 못한다는 단점이 있다.

예를 들면 대상 고객과 유사한 성향과 속성을 갖는 고객이 선택하는 상품들을 분석하여, 해당 고객도 유사한 상품을 선호할 것이라는 가정을 갖고 추천하도록 개인화된 상품을 제시한다.

사례로써 Facebook내의 스폰서 페이지는 가까운 친구가 좋아하는 페이지를 우선적으로 나타내어주거나, 자주 들어가본 과거의 페이지와 관련된 스폰서를 우선적으로 추천한다.

인터넷 공간 속 무궁무진한 정보 중에서 자신의 관심사에 딱 맞는 정보를 찾기란 쉽지가 않다. 이러한 개인의 욕구에 발맞추기 위해서 많은 기업에서 여러 가지 시스템 개발을 시도하고 있다. 그 중 이글루스는 꼬리표(태그) 단점을 보완한 '블로그 추천글'서비스를 오픈하였다. 이 서비스를 이용하면 꼬리표 달기에 익숙하지 않는 사용자들이 클릭 한번으로 쉽게 사용할 수 있을 뿐만 아니라, 트랙백으로 느슨하게 연결되어 있는 '블로거 커뮤니티'의 새로운 의사소통 통로로 활성화될 수 있을 것으로 예상된다.

블로그 간에 관련된 글을 자동으로 연결시켜주는 이 기능은 블로그에 새 글을 작성하면 밀접히 연관된 글이 5개 정도 자동으로 추천되는 서비스로 단순 키워드 일치도가 아닌 문맥 파악에 의한 추천 방식을 구현했다.

사용자들은 새로운 글을 쓰고 '추천글 보기'라는 아이콘을 누르면 다른 블로거가 작성한 문장을 파악하여 유사한 내용의 글을 상위 5개까지 추천해서 보여준다. 글 제목을 누르면 해당 포스트가 열리고 관련이 있다고 판단된 글을 선택하면 상대 블로그 바로 밑에 내 글이 관련글로 배치된다. 반대로 누군가 나의 글을 관련글로 추천받아 자신의 블로그에 등록했다면 더 많은 노출효과를 얻을 수 있으며, 생각이 비슷한 블로거들과 연결되는 커뮤니티도 형성할 수 있다.

단순 단어로 관련글들을 묶어주는 방식과는 달리 문맥을 파악하여 비슷한 내용을 찾아줌으로써 보다 정확하게 자신의 생각과 비슷한 블로그 커뮤니티를 형성시켜 준다는 점에서 가치가 높다고 할 수 있다.

이 사례는 개인적인 성향과 선호도, 더 나아가 신념과 가치관을 담는 블로그 글 간의 연결성을 구축하고 비슷한 생각과 선호도를 가진 사용자들에게 보다 더 정확한 정보의 접근성을 제공한다는 점에서 협업 필터링 기반의 시스템을 구축했다고 볼 수 있다.

제2절 웹 마이닝 분석 방법

웹 마이닝 방법들은 앞장에서 언급한 데이터 마이닝 방법들과 유사하다. 온라인, 웹에서 발생하는 데이터를 사용하고 이와 관련된 분석활동을 하는 것이 차이점이라 하겠다. 이러한 방법들에는 앞장에서 언급한 군집분석, 분류분석, 패턴분석, 연관성 규칙, 순차적패턴, 예측 외에 협업 필터링이 포함된다.

제1항 군집 분석(Cluster Analysis)

군집은 분류 규칙 탐사와 관련되어 있으나, 어떠한 그룹도 사전에 정의되어 있지 않다는 점에서 분류규칙과 다르며, 군집은 데이터 내에 존재하는 상이한 그룹을 구분해 내는 기법이다.

군집화란 다양한 특성을 지닌 관찰대상을 유사성을 바탕으로 동질적인 집단으로 분류하는데 사용되는 기법이다. 분류가 어느 한 레코드가 미리 정의된 계층에 지정되는 것에 비하여 군집화는 사전에 정의된 계층이 없이 레코드의 유사성에 기반하여 그룹화되는 것이다. 분류규칙이 불명확하거나 또는 집단의 수를 미리 정하지 않는 경우에는 군집화가 매우 유용하며 다른 데이터 마이닝 작업을 위한 선행작업으로서의 역할을 수행하는 경우가 많다.

웹 마이닝에서 군집화는 유사한 행동들의 패턴을 보이는 사용자의 그룹을 묶는 것이다. 군집화에서 사용자의 군집은 사용자의 세션 정보를 기반으로 하는 세션간의 유사성과 혹은 비유사성을 측정하여, 이를 그룹으로 묶어 분석하여 구매가격에 의한 사용자 분류, 카테고리 이용에 따른 고객이용 성향들을 분석할 수 있다.

또한 이 그룹을 통해 사용자의 인구 통계학적 변수를 추정해서 시장을 세분화하고 사용자에게 개인화된 웹 컨텐츠를 좀더 쉽게 제공할 수 있다. 사용자의 군집은 먼저 사용자 세션 간의 유사성(similarity), 혹은 비유사성(dissimilarity)을 측정하고, 이를 이용해 계보적(hierarchical) 군집 분석 방법을 통해 얻을 수 있다.

군집분석은 다른 형태의 웹 마이닝이나 모형화의 사전 작업으로 활용될 수 있다. 예를 들어, 시장 세분화를 위한 노력의 첫걸음으로 사용될 수 있는데, '어떤 홍보가 고객들에게 가장 좋은 반응을 얻을 수 있을지'에 대해 하나의 규칙에 모든 고객들을 맞추는 방식보다는, 먼저 고객들을 비슷한 구매 습관을 가진 고객들의 군집으로 나누고, 각 군집에 대해 어떤 홍보 방식에 잘 반응하는 지를 따져보는 것이다.

예를 들어서, 소셜커머스 쿠팡은 가입 시 얻은 정보를 바탕으로 지역과 연령이라는 인구통계학적인 분석을 통해 고객을 관리한다. 실제 이들의 CRM 시스템을 살펴보면 소비자가 직접 신청한 위치정보, 나이 정보, 기타 관심정보를 바탕으로 고객들을 지역별(50여개 지역), 나이별(20, 30, 40, 50대 4가지 변수로 구별), 기타 관심정보(성별, 과거 구매내역 등)을 통해 세분집단을 나누고 각각의 소비자에게 가장 어울리는 상품을 개별 소비자의 화면에 보여준다.

또한 몇 가지 패턴을 구상하여 소비자의 니즈 변화에 따라 이런 시스템이 유기성 있게 변화하도록 설계하였다. 이 중심에는 고객의 구매내역이 있는데, 장기적 관점에서 보면 소비자의 니즈는 항상 변한다는 것을 전제로 하여 소비자의 구매 패턴이 기존의 동질집단에서 완벽하게 빠져나가는 경우(즉 과거의 구매상품과 현재 구매상품의 카테고리가 일치하지 않는 경우) 현재 고객의 구매내역을 다시 분석하여 소비자가 원하는 새로운 니즈에 맞는 새로운 동질집단으로 이동시켜 준다. 그리고 이렇게 나누어진 동질집단에게 구매 후의 평점, 원하는 특정 서비스, 업체에 대한 설문조사를 실시하여 이들이 원하는 서비스를 제공해주기 위해 노력하고 있다.

특히 이런 시스템은 각 세분집단이 고정되어 있지 않고, 유동적이라는 점에서(시간이 경과함에 따라 세분집단이 사라지기도 하고 다른 세분집단과 합쳐지기도 한다) 분류분석과 구별된다.

제2항 분류 분석(Classification Analysis)

분류는 각 사용자들을 미리 정해진 몇 개의 그룹 중 하나에 할당하는 것을 말한다. 이는 사용자 그룹이 미리 규정되어 있다는 점에서 군집화와 구분된다.

다시 말하면, 분류규칙은 가장 많이 사용되는 데이터 마이닝 결과로서 부류 값이 포함된 과거의 데이터로부터 분류별 특성을 찾아내어 분류모형을 만들고, 이를 토대로 미리 정해진 부류(Class)들 중의 하나로 배정하여 부류 값을 예측하는 것을 의미하며 전체 데이터에 대한 윤곽을 잡을 수 있다. 그리고 웹 마이닝 상의 분류규칙이란, 웹 상에서 이러한 작업을 진행중임을 의미한다.

사이트의 운영자는 보유하고 있는 사용자들 중 다른 경쟁사이트로 이탈할 사용자들은 누구이며 그 특성은 어떤지, 또는 특정 제품을 구매하는 사용자들은 누구이며 어떤 특성을 갖는지 등의 내용을 알고 싶어한다. 이런 경우 사용할 수 있는 웹 마이닝 기법이 분류이며 의사결정수(decision tree), Naive Bayesian 분류, 신경망 분석 등의 알고리즘을 이용하여 분석을 수행할 수 있다.

이러한 분류규칙은 어떤 항목이 속하는 그룹의 특성을 가장 잘 나타낼 수 있는 특징들을 발견하는 것이다. 예를 들어서, 많은 기업들이 가지고 있는 공통적인 문제 중의 하나는 단골고객의 이탈이다. 이탈하는 고객들과 그렇지 않는 고객들의 차이를 발견함으로써, 기업은 어떠한 고객이 앞으로 이탈할 가능성이 있는지 예측할 수 있으며, 고객유지 및 유치전략을 보다 효과적으로 개발할 수 있을 것이다.

분류 분석 활용사례로 Auction의 경우 현재 고객들을 구매액수에 따라 VIP, Diamond 등으로 나누고 각기 다른 서비스를 제공하고 있다. 이는 고객들의 구매량을 증가시키고 평생가치를 증가시키는 효과를 가지고 있다. 특히 다른 오픈마켓에 비해 Auction이 지니고 있는 장점은 이러한 정보들이 국내에서 가장 오랫동안 축척되었다는 점이다.

Auction은 이렇게 축척된 고객의 구매정보를 바탕으로 이들이 주로 구매하는 Category를 통해 고객을 또 다시 Club W(여성용 의류, 패션, 뷰티), 마미클럽(유아, 식품, 생활), 액션클럽(스포츠, 자동차)로 구분해서 각기 다른 서비스를 제공하고 이들에게 해당 카테고리에 대한 할인혜택을 부여하고 있다.

웹 마이닝의 분류기법을 이용하여 고객이탈 방지

고객 유지 전략 중 핵심적인 전략은 이탈할 확률이 높은 고객들을 선별하여 그 고객들을 대상으로 액션을 취하여 고객 이탈을 줄이고 기존 고객으로부터 의 수익을 유지하는 것이다. 이를 위해 먼저 분류 분석 방법을 통해 이탈할 것이라고 예상되는 고객층을 분류할 수 있다. 예를 들어, 먼저 1단계로 휴면고객을 대상으로 3개월 이상 구매 내역이 있는가 없는가를 기준으로 분류할 수 있다 2단계로 고객의 성별과 나이와 같은 인구통계학적인 정보를 기준으로 분류할 수 있다. 이렇게 분류된 각 고객층을 대상으로 각 타겟에 맞는 웹 마케팅을 제공하여 고객의 영원한 이탈을 미리 예방할 수 있다. 3개월 이상 구매내역이 없는 고객들을 대상으로 엄청난 할인을 제공하는 딜을 제공할 수 있는데, 편의점 모바일 상품권을 95% 할인된 가격으로 살 수 있는 쿠폰을 발행하여 이를 e메일, SMS, 웹페이지 팝업을 통해 알린다. 웹 사용자가 구매를 할 수 밖에 없는 딜이 제공된다면 고객은 다시 구매를 하고 서비스를 이용할 것이다. 금융업에서도 온라인상에서 자동적으로 고객이탈 모델일 사용하게끔 하여 고객을 유지하는 경우도 많다. 신용카드 업체의 같은 경우, 이탈확률이 높은 고객을 대상으로 자동적으로 그들의 신용한도를 높여주거나, 등급이 높은 골드카드 또는 플래티넘 카드로 업그레이드 시켜주기도 하는 솔루션을 사용하기도 한다.

제3항 패턴 분석(Pattern Analysis)

패턴 분석 과정은 웹 마이닝의 마지막 단계로, 패턴 발견 과정에서 찾아낸 규칙이나 패턴 중에서 유용하지 않거나 의미 없는 규칙과 패턴을 걸러 내는 단계라고 할 수 있다. 또한 유용하고 의미 있는 규칙과 패턴을 찾아냈다면 그것을 이해하고, 해석하는 단계이기도 하다. 발견된 패턴을 분석하는 기법으로는 시각화(visualization)와 OLAP(On-Line Analytical Processing)이 있다. 시각화 기법에서는 패턴을 그래프로 표현하고 이를 다른 색깔들로 구분함으로써 전반적인 패턴이나 성향을 강조한다. OLAP은 다차원 데이터 베이스(multidimensional database) 안에 저장되어 있는 데이터를 선택적으로 추출해 내고, 여러 관점으로 데이터를 볼 수 있도록 해준다.

제4항 연관성 규칙(Associatioan Rules) 분석

웹 마이닝에서의 연관성 규칙은 함께 접속하게 되는 페이지나 컨텐츠를 뜻한다. 예를 들어 AB와 같은 연관성 규칙은 페이지 A를 보는 고객은 페이지 B도 본다는 의미이다. 연관성 규칙 AB의 지지도는 전체 사용자 중에서 페이지 A와 페이지 B를 모두 접속한 사용자의 비율로 표현된다. 즉, 두 페이지를 모두 볼 확률 $P(AB)$와 같다. 신뢰도는 페이지 A를 본 사용자 중에서 페이지 B도 본 사용자의 비율을 나타낸다. 즉, 조건부 확률 $P(B|A)$로 표현할 수 있다. 향상도

는 전체 사용자 중에서 페이지 B를 본 사용자의 비율, P(B)와 페이지 A를 본 사용자 중에서 페이지 B를 본 사용자의 비율, 즉 신뢰도 AB의 비율로 나타낸다. 다시 말하면 P(B|A)/P(B)가 되는 것이다. 이는 페이지 A를 본다는 것이 페이지 B 역시 방문하도록 만드는가를 구하는 값으로 1보다 크면 페이지 A가 페이지 B의 방문비율을 높게 하는 것이고 1보다 작으면 연관성이 낮다는 것을 의미하는 것이다.

따라서 의미 있는 연관성 규칙은 일정 값 이상의 지지도와 신뢰도를 가져야 하고 향상도가 1 이상이 되어야 한다.

웹 마이닝에서 연관성 분석이란 둘 또는 그 이상의 상품들 사이의 수많은 연관성 규칙 중에서 지지도와 신뢰도, 향상도에 근거하여 일반화 할 수 있는 의미있는 규칙을 발견하는 웹 마이닝 기법이라고 할 수 있다.

연관 규칙을 활용한 예로써 온라인 쇼핑몰에서의 화장품 구매를 살펴보자. 온라인 쇼핑몰 데이터 베이스를 데이터 마이닝 한 연관성 규칙 탐사에서 화장품 스킨→수분크림(지지도 65%, 신뢰도 90%, 향상도2)이라는 규칙이 탐사되었다면 '스킨을 구입하면 수분크림도 같이 구입한다'로 해석하는 것이다. 여기서 지지도가 65%라는 것은 거래 데이터 베이스 내의 고객 구매 내역 중 스킨과 수분크림이 동시에 팔려 나가는 확률이 65%라는 의미이고, 신뢰도가 90%라는 것은 스킨을 구입할 때 수분크림도 같이 구입하는 확률이 90%라는 것을 의미한다. 즉 지지도가 높을수록 탐사된 규칙이 여러 개의 거래에서 빈발했다는 것이고, 신뢰도가 높다는 것은 일정

지지도 이상의 탐사된 규칙 내에서 규칙의 전제부를 구성하는 품목이 나머지 귀결부 항목들과 높은 연관성을 나타낸다는 의미이다.

예를 들어 온라인 예약 사이트에서 호텔 예약 페이지를 이용한 웹 사용자와 렌터카 예약 페이지를 이용한 웹 사용자의 연관성 규칙을 알아본다고 가정하자.

페이지	이용자 수
호텔 예약	200,000
렌터카 예약	50,000
호텔과 렌터카 예약	20,000
전체	1,000,000

'If 호텔 예약, then 렌터카 예약' 이라는 연관성 규칙에 대해 지지도. 신뢰도, 향상도를 각각 구하면 다음과 같다.

지지도(support) : 20,000 / 1,000,000 = 2%

신뢰도(confidence) : 20,000 / 200,000 = 10%

향상도(lift) : (20,000 / 200,000) / (50,000 / 1,000,000) = 2

이 결과는 고객이 호텔 예약 페이지를 이용하면 그들 중 10%는 렌터카를 예약할 것이라는 연관성 규칙을 나타낸다. 일반적으로 향상도의 값이 크면 좋지만 향상도의 값이 높다고 항상 연관성 규칙이 높은 것은 아니다. 기본적으로 A와 B의 구매율 혹은 이용률이 어느 정도 수준이 되어야 의미가 있다.

연관성 규칙을 활용한 사례로써, Amazon.com 에서는 상품 하단에 해당 상품을 구입한 사람들이 함께 구입한 물건의 정보를 보여주고 있다. 실제 아마존을 이용할 때 해당 상품을 구입한 사람들이 함께 구입한 물건 중 연관성이 높은 Item을 찾아 'Customers Who Bought This Item Also Bought'라고 보여준다. 실제로 최근 발매한 '스티븐 잡스 전기'의 페이지를 보면 스티븐 잡스의 단어선택, 프레젠테이션, 혹은 아인슈타인의 전기 같은 다른 구매자들이 구매한 도서 중 가장 연관성이 높은 항목을 순서대로 볼 수 있다. 이는 소비자들의 Item구매를 증가시킬 수 있으며 단기적인 판매목적 뿐만 아닌, 광고의 효과를 누릴 수도 있다. 즉 소비자는 무의식적으로 관련 상품에 노출되며 자신이 구입하는 상품과 함께 진열이 되어있다는 이유만으로도 연관 상품에 대한 긍정적 태도를 형성할 수 있으며, 이는 기업의 매출을 증가시켜주는 방향으로 발전할 수 있다.

Ebay나 반디앤루니스가 후발주자로써 같은 서비스를 시행하려고 했으나, 실제 연관성규칙을 활용할 경우 단순히 소비자의 연관에 대한 정보뿐만 아닌 해당 담당자의 주관적 판단 역시 중요한데 이를 잘 충족시키지 못해 해당 서비스를 중지하였다. 즉 실제 획득한 데이터의 단순한 연결은 실제 소비자에게 전달될 때 의도치 않은 방향으로 전달되는 경우가 많았으며 이를 자체적으로 필터링하는 것도 중요하다는 것이다.

제5항 순차적 패턴(Sequential Pattern) 분석

연관성 규칙을 찾는 과정 중에서 순서를 갖는 규칙을 찾아내는 것을 순차적 패턴이라 하는데 이는 시간 순서로 된 페이지 방문(혹은 구매)의 집합에서 '어느 한 페이지의 접속이 다른 페이지의 접속 이후에 나타난다.' 와 같은 방문(혹은 구매)간의 패턴을 찾는 것이라고 할 수 있다. 순차적 패턴의 발견을 통해 웹 사이트 운영자는 앞으로의 사용자 접속패턴을 예측할 수 있다. 또한 사건이 발생할 시점에서 다른 Offering을 할 수도 있다.

순차적 패턴을 활용한 예로써, 루리웹은 콘솔·PC 게임패키지 판매 전문 회사이다. 그런데 게임타이틀을 구매하는 소비자의 대부분이 게임타이틀의 구매 후 해당 게임에 대한 커뮤니티를 찾는 순차적 패턴을 파악하고,(게임타이틀 구매 -> 해당 게임의 커뮤니티 사이트 방문) 자사의 홈페이지를 게임커뮤니티 사이트로 전환하였다. 현재는 커뮤니티를 먼저 보고 게임타이틀을 구매하는 역 순차적 패턴 역시 발생하고 있다.(게임의 커뮤니티 사이트 방문 -> 게임타이틀 구매) 아래는 실제 루리웹 사이트의 커뮤니티 게시판이다. 현재 루리웹은 대한민국 최대 게임 포털로 재탄생 하였다. 실제로 게임의 스크린샷, 동영상, 공략, 그 외 기타 정보 등을 소비자가 제공하고 있다.

또다른 예로써, 홈쇼핑이나 온라인 쇼핑몰에서 소비자가 구매한 물건의 목록을 관찰하여 다음에 구매할 가능성이 높은 물건들의 쿠폰이나 카달로그 발송하는 것이나, 우편주문이나 전자상거래

사이트에서 고객이 미래에 구매할 물건을 예측하는데 사용되고, 병원의 진료 기록을 보고 과거의 어떤 증상이나 치료과정이 현재 걸린 병을 유발하는 원인 이었는지를 찾아내는 데 이용할 수 있다.

제6항 예측(Prediction) 분석

예측(Prediction)은 미래 행위를 분류하거나 미래의 값을 추정하는 것이다. 예측 작업에서는, 분류의 정확성을 확인할 수 있는 유일한 방법은 미래 시점까지 기다려서 확인하는 수밖에 없다. 예측을 분류나 추정과 분리해서 다루는 주된 이유는 예측적 모형화에 있어서는 입력 변수들과 목표 변수의 예측치 간의 순차적인 관계에 대한 추가적인 고려가 필요하기 때문이다.

분류나 추정에 사용되는 모든 기법들이 예측될 변수들의 값이 이미 나와 있는 훈련용 예제들과, 그러한 예제들에 대한 과거 데이터와 함께 예측 작업에서 적용될 수 있다. 이 과거 데이터들은 현재 관찰되는 행동들을 설명하는 모형을 만드는 데 사용할 수 있다. 이 모형이 현재의 입력변수들에 적용되면 미래 행동에 대한 예측을 결과로 얻을 수 있다.

고급분석의 등장배경 중 가장 크게 요구되는 사항인 예측분석은 기본적으로 과거 데이터 마이닝과 같은 맥락에서 이해하면 된다. 물론 BI(Business Intelligence)도 이러한 관점에서 과거 데이터를 기반으로 Trend 분석 후 예측값을 제시하는 단순한 기능을 제공하였으나, 예측분석에서는 대용량 데이터를 기반으로 패턴과 추세를 파악하여 분석모델을 만들고, 모델의 변수를 적용하는 방법을 적용하여 규모 및 접목기술에서 차이점을 보인다.

또한 기존 분석이 주로 분류나 연관성 등 데이터의 통계적 규칙 혹은 패턴을 찾아내는 것에 주로 중점을 둔다면, 예측 분석은 '향후 발생 가능한 상황의 예측'을 통해 선제적 의사결정의 지원을 목적으로 한다.

대용량 데이터를 고속으로 처리하는 '빅 데이터' 시대가 도래함에 따라 엔터프라이즈 컴퓨팅 시장에 고급분석이 주요 이슈이다. 빅 데이터는 하둡 기술로 정형 및 비정형 데이터를 분석하고 병렬처리로 기존보다 5배 이상 빠르게 데이터를 로딩하는 것이 특징이다.

고급 분석은 이들 데이터에 숨겨진 패턴을 찾아 과거와 현재의 비즈니스 현상을 깊게 이해하고 미래 상황을 예측함으로써 선제적인 의사결정을 지원하는 차세대 데이터 분석 기술이다.

고급 분석이 주목받는 이유는 데이터들이 폭증하면서 전략과 마케팅에 활용할 정보의 추출 필요성이 커지고 있기 때문이다. 고급 분석을 이용하면 보다 '의미 있는' 결과를 추출하거나 예측하는데 필요한 시간과 절차를 단축시켜 기업이 의사 결정을 하고 사업을 수행하는데 도움이 될 것으로 기대되고 있다.

고급분석은 예측 정보를 보다 정교하게 분석할 수 있다는 점에서 기존 관계형 데이터 베이스 분석과 차별화 된다. 미래에 대한 예측으로 자원 확보가 용이하다는 장점도 있어 데이터 예측의 성공률도 높일 수 있다.

실제로 한 기업은 가격인하 요구가 있을 때, 이를 실현하기 위해서 2천개 점포를 대상으로 4억개 이상 의사결정 과정이 필요했다. 이같은 상황에서 20분 만에 판매를 예측, 자동으로 결과를 산출해 낼 수 있게 된 것은 기업내부에 고도의 데이터 분석 능력과 이를 실행하는 조직이 있었기 때문이었다.

제7항 협업 필터링(Collaborative Filtering)

CF는 협업 필터링 이라고도 하며, 추천 시스템으로 널리 사용되고 있는 기법으로 현재 웹 사이트에서 상승판매, 교차판매를 위해 사용되고 있다. 데이터 마이닝의 대표적인 분석 기법인 연관성분석을 통해서 제품의 추천을 하는 경우도 있으나 고객간의 유사성을 통해 제품을 추천하는 최근접이웃(nearest neighborhood) 알고리즘이 보다 많이 사용되고 있다.

협업 필터링은 개인화된 추천을 제공하는데 특화되어 있다. 협업 필터링 시스템은 사람들의 취향에 대한 기록으로부터 시작된다. 거리 함수는 유사성을 취향 중심의 기반으로 결정한다. 즉, 같은 것을 좋아하는 사람들이 가까이 있다고 생각한다. 거기에 추가로 투표들은 거리로 보장이 되기 때문에 좀더 가까운 이웃들의 표는 추천에 더 큰 영향을 미친다. 다른 말로 하자면, 이는 비슷한 취향을 가져 선택된 친구 집단의 판단을 사용하여 특정 사람의 취향에 맞는 음악, 책, 와인이나 다른 임의의 물건을 찾는 기법이다. 이 접근방식은 사회적 정보 필터링(social information filtering)이라고도 불린다.

협업 필터링은 누가 어떤 것을 좋아할지를 결정하기 위해서 구전 효과를 자동화 시킨다. 많은 사람들이 무언가를 좋아했다는 사실만으로는 충분하지 않다. 누가 그것을 좋아했는지가 또 중요하다. 모든 사람들은 어떤 사람들의 추천을 다른 추천들에 비해 더 진지하게 받아들인다. 지금까지의 추천들이 잘 맞아 왔던 친한 친구의 추천은 자신이 보통 좋아하지 않는 장르라 해도 특정 영화를 보러 가도록 이끌기에 충분하다. 반면, 정말 재미없는 영화를 보고 재미있다고 생각하고 재미 있는 영화에서는 별 감명을 받지 못하는 친구로부터의 추천은, 이 영화를 보러가기 싫게 만들 것이다.

자동화된 협업 필터링 시스템을 이용하여 새로운 고객에게 추천을 준비하는 과정은 세 단계로 구성된다.

- 새로운 고객으로 하여금 영화, 음악, 혹은 식당과 같은 물품들을 평가하도록 하여 고객 프로파일을 생성한다.
- 새로운 고객의 프로파일을 유사성 측정 방법을 이용하여 다른 고객들과 비교한다.
- 비슷한 프로파일을 가진 고객들의 평가의 결합을 이용하여, 아직 새로운 고객이 평가하지 않은 물품들에 대한 평가를 예측한다.

좋은 협업 필터링 시스템은 사용자들에게 예측에 대해 의견을 제시할 기회를 제공하여, 그에 따라 프로파일을 바꾼다.

아마존 닷컴 협력 필터링 방식

아마존 닷컴: 인터넷 서점에서 책을 구매하는 사람들은 그들이 책을 사는가 사지 않는 가로 그 책에 대한 선호도를 암시적으로 드러내게 된다. 따라서 같은 책을 구입했던 고객들은 마찬가지로 비슷한 선호도를 가질 것이다. 이런 요소들은 아마존 인터넷 서점에서 적용되고 있는데, 같은 책을 구매했던 사람이 구매했던 책 리스트를 보여주는 방식으로 적용되고 있다. 아마존 닷컴에서는 'ITEM-TO-ITEM'이라고 불리는 협력 필터링 방식을 사용하고 있다. 이 방법의 핵심은 'PRODUCT-TO-PRODUCT MATRIX'인데, 이는 소비자들에게 매우 질 좋은 상품 추천을 가능하게 한다. 예를 들어, 아마존 닷컴에서 스티브잡스의 전기를 구매하려고 하면 그들은 그 책을 구매한 고객이 구매한 다른 관련 책들을 보여준다. 이를 통해 스티브잡스의 프레젠테이션 기술에 관련된 책 등이 연관검색된다.

애플 Collaborative Filtering

애플: Apple의 iTunes는 세계에서 가장 성공한 Internet Contents Market이다. 특히 최근의 iPhone, iPad의 등장으로 인한 App Store 이전에도 iTunes는 세계에서 가장 성공한 Music Market 이었는데 그 비결은 다름 아닌 Collaborative Filtering에 있다.

iTunes의 Collaborative Filtering은 고객이 직접 자신의 iPad에 평소 자신이 듣는 음악에 대한 별점을 매겨두면, iTunes 접속 시 고객의 별점을 iTunes와 동기화하여 고객의 취향에 맞는 추천 앨

범을 보여주고 한편으로는, 이 별점으로 각 앨범에 대한 평가를 취합하는 System이다.

이 System은 하루에 수 십여개의 앨범이 발매되는 미국의 음반시장에 소비자를 위한 Music Guide Map을 제시함으로써 소비자의 입장에선 피로도를 줄여주고, 공급자의 입장에서는 자신의 제품을 적합한 소비자에게 한번에 전달해주는 혁신적인 System으로써 Apple 특유의 폐쇄성에도 불구하고 아직까지도 세계 최고의 Music Market 자리를 고수하고 있다.

1. 협업 필터링이란?

협업 필터링은 많은 사용자들로 부터 얻은 기호정보에 의하여 사용자들의 관심사들을 자동적으로 예측하게 해주는 방법이다. 협력 필터링 접근법의 근본적인 가정은 사용자들의 과거의 경향이 미래에서도 그대로 유지 될 것이라는 전제에 있다. 예를 들어, 음악에 관한 협력 필터링 혹은 추천시스템(Recommendation system)은 사용자들의 기호(좋음, 싫음)에 대한 부분적인 목록을 이용하여 그 사용자의 음악에 대한 기호를 예측하게 된다. 이 시스템은 특정 사용자의 정보에만 국한 된 것이 아니라 많은 사용자들로 부터 수집한 정보를 사용한다는 것이 특징이다. 이것이 단순히 투표를 한 수를 기반으로 각 아이템의 관심사에 대한 평균적인 평가로 처리하는 방법과 차별화 된 것이다. 즉 고객들의 선호도와 관심 표현을 바탕으로 선호도, 관심에서 비슷한 패턴을 가진 고객들을 식별해 내는 기법이다. 비슷한 취향을 가진 고객들에게 서로 아직 구매하지 않은 상품들은 교차 추천하거나 분류된 고객의 취향이나 생활 형태에 따라 관련 상품을 추천하는 형태의 서비스를 제공하기 위해 사용된다.

협업 필터링의 종류는 다음과 같다.

1) 능동적 필터링(Active Filtering)

능동적 필터링은 최근에 인기가 증가한 방법이다. 그 이유는 WWW(World Wide Web)의 유저들이 사용할 수 있는 정보 기반이 계속 증가 하고 있기 때문이다. 하지만 인터넷을 통하여 기하급수적으로 증가하고 있는 정보의 양으로 인해 가치있는 정보의 검색 효율성은 갈 수록 어려워 지고 있다. 최근에 WWW을 통한 기본적인 정보 검색은 수 많은 결과를 찾아 주지만 그 결과의 검색방법이 효과적이지도 않고 관계도도 떨어지고 있다. 오늘날 시장에서 수많은 데이터와 검색 엔진들이 검색을 위해 사용되고 있지만 대부분의 사람들은 검색을 위한 모든 옵션의 사용에 대하여 익숙하지가 않다. 이런 환경에서 능동적 필터링이 효과적인 방법으로 대두되고 있는 것이다.

능동적인 필터링은 P2P 방식이기 때문에 다른 협업 필터링과도 차별화 된다. 이것은 비슷한 관심사를 가진 동료, 친구 등의 사람들이 상품 등을 평가하고 또한 웹에서 이런 정보들을 공유하고 서로 볼 수 있다. 이 시스템은 사람들이 다른 비슷한 사람들과 함께 구매한 물건에 대한 정보를 공유하기를 원하다는 사실에 기초로 하고 있다. 능동적인 필터링은 웹을 통하여 정보를 보낸 다른 사용자들의 상품의 평가(Rating)를 볼 수 있고 그 것을 기반으로 자신만의 구매 결정을 하게 해준다.

능동적인 필터링(Active filtering)은 많은 경우에 많은 사람들에게 유용하다. 이 능동적인 필터링은 유도 웹 검색기반이 없는 경우(Non-guided Web Search)에 가장 중요하고 효율적이다. 유도 웹 검색기반이 없는 것은 단지 수 많은 정보만을 생산하기 때문에 정보에 정확하게 접근하려고 하는 사람에게는 효율적이지도 유용하지도 않다.

2) 수동적 필터링(Passive Filtering)

미래의 가장 잠재력있는 협업 필터링 방법은 정보를 함축적으로 수집하는 수동적 필터링(Passive Filtering)이라고 여겨지고 있다. 여기서 웹 브라우저는 사람들의 행동을 추적하고(following) 평가에 의해 사용자들의 기호도를 저장하기 위하여 사용된다. 이 필터는 사용자들이 좋아할만하고 추천받을 만한 관심사 중의 다른 상품을 구매 결정하기 위하여 사용된다.

수동적인 협업 필터링의 중요한 특징은 사용자가 문서를 단순히 스캐닝 할 것인지 정독을 할 것 인지에 대한 결정을 하기 위한 측면에서 시간을 사용한다. 이 시스템의 가장 큰 장점은 능동적인 필터링에서 일반적으로 나타나는 분석들로 부터 특정한 변화를 제거할 수 있다는 것이다. 예를 들어, 단지 특정한 종류의 사람만이 사이트의 평가를 하기 위해 시간을 보내는 것과는 달리 수동적 협업 필터링에서는 모든 사람이 자동적으로 주어진 데이터를 가지고 접근할 수 있다.

3) 사용자 기반 협업 필터링(User-User Algorithm collaborative filtering)

두 사용자의 공통된 아이템을 기반으로 얼마나 많이 일치하는지 거리를 수치화 하는 방법을 사용한다. 예를 들어, Jim과 Jane이 각각 트론이라는 영화에 5점을 입력하였다면, 그 둘 사이의 거리는 0 이다. 반면, 한명은 5점, 나머지 한명은 3점을 입력 하였다면 거리는 늘어나게 된다. 이러한 사용자간의 유사도를 활용하여 추천하는 방식이 사용자 기반 협업 필터링이다. 그러나 사용자 기반 필터링은 공통점을 이끌어 내는 것이 어려운 문제점이 있다. 사용자 간의 공통점이 추천에 활용될 수 없을 만큼 데이터가 부족할 수 있기 때문이다. 예를 들어, 대부분의 사람들은 블록버스터 영화에 선호도가 집중하는 경향이 있다. 대부분의 데이터가 블록버스터 영화에만 데이터가 몰려 있기 때문에 추천의 결과가 모든 사용자들에게 동일한 현상이 발생할 확률이 높으며, 이는 추천에 대해 무의미한 결과를 가져 오기도 한다. 또는 웹사이트를 기준으로 볼 때 어떤 페이지의 특정 부분을 클릭 하는데 많은 시간이 걸리기 때문에 데이터 수집 자체에 어려움을 겪을 수 도 있다. 추천에 있어서 부족한 데이터의 요소로 인해 공통요소(분류기준)을 분류한다는게 아주 단순하다고 볼 수는 없다. 따라서 이를 보완할 수 있는 방법 중 하나가 아이템 기반 협업 필터링이다.

사용자 기반 필터링은 사용자간 유사도를 계산하여 다른 사용자에게 추천해 주는 방식임으로, 특정 상품이나 서비스에 대한 사용자의 평가 데이터가 존재할 때 사용자간 유사도 계산을 할 수 있다. 따라서 사용자가 신규 가입자이거나 인터넷 쇼핑몰 초창기에 데이터가 별로 없으면 추천의 정확도가 떨어질 수 있다.

장점과 단점에 대해 말해보자면, 사용자기반 필터링은 아이템 자체의 정보 없이 추천이 가능하고, 알고리즘이 비교적 간단하여 구축하기가 쉽다. 그러나 사용자-아이템의 양이 많아질수록 연산이 복잡해지고 컴퓨팅 자원 소모가 많이 된다. 또한 신규 가입자일 경우 선택된 아이템이 없어 유저간 유사도를 구할 수 없다는 단점이 있다.

4) 아이템 기반 필터링(Item-Item Algorithm collaborative filtering)

아이템 기반 필터링은 협업 필터링의 또 다른 방법으로서 사용자들 대신에 평가된 아이템이 파라미터(parameter)로 사용된다. 아이템 기반 협동적 필터링은 대부분의 사람들이 과거에 자신이 좋아했던 상품과 비슷한 상품이면 좋아하는 경향이 있고 반대로 싫어했었던 상품과 비슷한 상품이면 싫어하는 경향이 있다는 점을 기반으로 하고 있다. 이 필터링 방법은 고객이 선호도를 입력한 기존의 상품들과 예측하고자 하는 상품과의 유사도(similarity)를 계산하여 고객의 선호도를 예측하는 방법이다.

즉, 예측하고자 하는 상품과 비슷한 상품들에 대하여 고객이 높은 평가를 하였다면 그 상품도 높게 평가를 할 것이라고 예측하고,

낮은 평가를 하였다면 그 상품도 낮게 평가를 할 것이라고 예측하는 것이다. 아이템 기반 협동적 필터링 방법은 상품들간의 유사도를 계산하기 위하여 두 상품에 모두 선호도를 입력한 고객들의 선호도를 사용한다. 그러나 고객들간의 유사도가 전혀 고려되지 않기 때문에 만약 특정 고객과 전혀 선호도가 비슷하지 않은 사용자들의 평가를 기반으로 한다면 상품들간의 상관 관계의 정확도가 떨어지고 아울러 추천 시스템의 예측 능력과 추천 능력이 저하될 수 있다.

오늘날 대부분의 추천 시스템은 사용자 기반 대신 아이템 간의 거리를 사용하는 아이템 기반 알고리즘을 활용한다. 아이템 기반에 대해 설명하기 위해 예를 들자면, 톰클랜시의 책을 좋아하는 사람들이 Clive Cussler의 책도 아주 좋아한다면, Clancy와 Cussler는 아주 가깝다고 볼 수 있다. 즉, 사용자 기반과 동일하게 유사도를 기준으로 아이템 간의 거리를 측정한 후 유사한 아이템을 추천하는 방식이라고 할 수 있다. 대부분 사용자 대비 아이템이 적은 수를 차지하고 있기 때문에 아이템을 기준으로 볼 때 아주 다양한 관계 데이터가 발생할 확률이 높다고 볼 수 있다. 이러한 방식은 데이터가 누적 될수록 추천의 정확도가 높아질 수 있다는 가능성이 있다.

다시말하면 아이템기반 협업 필터링은 아이템간의 유사도를 측정하여 사용자가 아이템을 조회했을 때 유사상품을 보여줌으로써 제품을 추천해주는 방식이다.

아이템기반 협업 필터링의 장단점을 말해보자면, 장점은 아이템 자체의 정보 없이 사용자에게 추천이 가능하고, 인터넷 사이트에 가입한 지 얼마 되지 않은 신규 가입자에 대해서도 추천이 가능하다. 하지만 유저-아이템의 데이터가 많아질수록 연산이 복잡해지고 컴퓨팅 자원이 많이 소모된다. 또한 초기 서비스시 데이터 양이 적을 때 추천 정확도가 떨어진다는 단점이 있다.

2. 협업 필터링의 활용

협업 필터링에 몇몇 단점이 있지만 실무에서의 우수성을 인정 받아 많은 웹 사이트에 적용되었다. 현재 운영중인 웹 사이트에서 제공하는 대표적인 서비스는 다음과 같다.(<표 8.3>참조)

위의 표에 있는 서비스를 살펴보면, 각 사이트에서는 고객이 선호하는 제품이나 고객의 선호도를 특정한 방식으로 표현하도록 하고 있다. 또한 표현 되어진 선호도를 타인의 선호도와 비교하여 적절한 서비스를 제공하거나 타인의 선호도를 열람 할 수 있도록 하여 추가적인 구매를 유도하는 형태로 서비스를 제공하고 있다는 것을 알 수 있다. 이와 같이 협업 필터링은 유사한 성향의 고객의 선호도를 토대로 상품을 선정하고 추천하는 방식이라 할 수 있다.

수 많은 다양한 웹 사이트에서 협업 필터링을 사용하는 이유는 다음과 같은 세 가지의 목적을 달성하기 위한 도구로 인식되고 있기 때문이다. 첫 번째는 단순 방문자를 구매자로 전환시키고자 하는 목적이다. 자주 방문하지만 구매를 하지 않는 고객이 있다면 성향과 관심에 적합한 추천 상품을 고객에게 추천하고 이를 구매하

<표 8.3> 협업필터링 활용 사례

사이트	추천 서비스	서비스 형태
Amazon	Customer who bought	- 고객이 선택한 책을 이미 구매한 고객들이 가장 빈번하게 구매하는 책을 추천 - 고객이 선택한 책의 저자의 책을 이미 구매한 고객들이 가장 빈번하게 구매하는 저자의 책을 추천
	Book Matcher	- 고객이 읽어본 책에 대한 평가를 하도록 함
	Customer Comments	- 다른 고객이 평가한 사항에 대한 정보 제공
eBay	Feedback Profile	- 거래가 이루어지면 거래에 대해 평가를 하도록 하고, 이를 구매자에게 정보제공(만족 / 불만족 – 상품, 판매자)

도록 하는 것이다. 두 번째는 고객이 상품을 구매하려고 할 때, 추가적으로 고객의 취향에 적합한 상품을 추천하여 같이 구매를 하도록 하는 목적이다. 고객의 특성을 파악하여 고객의 취향과 관심에 적합한 제품을 권유함으로써 판매량을 증대시킬 수 도 있고 최고한 고객이 가질 수 있는 거부감을 줄일 수 있다. 마지막 세 번째는 고객의 충성도를 높이고자 하는 목적이다. 고객의 취향에 적합한 상품을 추천해 줌으로써 고객의 만족도는 향상되고, 이는 고객의 웹 사이트 재방문과 구매로 이어져 전반적인 고객의 충성도를 높일 수 있는 실질적 수단이 될 수 있다.

하이브리드 협업 필터링 기법을 활용한 추천시스템을 통한 웹사용자의 수익성 제고

협업 필터링은 보편적으로 웹 마이닝 기법 중에 하나로 쓰여왔으나 기존의 협업 필터링은 이웃 집단 협엽 필터링으로써 한계점이 존재하였다. 하지만 하이브리드 협업 필터링은 연관규칙과 의사결정트리를 이용한 기법으로 고객의 프로필 정보를 활용한 추천시스템을 제공할 수 있다. 먼저 웹 데이터에 저장된 구매 이력 데이터를 이용하여 고객 평가를 할 수 있다. 고객 수익성 점수를 계산하여 매출 정도에 따라 우량 고객, 일반 고객, 불량 고객으로 세분화 하는 동시에 웹 사용자의 구매 패턴을 바탕으로 고객의 구매 능력을 측정할 수 있다. 각 집단의 구매능력에 맞는 가격의 제품, 동시에 그들이 선호할 만한 제품을 추천한다면 사용자들로부터 더 많은 수익을 끌어낼 수 있을 것이다.

IV. CRM 분석활동

제9장 전통적 분석활동

CRM 분석활동은 모아진 고객 데이터로부터 다양한 데이터 마이닝 방법을 이용해서 기업이 고객에게 경쟁사에 비해 더 많은 가치를 부여할 수 있도록 하는 것이다.

따라서 본장에서는 고객에 대한 이해와 함께 CRM의 대표적인 전통적 분석활동인 고객 세분화, 고객획득, 고객유지, 교차판매에 대하여 살펴보겠다.

제1절 고객

고객관계관리에서 가장 많이 언급되는 중요한 개념은 고객이다. 고객관계관리는 고객과의 관계를 극대화하여 기업의 이익을 발생시키는 것이 주목적이다. 이렇듯 기업에게 고객은 가장 중요한 요소이며, 고객의 데이터를 활용하여 분석활동이 수행된다.

제1항 고객 개요

고객이란 무엇인가? 도대체 누가 고객이라고 할 수 있는가? 좁은 의미에서 고객이란 단순히 상품과 서비스를 구매하거나 이용하는 손님을 나타내고, 넓은 의미에서는 상품을 생산하고 이용하며 서비스를 제공하는 일련의 과정에 관계된 자기 이외의 모든 사람이라 할 수 있다.

고객에 대한 이해의 첫걸음은 본질적으로 고객이 하나가 아니라는 점이다. 고객은 저마다 다른 가치를 가지고 있다. 따라서 고객은 수많은 개별 집단으로 나뉘어 질 수 밖에 없다. 기업도 나뉘어진 각각의 고객집단에 적합한 전략을 구사할 수 밖에 없게 된 것이다. 만약 당신에게 "당신의 고객은 누구인가?" 라고 질문한다면 당신은 어떻게 대답할 것인가? 어떤 기업의 고객은 그 기업의 상품이나 서비스를 구입하거나 사용하는 소비자가 될 것이며, 기업의 경우에 소비자뿐 만 아니라 임직원이나 공급업자 및 협력업자, 그리고 언론 등이 확장된 의미에서의 고객이라 할 수 있다.

제2항 고객의 종류

1. 내부고객

기업내의 사내고객을 내부고객이라고 할 수 있다. 내부고객의 만족이 고객만족의 출발점이 되므로 사내고객은 기업 입장에서 가장 먼저 만족시켜야 할 고객이 된다. 불만족한 사원이 고객에게 좋은 서비스를 제공해 고객을 만족시키기는 힘들기 때문이다. 사원을 내부고객으로 대우하고 만족시켜 사기를 높여주면 최종고객인 소비자를 만족시키기 위해 최상의 노력을 할 것이다. 자신에게 주어진 역할에 만족하는 사원만이 고객에게 최선의 서비스를 제공하기 때문에 고객만족 기업으로서 경쟁력을 갖추려면 내부고객부터 만족시켜야 한다.

2. 중간고객

소비재 생산기업은 최종고객을 직접 상대하기보다는 대부분 판매점 등 중간상을 두고 거래하고 있다. 따라서 판매점은 기업과 소비자 사이에게 가치를 전달하는 중간고객이 된다. 중간고객, 즉 가치전달 고객에는 판매점이나 대리점 외에도 원료공급원 내지 협력업체들을 포함시킬 수 있다. 중간고객의 중요성은 바로 이들을 만족시키지 못하면 결국 최종고객인 소비자 역시 만족시키기 힘들다는 데에 있다.

3. 최종고객

개별적 소비자들이 모여지면 커다란 힘으로 작용하여 기업의 변화를 주도하는 원천이 된다. 만족한 고객이 모아지면 그 기업은 성장하게 되지만, 불만족한 고객이 모아질 경우에는 어려움에 처하게 될 것이기 때문이다. 소비자는 사용자라는 점에서 가치사용 고객에 해당된다. 그런 의미에서 기업은 고객이 가장 중요한 존재인데 그 이유는 첫째, 고객은 기업에게 이윤을 안겨주는 존재이다. 둘째, 고객이 기업에 의존하는 것이 아니라 기업이 고객에게 의존하는 것이다. 셋째, 기업은 고객을 위해 존재하는 것이다. 넷째, 기업이 고객에게 서비스를 베푸는 것이 아니라 고객이 서비스할 기회를 제공해 줌으로써 호의를 베푸는 것이다. 바로 이 점들을 깨달아야 고객의 중요성을 바로 알고 있다고 할 수 있다.

4. 기존고객

다양한 제품이 쏟아져 나오고 요즘과 같이 제품의 차이가 별로 나지 않는 시장에서 새로운 고객을 찾는다는 것은 어려운 일이다. 한편 고객의 기대에 어긋나 고객을 잃는 경우가 있는데 이를 방치하면 결과는 너무나도 뻔한 일이다. 이러한 상황이라면 신규고객 유치를 위해 비용을 투자하여도 아무런 도움이 되지 않을 것이다. 따라서 고객만족 경영에서는 먼저 기존의 고객을 대상으로 만족도를 향상시켜서 그들 고객을 확실히 고정화 시키는 것을 최우선 목표로 생각한다. 즉, 고객만족 경영에서 만족도를 생각할 경우 그 대상은 바로 기존의 고객이다.

5. 잠재고객

잠재고객이라 함은 판매하고자 하는 제품이나 서비스를 구매할 수 있다고 판단되는 타겟마케팅층의 고객(신규확보 대상층에 놓인 고객층)을 의미하며 현재는 다른 경쟁업체를 이용하고 있거나 지금까지 단 한번도 해당기업의 제품이나 서비스를 이용한 적은 없지만, 해당기업의 제품이나 서비스에 대해 알고 있어 우리 고객으로 확보할 수 있다고 판단되는 고객을 말한다. 또한 특정 제품이나 서비스에 대해 문의를 하는 소비자 중에서 자신의 신분이나 연락처를 밝히는 고객을 말한다.

6. 불만 고객

기업이 제품이나 서비스를 제공하는 과정 중에서 고객의 불만이 발생하게 되는데 이러한 불만에 대해 회사를 상대로 표현하고 해결을 요구하는 고객이 불만 고객이라 할 수 있다. 불만을 표현하는 고객을 그렇지 않은 고객보다도 상대적으로 회사의 발전과 경쟁력 향상에 없어서는 안 될 중요한 고객이라고 할 수 있다.

왜냐하면, 그들의 불만을 해결하는 과정에서 회사는 문제점과 취약점을 개선 할 수 있는 기회를 얻을 수 있기 때문이다. 또한 불만처리를 통하여 만족한 고객은 재 구매율이 높을 뿐만 아니라 주변의 다른 사람에게 만족감을 홍보하여 신규고객을 창출하는 역할까지 수행하는 것이다.

제2절 고객 세분화

고객 세분화란 성향이 다른 여러 고객군에게 차별화된 마케팅 전략을 구사하기 위해 공통된 속성을 가진 고객군을 묶어 내는 방법이다. 고객 세분화는 적절한 수의 고객군을 추출할 수 있어야 하며, 각 고객군들의 속성이 가능한 차별화가 되어야 하며, 하나의 고객군에 속한 고객들 끼리는 가능한 많은 공통적인 속성을 가질 수 있도록 고객군을 도출해 내는 것이 중요하다.

마케팅활동의 효율성 제고를 위해서는 시장 및 고객에 대한 정보의 수집과 이를 기초한 고객 세분화가 전제되지 않으면 안된다. 이는 소득증대와 함께 점차 다양화, 개성화되고 있는 이용 고객들의 요구에 대응하여 서비스도 다양화, 세분화되어야 한다는 것을 의미한다. 고객시장을 세분함으로써 세분시장의 특성에 적합한 마케팅전략을 통해서만이 생존할 수 있기 때문이다.

고객을 세분화함으로써 다음과 같은 이점을 얻을 수 있다. 첫째, 고객요구·구매동기 등의 관점에서 고객특성을 보다 정확히 파악할 수 있다. 이를 통해 변화하는 고객요구에 대응할 수 있는 마케팅믹스를 개발함으로써 고객만족과 수익성을 제고시킬 수 있다. 둘째,

자사의 경쟁적 강점과 약점을 평가하고 가장 유리한 고객계층을 선택하여 효율적인 마케팅활동을 전개해 나감으로써 경쟁력 있는 지위를 획득할 수 있다. 셋째, 고객 세분화를 통해서 고객들의 요구를 정확히 충족시킬 수 있으므로 금융기관 등에 대한 충성도를 제고시킬 수 있다. 또한 마케팅 활동에 대한 고객들의 반응을 손쉽게 파악할 수 있고 그 반응에 적합하게 마케팅자원에 배분함으로서 가장 효과적인 결과를 얻을 수 있다. 넷째, 고객 세분화를 통해서 목표시장을 뚜렷이 설정할 수 있게 되며, 마케팅활동의 평가척도 및 마케팅 계획 작성에 있어 기본적인 자료를 제공해 준다.

그러나 고객 세분화를 통해서 마케팅 과정상 일어날 수 있는 모든 문제를 해결할 수 있는 것은 아니며, 마케팅 담당자는 고객 세분화의 한계점을 인식해야만 한다. 세분화는 단지 특정집단의 복합적인 측면을 고려하는 것으로 세분화된 시장 내의 개별 구매자의 특성과 같은 정보를 포함하고 있지는 못하다. 특히 점차 다양화되고 있는 고객들의 라이프스타일은 고객 세분화를 더욱 어렵게 만들고 있다. 또한 세분화연구가 다른 마케팅 또는 조직의 결함을 치유할 수 있는 구체적 수단은 아니며 최선의 세분화 방법도 정기적으로 평가되고, 새로운 상품, 촉진, 가격, 유통 전략이 뒷받침되지 않은 한 효과를 얻기 힘들다.

고객 평가가 고객에 대해 점수를 매기는 것이라면, 고객 세분화는 고객을 몇 개의 군집으로 나누어 보는 것이다. 물론, 고객 평가도 수익성이나 우량성 등을 기준으로 아주 자세하게 점수로 고객을 나누는 것이므로 넓은 의미의 고객 세분화에 포함된다. 즉, 양적인 고객 세분화라고 볼 수 있다.

반면, 지금부터 논의하는 고객 세분화는 질적인 측면의 고객 세분화다. 고객 세분화는 어떤 기준을 적용하느냐에 따라 무수히 많은 집단으로의 세분화가 가능하다. 고객 세분화의 기준은 매우 다양하다. 그 중 CRM 측면에서 의미 있는 세분화 기준으로는 마케팅 믹스, 인적 특성, 사용 행태, 구매 행태 등을 생각해 볼 수 있다.

제1항 고객 세분화의 장점

고객 세분화는 선진국 시장의 이질적인 특성의 파생에서 비롯되었다. 제품과 서비스를 소비자의 필요와 욕구에 따라 제공해야만 했고, 이것은 또한 인구에 따라 널리 다각화 되었으며 회사들은 제품과 서비스를 차별화 시켜 제공하고자 하였다. 따라서 아이디어와 시장 세분화를 위한 주요 목적은 마케터가 고객들간의 차이를 알아냄으로서 그들에 대한 결정을 실행하는데 있었다.

결과적으로, 그들의 마케팅 전략으로 세분화 관련된 조직은 대량 시장을 위한 표준 제품과 서비스를 제공하는 경쟁자와 비교하여, 추가 혜택을 받을 수 있다. Recklies 는 이러한 혜택을, 그들의 고객을 분류하고 있는 기업들을 위해 7가지 이유로 나누고 있다.

- 소비자의 니즈와 그들이 원하는 것에 대한 보다 나은 대응: 각 소비자 그룹의 요구사항을 알아내는 것은 기업으로 하여금 동일한 제품이지만 보다 매력적으로 어필할 수 있으며 사용자 정의

버전을 통해 더 매력적으로 다가갈 수 있으며 번들, 양식 인센티브 등 판촉 활동을 준비 하는데 도움이 된다.

- 이익 극대화: 시장을 분리하는 것은 마케터로 하여금 같은 제품을 가격 측면에서 다각화 할 수 있도록 한다. 그리고 자기시장 잠식의 우려가 없이 프리미엄 및 소비자를 위한 높고 낮은 마진으로 판매가 가능하다.
- 시장을 넓힐 수 있는 기회: 개인화된 제품은 까다롭거나 정통한 소비자의 관심을 끌 뿐만 아니라 새로운 고객을 충성도 높은 고객으로 이끌 수 있다.
- 소비자의 최근 라이프 사이클에 따른 적절한 조정: 생활의 경제적 시간적 측면에서 파생된 소비자의 행동 태도 및 환경 설정의 끊임없는 변화는 생활주기에서 클라이언트의 현재의 단계에 해당하는 제품의 적절한 버전을 제공하여 관리할 수 있다.
- Targeted communication: 선택한 세분화에 따라 같은 제품은 소비자 그룹의 각각 특징과 혜택의 다양한 설정을 통해 인식 수도 있다. 따라서 더 많은 고객을 유인하기 위해 마케팅 메시지의 차별을 시행하여야 한다.
- 혁신적 자극: 개인화된 회사의 제품 포트폴리오는 소비자들의 욕구를 충족하고 제품을 구입하는데 추가 비용을 지불 할 수 있도록 하고 회사 입장에서는 경쟁 회사에 비하여 이득 혁신 적인 부분에서 자신을 차별화 할 수 있도록 한다.
- 마켓 쉐어의 증가: 시장에 진출함에 있어 경쟁 제품에 비하여 추가 시장 점유율을 얻을 수 있고, 시장을 나눔으로서 고객으로

하여금 매력적인 그룹 서비스를 전달 할 수 있다.

Recklies는 소비자 세분화의 커뮤니케이션 및 제품 기반의 장점에 초점을 맞추고 있지만 Kotler는 전체적인 마케팅 믹스 접근법을 제안한다. 동질적인 그룹으로 소비자를 나누어 관리한다는 그의 의견은 대량 시장에서 타겟 시장으로 시장 철학이 바뀌게 되어 돋보이게 되었다. 4P에 적합한 매개 변수의 결정을 통하여 회사는 시장 침투를 위한 더 나은 기회를 얻게 된다 따라서, 자원을 호의적이지 못한 고객에게 낭비하는 일을 방지할 수 있다. 즉 사전에 정의한 고객 세분화를 통해 해당하는 가격을 설정하고 매력적인 판촉 전략을 채택하여 그것과 일치하는 유통 채널을 만드는 것은 회사의 비용 절감과 올바른 제품을(마케팅 믹스 요소의 패키지 조합으로 인식) 올바른 마켓에 전달함으로서 시장이익의 극대화로 이어질 것이다.

제2항 고객 세분화 기준

1. 마케팅 믹스에 의한 세분화

마케팅 믹스는 고객 세분화를 위한 기준은 아니다. 오히려 고객 세분화의 결과에 따라 마케팅 믹스를 전개하는 것이 원칙이다. 그러나 미래의 마케팅 믹스는 고객 세분화의 기준으로 유용하게 활용될 수 있다. 마케팅 믹스에 의한 세분화 기준은 제품, 가격, 채널,

프로모션 반응도 등으로 나누어 생각해 볼 수 있다.

1) 제품에 의한 세분화

고객이 구매한 제품 혹은 선호하는 제품을 기준으로 고객을 나누어 보는 방법이다. 예를 들어 TV의 구매 고객을 제품 기준으로 세분화해 보자. 먼저 대형 TV, 중형 TV, 소형 TV 등 제품의 크기를 기준으로 세분화할 수 있다. 또 PDP, LCD, LED등으로 구분할 수 있다. 또한 수평해상도와 같은 성능, 음성 다중이나 스테레오와 같은 부가 기능, 디자인에 의해서도 세분화할 수 있다. 이와 같은 제품 세분화를 정리해 보면, 제품의 용도에 의한 세분화, 기능에 의한 세분화, 디자인에 의한 세분화 등으로 나누어 볼 수 있다.

2) 가격에 의한 세분화

비슷한 용도, 기능, 디자인의 제품이라도 비싼 제품과 싼 제품이 있다. 고객이 어떤 가격대의 제품을 좋아하느냐는 중요한 세분화 기준이 될 수 있다. 가격에 대한 선호도는 고객의 취향뿐만 아니라 구매력을 반영하기도 한다. 또, 가격은 제품의 기능이나 디자인을 사실상 결정짓기도 한다. 가격에 의한 세분화는 매스 마케팅에서 가장 기본이 되는 세분화 기준이며, CRM에서도 역시 중요한 기준이다.

3) 채널에 의한 세분화

복수 채널(multi-channel)을 보유한 기업의 경우, 고객이 인터넷을 통해 구매하는 것을 좋아하는지, 전화 주문을 좋아하는지, 아니면 일반 매장에서 구매하는 것을 좋아하는지, 또 일반 매장 중에서도 백화점 매장을 좋아하는지, 전문 독립 매장을 좋아하는지를 기준으로 고객을 세분화할 수 있다.

4) 프로모션 반응도에 의한 세분화

기업 간의 경쟁이 치열해지면서 다양한 프로모션 활동이 벌어지고 있다. 그런데 작은 판촉물에도 쉽게 움직이는 고객이 있는가 하면, 프로모션에 아주 무감각한 고객도 있다. 이와 같은 프로모션 활동에 대한 반응도 차이는 고객 세분화의 기준이 될 수 있다.

프로모션 반응도가 낮은 고객에게 이런저런 상품 구매를 권유하는 것은 비효율을 넘어서 해가 될 수도 있다. 프로모션 반응도가 낮은 고객은 상품 권유를 귀찮아하기 때문이다. 한편, 프로모션 반응도가 낮게 나타나는 것은 고객의 특성보다 프로모션 자체의 문제 때문일 수도 있다. 타사에 비해 차별화되지 않은 프로모션에 고객에 쉽게 반응하기는 어렵기 때문이다.

2. 인적 특성에 의한 세분화

인적 특성에 의한 세분화는 인구통계적 특성이라 불리는 기초 인적 속성에 의한 세분화와 심리적 특성에 의한 세분화로 나눌 수 있다. 기초 인적 속성에는 성별, 연령, 소득, 직업, 거주지 등이 포함되며, 심리적 특성에는 성격과 가치관이 포함된다. 또, 최근 중요하게 대두되는 기술에 대한 태도도 심리적 특성에 포함된다고 볼 수 있다. 기술에 대한 특성은 기술통계적 특성이라고 따로 분리하여 논의하기도 하지만, 성격이나 가치관의 일종이라고 보는 것이 더 타당하다.

3. 사용 행태에 의한 세분화

고객이 해당 제품을 얼마나 많이 이용하는지, 그렇지 않으면 조금 이용하는지를 기준으로 한 세분화다. 대량 사용자는 소량 사용자에 비해 수익 기여도가 클 뿐만 아니라 제품에 대한 관여도가 높아서, 다른 소비자들에 대해 의견 선도자의 역할을 하는 경우가 많다. 예를 들어서 이동통신 가입자를 사용량에 따라 세분화 하는 경우이다.

4. 구매 행태에 의한 세분화

고객이 상품을 구매할 때 얼마나 자주, 얼마만큼 구매하는지, 또 어떤 구매 의사 결정 프로세스를 밟는지, 구매시에 무엇의 영향을 받는지 등을 기준으로 고객을 세분화할 수 있다.

1) 구매 빈도·구매량

똑같은 치약을 사더라도 한 번에 1개씩 사는 사람이 있는가 하면 한 번에 한 박스씩 사는 사람도 있다. 이처럼 고객마다 다른 구매

빈도 및 구매량에 따라서 고객을 세분화할 수 있다. 특히 인터넷을 통한 구매의 경우, 매장에 직접 찾아갈 필요가 없으므로 구매 빈도나 1회 구매량 등이 오프라인 매장에서의 구매와 달라지게 된다.

2) 의사 결정 프로세스

의사 결정 프로세스는 두 가지로 나누어 볼 수 있다. 하나는 정보 탐색 과정을 거치지 않는 단순한 의사 결정 프로세스다. 여기서는 정보 탐색을 위해 특별한 활동을 벌이지 않고 습관적으로 결정하게 된다. 또 하나는 정보 탐색 과정을 거치는 복잡한 의사 결정 프로세스다. 여기서는 특별한 정보 탐색 활동을 수반하여 결정하게 된다. 이 같은 의사 결정 프로세스의 차이는 기본적으로 구매 의사 결정의 대상이 되는 상품의 중요성에 의해 좌우된다. 즉, 자동차를 사는 것은 중요성이 높은 의사 결정이지만, 치약을 사는 것은 중요성이 낮은 의사 결정이다. 그렇지만 똑같은 상품이라도 고객의 특성에 따라서 의사 결정 프로세스는 다를 수 있다. 식빵 하나를 사더라도 꼼꼼히 생각하고 비교하는 고객이 있는가 하면, 아무 생각 없이 반복 구매하는 고객도 있다. 이와 같은 의사 결정 프로세스의 차이에 따라 고객을 세분화할 수 있다.

제3항 고객 세분화의 종류

기업이 성공적인 고객 세분화를 수행하기 위해서는 성취하고자 하는 최종 목표를 알고 있어야 할 뿐만 아니라 차별 기준의 유형을 알고 있어야 한다. 각각의 고유한 조직은 우선순위 및 제품 포트폴리오의 독자적인 설정 뿐만 아니라 고객의 특성을 가지고 있어야 하며 특히 특성 변수의 복잡함을 인식 해야 한다. 따라서 소비자에 대한 깊이 있고 정확한 설명은 매우 비용이 많이 소요되어도 많은 회사들에게 불가능 한 일이다. 따라서 마케터들은 보다 큰 세그먼트로 각각의 고객을 특성에 따라 병합하고 그룹화 한다. 이런 여러 가지 유형의 차이점은 모든 조직의 비즈니스와 관련된 특정 주제를 기반으로 한다.

Kotler와 Keller는 세분화 프로세스에서 사용되는 지리적, 인구통계적, 심리학적 그리고 행동적으로 주요 방법을 구별하였다. 변수에 대한 가장 명확하고 합리적인 형식으로서 언급한 네가지 소비자 특성을 이용하였다. 하지만 많은 조직들이 언급한 유형에서 발생하는 기능이 부족하다는 결론에 도달하여 일상업무에서 또 다른 두 가지 기준인 혜택 및 생활 환경을 구별하기 시작하였다. 여섯 가지 세분화 기준에 대한 간략한 설명 뿐만 아니라 그것들에 의해 만들어진 것들은 다음 단락에서 설명 되었다.

1. 지리적 기준

이 방법에 의한 소비자 세분화는 지리적 위치에 기초하여 특정 그룹으로 할당되고 있다. 제품에 따라 변수로 표현한 것은 지역, 도시, 카운티, 지역, 주, 국가 및 대륙이다.

지리적 세분화에 대한 간단한 예제로 로컬 피자를 제공하는 홈

배달 서비스의 경우이다. 소비자 세분화를 할 때 회사의 위치가 고려될 수 있다.

- 현장 고객 – 현장에서 식사함으로 배달 비용을 필요로 하지 않는다.
- 가까운 지역 주문 – 회사의 가까운 곳이나 이웃에 위치하며 무료로 배달한다.
- 지역 주문 – 같은 지역이지만 약간 먼 지역에 위치한 주문자로 최소한 두 판의 피자를 주문 시 무료 배송.
- 원거리 주문 – 배달 지역 밖에 위치하며 서비스에서 제외.

이러한 방법이 세분화에 가장 편리하고 효율적인 유형 중 하나이지만, 고객이 보유한 고유한 특성을 표현하지 않으므로 고객의 고유한 특성을 이해하지 못한다는 단점이 있다.

2. 인구 통계적 기준

소비자를 사회 계급, 소득, 교육, 가족 크기, 성별 이나 연령에 근거하여 소비자를 구별하는 것이 인구통계학적 세분화의 특징이다. 고객간의 명확한 구분을 가지는 것이 많은 산업에서 일반적이다.

좋은 예로, 새로운 시리즈의 페이셜 크림을 생산하는 화장품 회사가 있다. 화장품 시장의 특정한 특성으로 인해 생산자는 소비자의 남자와 여자, 두 가지 주요 그룹을 구별 할 수 있다. 이에 추가하여, 회사는 아마도 높은 소득을 가지고 있는 소비자를 위하여 프리미엄 보습 크림과 40세 이상 되는 주름 방지 크림을 만들도록 결정할 것이다.

반면에 인구 통계학적 기준은 크림을 구입하는 소비자의 연령 성별 등에 대한 경제적 능력을 반영하지 않는 정의로서 한계를 가지고 있으며, 또한 처음으로 화장품을 구입 하는 도와주는 역할을 한다.

3. 심리적 기준

시장세분화의 심리적인 유형은 인구통계학적 특성을 공유하는 고객의 문제에 대응하기 위해 만들어졌지만 동시에 서로 다른 심리적 프로파일을 표현한다. 이러한 상황은 기업으로 하여금 강제로 두 기준에 결합과 같은 가치, 라이프 스타일 혹은 심리적·성격적 특성과 같은 심리적인 집합을 만들게 한다.

세분화의 기준에 대한 예로 큰 도시의 중심에 있는 편의점과 같은 하이퍼 마켓을 들 수 있다. 라이프스타일의 변화로 인해 밤시간에 상점을 운영할 필요성이 생기게 되어 더 많은 사람들을 위해 전환 하였다. 그들은 간식과 주류 음료 등 뿐만 아니라 "쇼핑" 한다. 대형 슈퍼마켓 체인 중 일부는 생활 습관의 변화를 파악하기 때문에 새로운 고객 세분화의 필요에 반응하여 24시간 시스템의 자사 점포 운영을 결정했다.

소비자 판별에서 오는 가장 강한 장점은 구입의 목적은 각 사회의 계급(소득수준), 개성에 따른 그룹과(브랜드에 대한 감정 첨부) 라이프 스타일(그들이 계절적 상품과 서비스를 구입하기 전까지)에서 특정 제품에 대한 설명을 하는 능력이다.

4. 행동적 기준

행동적인 면에서 고객을 나눌 수 있어야 하며 과거와 미래의 상호 작용을 기대할 만한 회사를 향한 충성심과 태도와 같은 조건에 따라 평가하여야 한다. (문제가 과거에 발생한 경우 앞으로도 반복해야 한다.

시장 세분화에 대한 행동 예제 중 하나는 도시의 운송회사의 정기권 티켓이다. 고객이 버스를 얼마나 사용하는가에 기초하여 그 고객이 캐주얼, 세미 캐주얼, 혹은 자주 이용하는 그룹에 분류하고 티켓의 특수 유형을 구입할 때 제공된다. (한번, 10번, 1주일권, 한달권)

비록 논란의 여지가 없게 매우 유리한 행동적 세분화는 많은 실수로 이어지는 복잡하고 높은 부문에서 고객에 대한 추가적인 정보가 필요하다. 그리고 고객의 태도와 요구를 설명하는데 큰 단점이 존재하고 프로세스의 실행이 어렵다.

5. 편익에 따른 기준

이러한 유형의 세분화는 단독 아이디어에서 파생된다. 혜택을 기반으로 차별화된 소비자는 특정 제품을 사용하여 안전을 추구한다. 종종 이 유형은 별도로 볼 수 있지만, 혜택 기반은 행동 세분화의 일부로 인식 될 수 있다.

편익에 따른 기준으로 한 세분화는 게임 산업에 일반적이다. 기업의 대부분은 게임을 설계할 때, 그들의 고객이 새로운 친구들과 온라인으로 연결할 수 있는 기회를 추구하고 자신의 가상세계를 탐험하며 많은 시간을 보내고 신속하게 이야기를 완성하거나 성취포인트의 개수를 통해 친구들과 경쟁할 것인가를 선택 하고자 한다. 이러한 니즈에 부합하여 개발자가 게임을 하는데 있어 다양한 조합에 초점을 맞추어야 하고 주요 줄거리의 예상시간이 필요하다.

위에서 언급한 세분화를 위한 접근 방식은 클라이언트 그룹에 따라서 훨씬 더 완전하고 의미있는 그룹을 만들어 오히려 세분화 분석을 통해 만들어진 전통적 방법과는 달리 특히 "평균 소비자"에 접근함에 있어 신선함을 줄 수 있다.

6. 생활주기단계에 따른 기준

생활주기단계에 따른 세분화 방법은 연령, 인구구조 변수들이 실제 사용 패턴에 따라 소비자를 할당하는데 실패한 데에 대한 해결책으로서 만들어지게 되었다. 이러한 상황의 이유는 세대와 사회의 빠른 변화이다. 최근 조부모 또는 대학생이 되는 것은 더 이상 특정 연령에만 해당되는 것이 아니다. 그러므로 그 삶의 단계와 연결된 제품이 광고에 관계없이 모든 연령의 잠재 고객을 모두 만족하는 조정이 필요하다.

시장분화의 이러한 유형은 또한, 인구 통계학적 세분화 기준의 일부로 사용될 수 있다. Kotler와 Keller는 집을 새로 구매하거나 이혼을 결정하거나 노년의 부모를 돌보거나 하는 일을 고객들이 특정 문제를 다룰 필요가 있는 인생의 한 지점으로 설명한다.

생활주기단계에 따른 세분화의 장점은 마케팅 메시지를 이해할 수 있는 문제의 단순성과 낮은 속도, 높은 수준의 특징을 가질 수 있는 부문을 포함한다.

7. 혼합적 기준

이상 위에서 언급한 세분화 변수들은 모두 논리적으로 시장 상황에 연결되어 있고 소비자를 나누는 토대를 제시하고 있지만, 현실에서 기업의 대부분은 다른 기준의 믹스를 사용하기로 결정한다. 이 상황의 주된 이유는 일반적으로 요소의 다양함, 소비자행동의 복잡성 이다. 소비자 세분화의 혼합 기준에 대한 것은 <그림 9.1>에서 제시하였다.

<그림 9.1>에서 고객은 다양한 유형과 기준들로 분류될 수 있다. 단주제의 특징(하나의 기준에만 적용되는 변수) 으로 나눌 수도 있지만, 최종적인 분류 기준은 기업이 추구하는 이익에 상응하는 여러 가지 변수의 혼합으로 만들어진다.

혼합된 기준으로 세분화한 것의 사례는 샴푸 산업에서 찾을 수 있겠다. 여러 가지 변수들 중에서 세 가지 집단은 쉽게 식별할 수

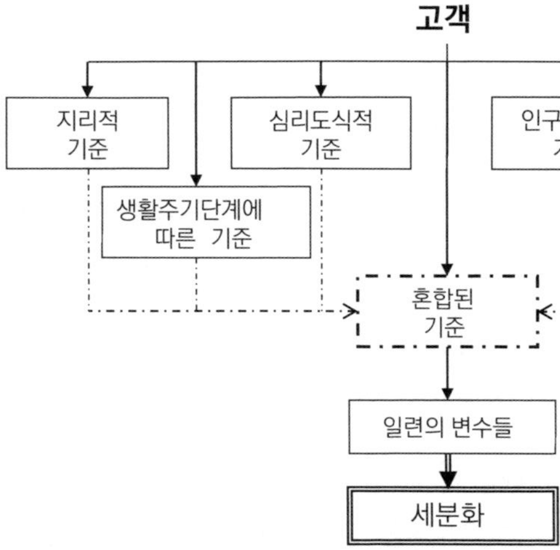

<그림 9.1> 고객 세분화 기준

있다: 남자와 여자(인구통계적), 아이와 어른(인구통계적), 비듬치료와 보습(편익), 염색(행동적). 기준들의 결합만이 마케터들로 하여금 유의미한 세그먼트의 분류를 가능하게 하고, 이처럼 적절한 제품을 적절한 고객과 연결시킬 수 있게 한다.

한편, 이렇게 복잡한 기준으로 고객을 기술하는 것은 자료를 분석하는 일과 동종의 고객을 일관된 집단으로 만드는 일을 더 복잡하게 만든다. 세분화를 이롭게 하기 위해 적절한 변수를 고른다고 해서 반드시 이 과정을 운영하는 법을 알게 되거나, 실제로 운영할 수 있게 되는 것은 아니다. 많은 수의 고객과 차별화가 큰 제품들의 경우에 특히 그렇다. 이러한 경우, "어떻게?"라는 질문에는 CRM 솔루션에 의한 컴퓨터기반 분석으로 답할 수 있다.

제4항 고객 세분화 방법

고객을 세분화 하는 마지막 단계로서 기업은 고객을 그룹화하기를 원하고 고객 데이터를 실제적으로 분할한다. 소비자가 상대적으로 적은 소규모 기업의 경우 차별적인 프로세스는 컴퓨터의 도움 없이 갈 수 있지만, 고객의 경향과 행동 방식에 대하여 정확하고 완벽하게 정보를 만드는 측면에서는 충분치 않다. 따라서 많은 기업들은 고객 관계 관리를 위한 데이터 마이닝 기법을 바탕으로 적절한 프로그램과 고객 데이터 분석을 통하여 표준 분할 과정을 강화하고자 한다. 그것들의 핵심은 알고리즘을(원래 조직의 마케팅 부서에서 사용하는 질문 세트) 기반으로 한 모델로 소비자의 구매 패턴 발견과 상호작용을 알고자 하는 것이다.

분석이 이루어지기 이전에 조직은 먼저 접점을 통한 적절한 데이터를 수집해야 한다. – 즉, 클라이언트가 회사와 연락을 주고 받는 모든 수단(예를 들어, 구매, 상담, 인터넷 문의 전화, 등). 목적에 따라, 새로 구성된 클라이언트 또는 잠재 프로파일은 동질적인 고객 세그먼트를 생성하여 기타 유사한 항목과 함께 특정 그룹에 할당할 수 있다. 자세한 데이터가 있으면, 더 정확하고 유용한 차별적인 결과가 된다. 그러므로 보기의 마케팅적 관점에서처럼, 개인과 비슷한 정도의 고객 그룹을 만들 수 있다.

고객 세분화는 나누는 기준에 따라 여러 가지 측면에서 분류가 가능하다. 방법상의 측면에서 본다면 그리드(grid) 방식, 군집화 방식, 그리고 의사결정나무(decision tree)를 사용하는 방법 정도가 대표적이다. 그리드 방식과 군집화 방식은 데이터 마이닝이나 기계학습(machine learning)에서 부르는 용어로 본다면 기술적(descriptive) 분석에 해당하고 의사결정나무를 사용하는 방식은 예측적(predictive) 분석에 속한다. 예측적 분석이라 함은 분류에 기준으로 사용할 값이 미리 정해져(알려져) 있다는 것을 의미한다. (<표 9.1>참조)

<표 9.1> 고객 세분화 방법 비교

고객 세분화 방식	장점	단점
그리드	간단함 직관적	공란 발생이 많음 여러차원에서 사용 어려움
군집화	통계적 유사성 반영 사전지식 불필요 공란 발생 없음 여러차원 동시사용 용이	통계적으로 생성된 집단의 의미해석 어려움
의사결정나무	명시적으로 목적을 지정 집단의 중요도 반영	지정된 목표값에 종속적 여러 목표값의 종합 반영 어려움

1. 그리드 방식

소수의 미리 설정된 분류기준을 사용하여 각 기준의 일정 값에 해당하는 고객들을 동일한 집단으로 구분하는 방식이다. 대표적인 예가 <그림 9.2>에서와 같이 고객충성도와 고객가치를 사용해 2 x 2 또는 3 x 3 매트릭스를 구성하고 각 셀에 속하는 고객을 해당 집단의 구성원으로 여기는 것이다. 극단적으로 한가지의 항목, 예를 들면 고객의 구매액 만을 사용해서 구매액이 많은 집단과 적은

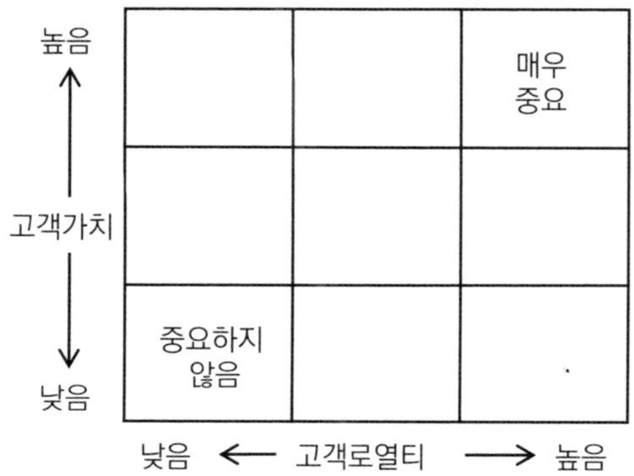

<그림 9.2> 그리드방식 고객 세분화

집단 두 집단으로 분류하는 것도 크게 보면 그리드 방식의 고객 세분화에 속한다.

그리드 방식은 매우 간단하고 직관적이라는 장점을 가지고 있으나 조합중의 일부가 소속되는 고객이 없는 공란이 될 수 도 있으며 집단 구성원의 수가 각 집단마다 크게 달라질 수 있다는 문제점을 가지고 있다. 이와 같은 현상들은 R, F, M 세 변수를 조합한 그리드 방식의 세분화에서라면 쉽게 목격할 수 있다. 또 세분화에 사용하는 차원이 늘어나면 기하급수적으로 집단의 수가 증가하므로 두세 가지를 넘는 수의 차원을 한 번에 사용하기가 곤란하다.

2. 군집화 방식

7장에 언급한 듯이 K-Means 또는 Konene/SOM(Self Organizing Map) 등의 거리 또는 유사성을 계산하는 통계적 알고리즘을 활용하여 집단을 구분해내는 방식이다. 예를 들어서 4 x 3의 Kohonen

네트워크를 사용하여 전체 고객을 군집화한다면 지정된 대로 최대 12개의 집단으로 고객이 나누어지며 서로 다른 수의 고객들이 각 집단에 포함된다.

이렇게 구분된 집단이 가지는 의미는 어떤 고객들의 집합인가에 따라 정해지므로 통상 데이터 마이닝을 위한 도구들은 나누어진 집단이 어떤 특성을 가지고 있는가를 집단을 구분하기 위해 사용한 기준 변수 또는 다른 변수들을 사용하여 프로파일링 할 수 있도록 하는 기능을 제공한다.

군집화 방식은 비교적 객관적인 과정을 통해 고객 세분화를 실행할 수 있다는 큰 장점이 있으나 몇 개의 집단을 나누는 것이 적절할 것인지 그리고 어떤 집단들이 만들어져야 할 것인지 등에 관해서 사전에 어떤 기준을 세워 적용하는 것이 아니라는 문제가 존재한다. 또 한번에 많은 변수를 사용하더라도 그들을 종합적으로 고려해서 집단을 구분하기 때문에 문제가 되지 않으나 군집화 결과로 생성되는 집단이 많아지면 해석하는 과정이 복잡해질 수 있다.

3. 의사결정나무 방식

의사결정나무는 고객 세분화 보다는 통상 예측이나 분류를 위해 사용된다. 군집을 만드는 것과는 달리 목표가 되는 값을 알 수 없는 고객들에 대해 목표 값을 예상하고자 할 때 사용한다. 하지만 의사결정나무를 구성하는 각 집단을 목표 값을 예측하기 위한 용도가 아니라 유사한 고객의 집단으로 간주하기 위해 사용하는 것도 가능하다.

예를 들어 고객들의 내년 구매가능성을 예측하기 위한 의사결정나무를 생성하는 과정에서 구분된 십 여 개의 집단(노드)이 존재한다면 이 각각의 집단을 유사한 특성을 가진 집단이라고 판단하는 방식이다.

의사결정나무를 사용한 고객 세분화는 목표 값을 정확히 예측하는 것을 목표로 집단을 구분한 것이다 보니 노드 내의 구성원간의 여러 가지 측면에서의 유사성 보다는 목표 값과의 관련성이 우선적인 기준이 된다는 것이 문제가 된다. 또 목표 값으로 여러 가지를 동시에 고려하기 위한 방법이 아니므로 각각에 대해 의사결정나무를 만든다면 이들을 종합해 사용하기에 어려움이 있을 수 있다. 하지만 군집화에서는 기대할 수 없는 또 다른 측면을 직관적으로 보여준다는 점은 장점이 된다.

○○ 백화점은 VIP를 정할 때 'RFM 분석기법'을 적용.

○○ 백화점카드 매출액을 기준으로 상위 1%의 고객이 전체 카드매출 중 무려 13%를 차지하며, 상위 20%가 매출의 70%를 책임진다.

제3절 고객 획득

고객 획득은 CRM분석활동에 포함되는 과정의 하나이다. 고객의 획득이란 잠재고객의 확인과 잠재고객의 전환을 통한 신규고객의 창출 과정으로 정의할 수 있다. 즉, 현재 우리 기업의 고객이 아니지만 향후에 우리 기업의 고객이 될 수 있는 잠재고객을 파악하고 이들에게 적절한 마케팅 활동을 제공함으로써 잠재고객이 우리 기업의 신규고객으로 전환될 수 있도록 하는 과정을 의미한다.

따라서 고객 획득은 현재 우리 기업의 고객이 아닌 잠재고객에 대한 자료를 얼마나 충분히 확보할 수 있는가에 따라 분석 결과의 정확성 정도가 결정된다고 할 수 있다. 잠재고객을 파악하기 위한 고객 자료가 충분히 확보되면 이 자료들 중에서 우리 기업의 잠재고객이 될 가능성이 있는 자료들을 추출해야 하며 이를 위해서는 현재 우리 기업의 고객들의 일반적인 특성을 미리 파악하여야 한다.

다시 말하면, 고객 획득이란 기업이 사업을 위해 새로운 고객을 확보하는 과정이다. 고객 획득의 중요성은 조직의 특정 비즈니스 상황에 따라 다르다. 적은 비용으로 가능한 한 많은 고객을 확보하고, 비즈니스를 하기 원하는 고객을 획득하여 새로운 비즈니스 채널을 활용 고객을 확보하는 것이 고객 획득의 목적이라고 할 수 있다.

주로 고객의 구매 결정 및 심리 변화에 초점을 두고, 고객에게 제시할 제품들을 잘 선정하는 과정이 중요하다. 고객의 비즈니스 문화, 기술, 미디어 등 고객들이 영향을 받는 주변 환경을 조사하는 것 또한 고객 획득에 있어서 중요한 활동이라고 할 수 있다.

특정한 제품들을 구입하면서 나타나는 고객들의 행동과 경향을 분석하고, 고객의 의사 결정에 영향을 미치는 지식 처리 능력과 감정을 파악하고, 효과적으로 새로운 고객을 설득하고 마케팅 캠페인을 개선하는 전략 방안을 만드는 것 등은 모두 고객 획득에 도움이 되는 과정이다.

고객 획득 기술은 IT 변화에 따라 달라질 수 있다. IT 흐름에 따라 적절한 마케팅 채널을 선정하는 활동을 통해 고객을 유치하는 것이 가능하다.

체크인 데이터 활용한 맞춤 정보 전달에 집중

모바일의 이동성과 GPS 기능을 활용한 위치기반서비스(LBS)가 대거 등장하고 있다. 그 중에서도 모바일 LBS의 선구자라고 할 수 있는 포스퀘어는 오락·정보성 서비스에서 더 나아가 실제로 지역의 상인들과 사용자들에게 유용한 기능을 제공하고, 자사의 수익 창출을 위한 여러 가지 시도를 앞장서서 진행하고 있다. 포스퀘어는 체크인 데이터를 활용해, 개인형 맞춤 제안, 업데이트, 팁, 스페셜과 같은 독자적인 서비스를 만들었다. 이를 통해 사용자들의 커뮤니티가 구축됐으며, 사용자가 위치를 기반으로 정보를 제공하고 사용자 경험을 공유할 수 있도록 돕고 있다. 포스퀘어는 또한 비즈니스용으로 완전히 탈바꿈한 서비스인 “로컬 업데이트" 를 시작했다. 로컬 업데이트는 상인들이 가장 충성도가 높은 고객과 소통하도록 돕고 있으며, 고객의 위치가 상점 반경에 들어오면 특별 할인 정보나 이벤트 정보를 제공하는 역할을 한다. 가령 식당은 새롭게 선보인 메뉴를 고객에게 업데이트하고, 서점의 경우 책 저자와의 만남과 같은 이벤트 공지를 할 수도 있다. 로컬 업데이트 서비스를 시작하고 몇 주 후, 포스퀘어의 유료 서비스인 "프로모티드 업데이트(Promoted Update)" 서비스를 시작. 로컬 업데이트 서비스가 비즈니스 사업자와 충성 고객간 관계 강화에 중점을 두었다면, 프로모티드 업데이트는 새로운 고객 창출에 기여한다는 데 의미가 있다. 이 서비스는 검색엔진을 통한 광고의 역할과 유사한데, 예를 들어 누군가가 '커피전문점'을 검색하면 그들 주변에 위치한 커피전문점에 대한 정보를 프로모티드 업데이트를 통해 제공하는 식이다.

포스퀘어는 로컬 업데이트와 프로모티드 업데이트와 더불어 폭넓은 서비스 툴을 제공함으로써 대기업 및 소상공인들이 신규 고객을 유치하고, 기존 고객과의 관계를 강화하고, 혜택을 줄 수 있는 기능들을 지원하고 있다. (IT WORLD)

지인추천 신규고객유치

○○카드가 초우량고객(VIP)카드인 '○○카드' 고객을 대상으로 시행하고 있는 이벤트는 추천한 지인들의 카드 발급 수가 많으면 많을수록 추천인에게 지급되는 포인트나 상품의 양과 질도 높아진다는 내용이다.

이는 불특정다수인 잠재고객 중 해당조건(신용조건, 여성 등)을 갖춘 고객을 찾기가 어려워 모집인보다는 지인추천을 통해 고객을 유치하려는 의도.

MGM(Members Get Members)마케팅은 기존 고객을 통해 새로운 고객을 유치하는 판매촉진 방식.

제1항 고객 획득 개요

앞에서 언급한 바와 같이 고객 획득이란 잠재적으로 고객이 될 수 있는 사람들을 확인하고, 그들을 신규고객으로 창출해내는 과정이다. 즉, 새로운 고객과의 관계 맺기라고 할 수 있다. 특히 기업들은 수익성이 높은 신규고객을 더 많이 창출함으로써 추가적인 가치를 창출할 수 있다.

수익성이 높은 신규고객이란 곧 우량고객을 의미하는데, 이들을 새로운 고객으로 창출해내기 위해서는 기존 우량 고객들의 특성을 미리 분석하는 것이 필요하다. 유사한 성향을 가지고 있는 잠재고객을 선별하고 공략하는 것이 새로운 고객 획득에 더욱 유리하기 때문이다. 한편, 기존의 우량 고객이 추천해 준 신규 고객은 장기고객이 될 가능성이 높다. 비교적 그들 주위의 유사한 소비 성향이나 생활 패턴을 갖고 있는 사람들에게 소개하기 때문이다. 그들에 의한 구전 효과는 장기적 관계를 맺을 가능성이 높은 신규고객의 유치를 용이하게 한다.

앞서 설명했듯, 우량 고객이 될 가능성이 높은 고객들을 획득하는 과정은 CRM에 있어서 매우 중요하다. 신규고객의 획득은 이후 그들을 유지하고 평생 고객화 하는데 있어 시작이 되는 부분이기 때문이다. 먼저 고객을 획득하여야 이후 다양한 전략을 사용하여 고객을 유지하고 이들과의 관계를 강화함으로써 평생 고객으로 만들어야 기업의 수익성을 향상시킬수 있다.

1. 고객 획득 기준

고객 획득 즉, 관계 맺기 단계에서는 무엇보다 기업과의 관계를 통해 서로 장기적인 이익을 얻는 것이 중요하다. 그리고 이를 위해서는 지속적인 만족, 신뢰를 쌓아나가야 한다. 올바른 고객을 판별하는 기준으로 Reichheld는 다음의 세 가지를 말하고 있다. 다음에 언급하는 세 가지 기준 중 하나 이상에 속하는 고객을 유치하는 것이 매우 중요하다는 것이다.

1) 선천적 충성도 : 어떤 고객은 어떤 기업과 거래하든 간에 예측 가능하고 충성스럽다. 그들은 안정되고 장기적인 관계를 선호한다. 이는 곧 애초에 기업과의 관계를 중시하는 고객들이 중요하다는 의미이다. 이러한 고객들은 기업 입장에서 적은 마케팅·유지 비용에 비해 높은 충성도를 가질 수 있기 때문에 기업 입장에서 꼭 유치해야 하는 고객들이다.

2) 수익성 : 어떤 고객은 다른 고객보다 유익하다. 그들은 많이 구매하고, 신속하게 청구금액을 지불하며, 다른 고객에 비해 요구 사항은 적은 편이다. 일반적으로 해당 고객의 재무 상태가 튼튼할 경우 이러한 수익성이 높다고 할 수 있을 것이다. 하지만 수익성은 재

무상태 뿐만 아니라, 해당 고객의 성향과도 연관되어 있다. 따라서 수익성이 높은 적절한 고객을 유치하는 것은 매우 중요하다.

3) 적합성 : 어떤 고객은 기업이 제공하는 상품과 서비스가 경쟁사보다 가치 있다고 느낄 것이다. 모든 고객으로부터 선호받는 기업은 없다. 기업의 특별한 능력이 특정 고객의 요구와 기회에 상대적으로 더 적합한 경우가 있는 것이다. 아무리 많은 사람들에게 좋은 기업이라고 할지라도 1,000억의 자본가와는 그 성향이 맞지 않을 수 있다. 이렇듯, 기업 입장에서 모든 고객에게 선호되지 못하는 만큼 자신의 기업에 적합한 고객을 유치할 수 있도록 노력해야 한다.

2. 고객 획득 요구 사항

1) 관계지향적 구매자 분류

고객의 유형에는 일반적으로 거래지향적 구매자와 관계지향적 구매자 두 가지가 있다. 거래 지향적 구매자는 오직 가격에만 관심이 있는 고객으로서 이들에겐 기업과의 신뢰, 장기간의 거래를 기대할 수 없다. 이들은 만약 경쟁사에서 가격을 내린다면 주저하지 않고 경쟁사의 제품을 구매할 고객들이며, 우리 기업으로 하여금 계속 낮은 수익성을 제공하는 인물들이라고 말할 수 있다. 오히려 최저가로 제품을 구매한 것을 자랑스러워 하는 고객들이기 때문이다.

하지만 관계 지향적 구매자는 가격이 아닌, 무엇보다 신뢰할 수 있는 기업을 선택한다. 믿을 수 있는 제품을 보유한 친근하고 믿을 수 있으며, 고객을 인정하고 기억하는 기업을 찾는다. 당장의 가격보다는 고객에게 여러 혜택을 부여하며 바람직한 관계를 형성할 수 있는 기업을 바라는 것이다. 그리고 이들에게 적절한 혜택을 부여할 수 있다면 이들과의 관계는 매우 길어질 수 있다.

이러한 고객들을 분류해 내는데 고객 분석을 사용할 수 있다. 일반적으로 할인권이나 염가 판매, 쿠폰 교환 등 각종 할인 거래나 특별 세일 기간만을 통해 구매하는 고객을 분석하는 것이 이 방법 중 하나이다. 이들의 행동을 분석하여 거래지향적 고객을 분석해 내고 이들에게 소모되던 고객 관계 비용을 관계지향구매자들에게 이용할 수 있다.

이 경우 거래지향적 구매자에게는 가격, 세일 기간 등과 같은 기준에 맞춰 만족 수준을 강화할 수 있다. 그리고 관계 지향적 구매자에게는 지속적인 관계 강화를 통해 서로 간의 신뢰를 강화하는 방법을 사용할 수 있을 것이다.

이 경우 기업 입장에서는 불필요한 관계 유지 비용을 줄일 수 있는 동시에 각 구매자의 만족도를 높일 수 있다.

2) 충성도 계수 분석

선천적으로 높은 충성도를 가진 고객은 타고난 성향 자체가 다른 사람보다 더 충성스러운 사람이다. 충성도의 경향을 충성도 계수라는 용어로 표현하는데, 이는 각기 다른 유형의 고객들을 경쟁사로 이동시키는 데 필요한 경제력을 말한다.

예를 들어, A 고객은 경쟁사의 5% 할인만으로도 이탈할 수 있는 반면, B 고객은 경쟁사가 20% 할인을 해도 그대로 남아 있으려 한다. 이 경우 B의 충성도 계수가 더 높다고 할 수 있다.

그리고 고객들의 충성도 계수에 대한 단서는 인구통계학적 특성, 구매 기록을 보면 알 수 있다. 그리고 광고보다는 추천을 통해 기업과의 관계를 시작한 고객이, 할인 가격보다는 정상가격에 구입한 고객의 충성도 계수가 더 높다고 한다.

3) LTV 측정, RFM 분석 통한 수익성 분석

CRM에서 고객의 LTV(Life Time Value) 값을 측정하고, RFM을 통해서 고객의 수익성을 분석하는 노력은 중요하다. 하지만 의문점이 하나 생길 수 있다. 바로 LTV 값과 RFM 값은 기존 고객의 거래 내용에 기초하기 때문이다. 하지만 LTV 값과 RFM 값이 높은 고객은 상대적으로 기업의 다른 분야에 있어서도 우량 고객이 될 확률이 매우 높다고 생각할 수 있다. 만약 현재 우량 고객이 관심을 갖고 있는 분야를 우리 회사의 자회사 혹은 다른 파트에서 하고 있다면 해당 고객을 획득하기 위한 노력이 필요함은 당연할 것이다. 더불어 이들을 통한 구전 효과는 고객 획득 노력 이상으로 긍정적인 결과를 만들어낼 수 있다.

4) 고객 세분화 통한 분류

지금까지 보아온 고객 획득을 위한 요구 사항들을 종합해 보면 올바른 고객 획득을 위해서는 관계를 맺고자 하면서, 충성도가 높고, 수익성이 높은 고객들이라는 것을 알 수 있다. 다만 이 모든 것을 충족한다고 할지라도 해당 고객이 우리 기업과 적합하지 않는다면 아무런 소용 없을 것이다. 즉, 고객 세분화를 통해서 해당 고객이 기업이 제공하는 제품·서비스와 얼마나 적합한지를 미리 분석해야 한다. 그리고 기업이 고객의 니즈를 충족시켜줄 수 있다면 그 고객은 획득에 필수적인 요소를 갖는다고 할 수 있다.

3. 잠재고객 발굴 기법

1) 고객 프로필 분석

고객 정보를 획득하는 방법에는 기존 고객의 정보 확인이 있다. 물론 타 업종과의 전략적 제휴 등을 통해 다른 기업이 보유하고 있는 고객에서 접촉을 시도할 수 있으며, 리스트 공급 업체를 통해 고객 데이터를 구입하는 방법들이 있을 수도 있다. 하지만 이렇듯 외부 데이터를 이용하여 고객에게 접촉을 시도할 경우 잠재고객이 원하지 않는 판촉으로 오히려 부정적인 결과를 얻을 수 있다. 그러므로 기업이 고객으로부터 직접 입수한 내부 정보를 우선적으로 활용하면서 간접적인 외부 자료를 추가하는 것이 바람직하다. 현재 우리 고객들의 프로필을 다각적으로 분석함으로써 잠재적인 고객들을 발굴해 내는 기법이 바로 고객 프로필 분석이다.

이러한 고객 프로필 분석에서는 연령, 직업, 취미, 지역, 재산, 학력 및 관계 기간에 따른 전체 고객층 분석이 필요하다.

2) 우량고객 특성 발견 및 활용

앞서 언급했듯이 기존 고객에 대한 분석은 매우 중요하다. 그리고 이러한 분석은 나아가 우량고객에 대한 통찰력을 전달해줄 수 있다. 우량 고객을 분석함으로써 그들의 생활 패턴, 소비 성향 등을 파악하여 그들과 가장 비슷한 모습을 지닌 고객들을 찾아낼 수 있기 때문이다. 그리고 새롭게 찾아진 잠재 고객들은 우량고객이 될 가능성이 매우 높다. 따라서 비슷한 모습을 지닌 그룹을 찾아내기 위해 하우스 홀딩(house-holding) 분석이 사용되기도 한다. 하우스 홀딩 분석은 현재 고객의 가족, 혹은 단체 구성원 중 향후 잠재성이 높은 고객을 발굴해 내는 방법이다. 곧 현재 고객의 가족 상황, 프로필, 계약 동기, 상품, 성향, 추세 분석, 인구통계적 자료, 사이코그래픽 자료 분석, 구매의사결정, 의견 제시 등 다양한 정보 분석을 통해 우량 고객들의 주위 사람들을 잠재적인 고객으로 인식하는 분석 방법이다.

3) 외부 데이터 활용

기업들은 다양한 방법으로 개인정보를 수집한다. 기업 홈페이지 회원가입에서부터, 제휴사의 정보를 제공받기도 한다. 고객 발굴에 있어 내부 데이터를 이용하는 것이 가장 긍정적이겠지만 좀 더 다양한 고객을 발굴해 내기 위해서 외부 데이터를 사용하기도 한다. 대규모의 고객 데이터를 자사의 비용부담만으로 완벽하게 확보한다는 것은 실제로 상당한 비용을 수반하기 때문에 이러한 외부 데이터는 기업입장에서 매우 매력적이다. 그리고 모든 고객이 완벽한 정보를 제공하지는 않기 때문에 각각의 제휴를 통해 서로가 부족한 정보 혹은 다른 정보를 채워 나가려는 노력의 일환으로 이해할 수 있다.

예를 들어서 많은 온라인 쇼핑몰에서는 회원등록시에 회원 개인정보취급방침으로서 개인정보를 제휴사로부터 제공 받는다는 것을 언급하고 있다. 즉, 제휴업체의 고객 데이터 등을 활용하여 향후 잠재성이 높은 고객을 발굴한다는 것으로 이해할 수 있다. 이 경우에도 외부 데이터 고객의 프로필, 성향, 추세 분석, 인구통계적 자료, 사이코 그래픽 자료 분석, 구매의사 결정, 의견제시 상황 등 다양한 내용을 분석할 수 있다.

제2항 고객 획득 방법

지금까지 고객 획득의 의의, 올바른 고객의 기준, 고객획득 과정, 잠재고객 발굴 방법을 알아보았다. 잠재고객을 발굴하는 방법을 알았다면 이제 이러한 잠재고객들을 획득하는 방법을 알아볼 필요가 있다. 계속 언급했듯이 우수한 잠재고객을 유치하는 것은 매우 중요하며, 그 중에서도 기업에 먼저 관심을 보이는 고객, 경쟁사의 고객, 우량 고객의 주위 사람들을 획득하는 노력이 함께 이루어져야 할 것이다.

먼저 고객이 기업과의 관계 맺기를 시도했다면, 이러한 고객은 기업의 고객이 될 수 있는 잠재성이 높다고 할 수 있다. 만약 직접 방문, 전화 문의, 홈페이지 방문, 조회, 문의 등을 한 고객은 어느 정도

구매 의향이 있다고 판단할 수 있다. 이러한 고객에 대한 분석과 마케팅 전개에 대해서는 신속하고 정성을 기울여야 한다. 이를 위해서 후속 조치로 메일, 전화, 세일즈 방문 등을 통한 추가적인 제품 정보 제공이나 인근 영업소 안내, 앙케이트 조사를 통한 고객 정보의 추가 입수, 견본품이나 쿠폰 등 특별 구매 제안, 자료 우송 후 재확인 전화 등이 있다. 하지만 가장 먼저 이러한 잠재 고객들과 접촉하는 채널의 데이터를 일괄 관리, 처리, 분석하는 노력이 선행되어야 한다.

경쟁기업의 고객을 직접 겨냥하여 고객들의 상표 전환을 유도하는 것도 잠재 고객을 확보할 수 있는 효과적인 방법이다. 경쟁기업 고객 중 우리 기업의 올바른 고객 기준에 맞는 잠재고객을 정확히 식별하고 다양한 매체를 활용하여, 다양한 상황에서 목표고객을 보다 효율적으로 겨냥할 수 있어야 한다.

예를 들어, 펩시콜라는 다이어트 코크 애용 가정 100만 세대를 대상으로 다이어트 펩시를 발송하여 선호도 설문조사를 시행하였다. 그리고 이에 50만명이 응하는 결과를 얻었는데 이는 곧 경쟁사의 동일 제품을 사용하는 사람들이 우리 고객의 잠재적인 고객이 될 수 있음을 의미한다.

우량고객들 혹은 일반 고객들이라도 그들을 통한 구전 효과는 상당하다. 특히 이들 기존 고객을 매개체로 신규고객을 유도하는 회원모집, 친구소개 프로그램은 구전효과를 직접 이용하는 전략이다. 여기서 기존 고객은 각각이 판촉 채널의 역할일 뿐만 아니라, 친근하고 설득력 있는 독립적인 채널이 될 수 있다.

1. LTV를 활용한 고객획득

LTV(Life Time Value)는 어떤 고객으로부터 얻게 되는 이익흐름의 현재가치를 뜻한다. LTV를 통해 성공적으로 고객을 획득한 예로 미국에서의 현대자동차 사례를 생각해 볼 수 있다. 현대자동차는 미국에서 1999년부터 10년·10만 마일 무상보증기간을 제공하고 있다. 언뜻 생각하면 일본이나 미국 업체들보다도 훨씬 긴 무상 보증기간을 제공하는 것은 비용 부담 때문에 스스로의 발등을 찍는 무모한 행동으로 비쳐질 수 있다. 하지만 이를 통해 미국 내 판매량은 1998년에 9만대였으나, 이 제도를 도입한 직후인 1999년에는 16만대, 그리고 2003년에는 40만대로 늘어나 자기 발등을 찍는 도끼가 아닌 금도끼였음이 밝혀졌다. 우리나라와 달리 미국의 경우, 자동차를 판매한 딜러가 자동차 정비 공장도 운영하고 있으며, 차를 구매한 고객은 무상 보증기간 내에는 딜러의 정비공장에 차 정비를 맡긴다. 하지만 이 기간이 끝나면 보다 저렴한 다른 정비업체를 찾아가기 때문에 이에 착안해서 무상보증기간을 10년으로 늘림으로써 고객과의 관계를 지속할 수 있었던 것이다. 이를 통해 딜러는 쏘나타를 산 고객에게 그랜저를 팔고, 그랜저를 산 고객에게 산타페를 파는 등 새 차를 판매할 수 있는 기회를 포착하여 고객확보뿐만 아니라 고객유지 역시 성공적으로 할 수 있었던 것이다.

LTV를 통한 고객획득의 또 다른 사례로 FedEx의 사례가 있다. FedEx는 고객의 가치를 객단가(고객 1인당 평균매입액, 매출액/고객수)로 계산하지 않고 LTV를 통해 고객의 가치를 계산한다. 예를 들어 1회 택배비용이 5,000원이면 이들은 고객의 가치를 5,000원으로 인식하지 않고 한 달에 3회, 평생 50년간 이용할 것이라고 예측하여 LTV를 계산한다. 이를 계산해보면 5,000원 × 월3회 × 12개월 × 50년 = 9,000,000원으로 결국 5,000원으로 고객가치를 볼 때 보다 단적으로 1800배로 고객을 소중하게 여겨 관계를 유치하려는 그들의 앞을 내다보는 선견지명을 엿볼 수 있다. 하지만 LTV는 고객별로 일일이 계산하기 때문에 경우에 따라서는 과다한 비용이 소요될 가능성이 있고 특히나 불확실성과 가변성이 크기 때문에 설사 고객으로 유치한다 하더라도 그 후 유지율 측정이 어렵다는 단점이 있다.

2. RFM을 활용한 고객획득

RFM은 3개의 독립된 요인, 최근성, 빈도, 그리고 구매금액을 통해 우량고객을 선별하는 고객을 평가하는 방법 중 하나이다. RFM을 통해 기존고객과 잠재고객을 나누어 고객이 기업에 가져다 줄 수익성을 예측할 수 있다. 이러한 RFM 개념에 따라 기업들은 기업의 매출기여도에 따른 고객 분류를 하고 있다. RFM개념을 적용하여 고객을 선정한 예로써 ○○백화점을 들수 있다. ○○백화점 등 기업은 RFM을 통한 고객 수익성 분석을 통해 우량고객이 될 가능성이 높은 고객을 선별하여 이들을 확보하려 한다. ○○백화점은 RFM을 이용하여 고객확보, 그 중에서도VIP, VVIP 급의 고객을 유치하려고 노력한다. 이는 상위 20%의 고객이 전체 매출의 80%

를 차지한다는 '파레토 법칙'을 적용한 것이다. 충분한 경제력을 갖춘, 경기에 덜 민감하며 일정액 이상의 매출을 보장하는 30~50대 중산층 이상의 고객을 확보하는데 집중한다.

○○온라인 쇼핑몰에서는 RFM을 이용하여 우수고객 스코어 계산법을 홈페이지에 기재하였다. 이를 통해 우수고객에게 주는 혜택을 고객이 인지하게 하고 다른 온라인 쇼핑몰과 차별화하는 것을 보여준다. 고객은 그들의 구매 스코어를 통해 그들의 등급을 확인 할 수 있고 우량고객으로 남도록 노력한다.

제3항 고객 획득의 과정

어떤 산업이든 잠재고객 발굴은 기존고객에 대한 분석에서부터 시작된다. 기존고객의 연령, 직업, 주소 등 기본적인 인구 통계학적 분석에서부터 학력, 재산, 구매상품 등에 대한 체계적인 분석이 필요하다. 고객 프로필의 다각적이고 지속적인 분석을 통해서 기존고객의 모습과 가장 비슷한 모습을 가지고 있는 고객 그룹을 잠재성이 높은 고객이라고 가정한다. 일반적으로 잠재고객 그룹은 바로 가족이나 동료 또는 친구일 것이다. 이러한 분석을 하우스-홀딩(house-holding) 분석이라고 하는데 단순히 가족뿐 아니라 그 사람이 속해 있는 법인이나 단체 등을 의미하기도 하며, 우수고객의 하우스-홀딩 그룹 또한 우수고객일 확률이 높고 잠재성이 높은 고객으로 알려져 있다. 이 외에도 기존고객에 대한 충분한 자료를 확보하고 이를 분석하여 각 고객의 평생가치(life-time value)나 구매성향(propensity to purchase) 등을 추정하여야 한다. 여기서 평생가치란 고객이 우리 기업에서 평생 동안 구매해 줄 구매액에 시간가치를 고려하여 현재가치로 할인한 값이라고 할 수 있다. 새로운 고객은 기존고객의 자료 분석결과를 바탕으로 평생가치나 구매성향 등을 추정할 수 있으며 이를 통해 신규고객의 수익성을 예측할 수 있다.

신규고객을 유치할 때 기업은 장기적인 고객이 될 수 있는 고객을 선별적으로 유치하는 것이 필요하다. 이를 위해서 시장세분화를 하게 되며, 이를 통해 고객들과 지속적인 관계를 맺는데 필수적인 표적시장에 대한 이해를 하게 된다. 이러한 관계가 점차 지속되게 되면, 고객들은 자연스럽게 기업 및 브랜드에 대한 애착(loyal)를 보이게 되며, 이들은 구전과 같은 행동을 통해 잠재적으로 관계를 맺을 가능성이 있는 새로운 고객들을 유인할 수 있도록 도와주게 된다. 예를 들어 기존의 우량고객이 추천해 준 신규고객은 장기고객이 될 가능성이 높을 것이다. 즉, 관계마케팅을 수행하고 있는 기업에게는 구전효과에 의한 신규고객의 유치가 용이해지며, 이들 고객은 장기고객이 될 가능성이 높다. 이때 구전에 의한 신규고객의 유치를 도모하기 위해 기업은 기존의 고객이 신규고객을 추천할 때 인센티브를 주는 것이 필요하다.

앞에서 언급했듯이, Riechheld는 신규 고객을 선정하기 위한 기준으로 선천적 충성도, 수익성, 적합성 세 가지를 제시했다. 선천적 충성도가 높은 고객은 예측 가능하고 충성도를 유지할 가능성이 높은 고객을 의미하는데, 이러한 고객들은 기업 입장의 적은 마케팅과 적은 유지비용에 비해 높은 충성도를 가진다. 일반적으로 광고보다는 추천을 통해 기업과의 관계를 시작한 고객이, 할인 가격보다는 정상 가격에 구입한 고객의 충성도 계수가 더 높다고 볼 수 있다. 수익성은 수익성에 대한 기여도가 높을 것으로 예상되는 고객으로, 일반적으로 해당 고객의 재무 상태가 튼튼할 경우 수익성이 높다고 볼 수 있다. 마지막으로 적합성이란 기업이 제공하는 제품 및 서비스를 경쟁사보다 선호할 가능성이 높은 고객을 말하는데, 회사 입장에서는 모든 고객에게 선호될 수 없기 때문에 자신의 기업에 적합한 고객을 유치할 수 있도록 노력해야 한다.

기업은 분석된 고객 데이터를 활용하여 잠재성 높은 고객을 알아내고 제공 상품과 가장 적합한 고객을 추출하여 캠페인을 전개하여 그 효과를 분석하게 된다. 가장 잠재성이 높은 고객은 회사에 관심을 보이는 이른바 인바운드 고객일 것이다. 예를 들어 직접 방문, 전화 문의, 인터넷 홈페이지 방문, 인터넷 조회 및 문의를 한 고객은 어느 정도 구매 의향이 있다고 판단되며 이 고객에 대한 분석과 마케팅 전개야말로 가장 신속하게 우선순위를 두어 추진해야 한다.

제4절 고객 유지

기업은 고객으로부터의 매출로 수익을 얻고 그 수익으로 유지된다. 다양한 전략을 통해 마케팅을 실시하고, 그 마케팅을 통해 고객을 획득한다. 현대의 급격한 기술 발전 및 경쟁 심화는 이전의 시장 점유율을 목표로 하던 기업의 마케팅 행태의 변화를 초래했다. 현재 기업들은 이전 대중마케팅에서 벗어나 고객과의 관계를 중심으로 하는 관계마케팅 위주로 그 방향을 전환하였다. 마케팅으로 획득된 고객은 기업의 다양한 데이터를 바탕으로 그 니즈와 기호에 맞게 제품과 서비스를 제공받고 있지만 경쟁이 매우 치열해진 현대 사회에서는 고객을 획득하고 그 니즈에 맞게 제품과 서비스를 제공하였다고 해서 반드시 수익을 얻을 수 있는 것은 아니다. 획득된 고객은 그 고객을 획득하는데 까지 소요된 비용을 상쇄할 만큼의 매출을 만들어주어야 하는데, 그 과정에서 가장 중요한 것이 고객과의 관계유지라고 할 수 있다.

고객 유지를 위한 관계마케팅의 핵심은 고객의 데이터를 바탕으로 기존 고객에 대한 적절한 분석 및 정보를 활용하여 차별화된 서비스를 제공하는 것이다. 그렇게 유지된 고객은 경쟁사들의 새로운 제품이나 서비스에 현혹될 수도 있겠지만, 이미 제공받고 있는 즉 본인의 니즈와 가장 부합하는 제품을 제공하는 회사와의 관계를 쉽게 끊지는 못한다. 즉 확실한 고객의 유지는 고객의 이탈 방지를 의미하기도 한다는 것이다. 고객유지에 대해 다시 요약해보면 결국 고객의 이탈을 방지하고 그들의 충성도를 높여 자사의 고객으로 유지해 나가는 과정이라고 할 수 있다.

이전의 마케터들은 신규고객 유치에 집중했는데, 직원들은 기존의 고객들에게 관심을 가질 때보다 신규고객을 많이 유치할 때 더 많은 보상을 받았기 때문이었다. 이에 반해 현재의 마케터들은 기존고객을 유지하는데 드는 비용보다 신규고객을 유지하는 데 드는 비용이 훨씬 더 크다는 것을 발견하고 기존고객 유지에 집중하기 시작했다. 이러한 고객간의 관계 유지는 고객욕구의 파악을 위해 직접적인 접촉을 통하여 쌍방향 커뮤니케이션을 지속하는 것이 중요하다. 이제는 제품을 생산하는 단계에서 충성스러운 고객을 만들어내는 단계로, 거래 지향적인 단계에서 관계지향적인 단계로 이동하였다. 기업은 고객에 대해 더 많이 알고 이에 따른 신속한 대응을 하지 못하면 생존할 수 없는 시대를 맞이하였기 때문이다. 이제는 고객이 상품 및 서비스를 판매하는 곳을 찾아야 하는 판매자 중심의 시장에서, 상품 및 서비스를 판매하는 기업이 고객을 찾아야 하는 고객 중심의 시장으로 변화하였다. 마케팅 패러다임이 제품 판매 중심에서 기존의 우수 고객을 유지하고 이탈 고객을 최소화하려는 관계마케팅으로 이동하여 왔다.

모든 기업은 새로운 고객을 창출하기 위해 막대한 비용을 소비한다. 특히 초기 고객을 획득하기 위해 드는 비용은 일반적으로 고객이 기업을 이용하는 동안 제공할 재무적 가치에 비해 더 높은 경우가 대부분이다. 이러한 이유로 기업은 고객과의 관계를 오래 유지하여 고객평생가치를 극대화하고, 초기에 투자한 고객획득비용을 회수할 필요가 있다. 구체적인 원리를 살펴보자면, 관계 유지에 드는 비용은 관계기간이 증가할 수록 감소하게 된다. 하지만 고객 한 사람을 유지하는 데 따른 수익성은 시간이 흐를 수록 기하급수적으로 증가한다. 즉 비용적 측면에서 고객을 유지할 필요성을 보여주는 것이다.

결과적으로 고객과의 관계가 잘 유지되면 고객 획득을 위해 사용한 비용을 회수할 수 있고, 좋은 유대관계를 통해 반복적인 매출이 발생함으로써 일차적으로 영업이익률의 증대, 궁극적으로는 고객자산가치 증대를 도모하게 된다.

고객 유지란 거래에 적극적으로 참여한 현재의 고객을 지속적으로 만족시키고 고객으로 유지하려고 노력하는 것이다. 기존 고객을 유지하는 것이 외부로부터 어떤 가치를 가져다 주는가를 살펴보면 다음과 같다.

- 불만족한 고객은 평균 10명에게 그들의 나쁜 경험을 이야기한다. 이 중 12%는 무려 20명까지 이를 퍼트린다.
- 새로운 고객을 유치하는 것이 기존고객 유지보다 5배의 지출이 든다는 것이 산출되었다.
- 만약 20명의 고객이 기업에게 불만족하였다면 이 중 19명은 그 불만을 기업에게 굳이 이야기하지 않는다. 대신 그들은 다른 회사와 거래할 뿐이다.
- 반면, 만족한 고객은 단지 평균 5명에게 그 경험을 이야기할 뿐이다.
- 기업이 고객을 어떻게 대하는가가 경쟁기업과 자사를 구별 짓는 요소이다.
- 만족한 고객은 대부분 언제든지 기업에게 다른 잠재고객을 소개해주려 한다.

고객을 평생 유지하는 일은 고객의 니즈에 부합되는 상품을 정당한 가격에 판매하는 것으로부터 시작된다. 이는 고객이 자기가 산 상품의 내용과 그 상품이 자신의 니즈에 어떻게 기여하는지를 제대로 이해해야 하면, 그 상품은 정기적으로 검토를 할 때마다 그 자신의 최선의 이익에 지속적으로 기여해야 한다는 것을 의미하는 것이다.

고객이 기업과 관계를 맺은 후 관계를 유지하는 동안 고객은 기업에게 수익을 가져다 준다. 이러한 수익을 관계기간에 따라 살펴보면 맨 처음 기업이 고객을 유치한 해에는 고객에게서 얻을 수 있는 수익보다 고객을 유치하는 데에 드는 비용이 더 커서 한 고객당 수익이 음의 값을 기록할 수도 있지만 시간이 흐르면 흐를수록 고객의 수익성은 점점 높아지는 것을 알 수 있다. 즉, 고객과의 관계를 유지하는데 드는 비용은 관계기간이 증가할수록 감소하므로 고객 한 사람을 유지하는데 따른 수익성은 시간이 흐를수록 기하급수적으로 증가한다. 이는 고객과의 관계기간이 길어짐에 따라 기업이 고객에 대한 지식을 더 많이 갖게 되고 고객을 더 잘 알게 되어 더욱 효과적으로 고객과의 관계를 유지해 나갈 수 있기 때문이다.

고객유지는 수익성에 중요한 영향을 미치게 되는데 그것은 새로운 고객을 취득하는 것이 기존고객을 유지하는 것보다 더 많은 비용이 들어가고 더 많은 문제점을 갖고 있기 때문이다. 그래서 고객을 유지하는 것이 신규 고객을 획득하는 것 보다 효과적이라고 할 수 있다. 기존의 마케팅 방법으로 매년 신규고객을 획득해서 이탈하는 고객을 채우는 것이 소모적이고 단기적인 전략으로 인식되고 있다. 비용적인 관점에서 보면 고객을 유지하는 것이 신규고객을 획득하는 것에 비해서 5배가 효과적이다. 대부분의 기업에서는 매년 15-20%의 고객을 잃어버린다. 따라서 유지율을 몇 %만 증가해도 25-100%까지 수익증대를 가져올 수 있다는 결과가 많은 연구와 실제 사례에서 찾아볼 수 있다.

고객유지로 기존고객을 유지시켜 매출의 증가와 이익이 창출되고, 서비스를 체험한 경험을 기존고객이 다른 고객에게 전달하여 구전효과를 통한 무료 광고 효과를 얻을 수도 있다. 또한, 기업의 최우량 고객인 충성고객을 세분화하고 확보하여 유지 및 관리가 가능하게 된다. 90년대에 들어, 경제가 발전하고 수많은 신상품들이 쏟아져 나오면서 고객들은 여러 상품과 기업에 호감은 가져도, 결국 자신들만의 잣대로 상품과 기업을 선택하고 있다. 이는 고객 만족도가 실제 소비행동, 나아가 기업의 매출, 수익과 반드시 일치하지는 않는다는 것을 의미한다. 그래서 이후, 기업들은 고객의 생각이나 태도가 아닌, 구매빈도와 구매량, 서비스 비용 등 실제 행동변수를 사용해서 고객을 차별화하는 작업을 진행하게 되었다. 이런 배경 속에서 고객의 기업 이익 기여도인 평생고객가치 주요 이슈로 떠올랐다.

제1항 고객유지를 위한 CRM활동

고객유지를 위한 대표적인 CRM활동으로는 2차구매유도, 고객정보 확보 및 관리, 고객순자산 가치 분석, 제품 및 서비스의 차별화, 고객이탈방지, 그리고 충성도 프로그램 등이 있다.

첫째, 2차구매유도는 다음과 같이 설명될수 있다. 즉, 한번의 구매가 이루어졌다고 해서 자사의 완전한 고객이 되었다고 볼 수 없다. 유통업의 경우 초기 구매의 약 60% 이상이 곧 바로 타사로 전환해 버리며, 많은 경우 특별한 할인행사나 제품 프로모션에 의한 단기적 구매일 가능성이 높기 때문이다. 보통 기업에 유의미한 고객으로 인식될 수 있는 시작점은 2차 구매가 일어난 시기 이후부터라고 볼 수 있기 때문에 초기 구매 고객들에 대한 2차 구매 유도는 고객유지활동의 첫번째 이슈라고 볼수 있다. 한편, 초기구매 고객들의 낮은 재구매율 특성 때문에 기업에 따라 이러한 2차 구매유도를 고객관계획득 전략의 일환으로 보는 경우도 있다.

두번째, 고객정보 확보 및 관리이다. 고객정보를 확보하고 관리하려는 일련의 노력 역시 고객과의 관계유지를 위한 활동으로 간주되어야한다. 어떤 개체이든 상호간의 관계 형성과 발전은 서로에 대해 잘 알고 이해하는 것에서 출발하기 때문이다. 따라서, 고객정보를 확보하고 관리하는 것은 단순히 제품 판매를 통해 얻어지는 구매 관련 데이터를 얻는 것에만 한정되지 않으며, 지속적인 커뮤니케이션을 통해 고객의 신상정보와 더불어 그들의 취미와 특성, 그리고 관심 영역 등을 파악하여 고객의 니즈를 직간접적으로 유추할 수 있는 다양한 정보를 파악하고 관리하고자 하는 노력이 필요하다.

셋째, 고객순자산 가치의 분석이다. 획득된 다양한 고객정보는 고객이 기여하는 가치를 분석 및 평가하기 위한 직접적인 원천으로 활용된다. 고객들의 니즈뿐만 아니라 그들이 제공하는 가치 역시 매우 이질적이기 때문에 고객순자산 가치의 수준에 따라 마케팅 전략을 차별화하는 것은 당연하다. 또한, 고객순자산 가치분석 결과는 제품 및 서비스를 고객등급별로 차별화시키거나 잠재 이탈 고객들에 대한 이탈 방지 활동의 기준으로 활용되기도 한다. 이를 위해서는 확보 가능한 고객정보를 바탕으로 자사만의 고객순자산 가치를 분석 할 수 있는 평가 모델을 개발하는 것이 선행되어야 한다.

넷째, 제품 및 서비스의 차별화이다. 고객의 가치와 니즈에 따라 자사의 제품과 서비스를 차별화시키는 노력 역시 자사의 고객을 유지시키기 위한 활동이라고 볼 수 있다. 즉, CRM에서는 고객을 중심으로 이들과의 관계를 유지시키기 위해서는 자사의 제품이나 서비스를 얼마든지 변화, 발전 혹은 폐기시킬 수 있어야 함을 시사한다. CRM활동을 통해 유입된 다양한 고객정보와 이를 바탕으로 한 고객가치 및 니즈의 세분화를 중심으로 자사의 제품과 서비스 역시 주요 유형별로 차별화 시킬 수 있는데, 차별화의 대상에는 제품의 기능, 품질, 가격, 사후서비스, 그리고 고객대응절차 등이 포함될 수 있다. 이러한 대량 맞춤화의 역량은 고객의 지속적인 거래를 유도하는 요소인 구매가치(가치자산), 브랜드 가치(브랜드자산), 관계가치(관계자산) 중에서 가장 근본적인 요소라고 할 수 있는 구매가치 영역에 직접적인 영향을 미치게 된다.

다섯째, 고객이탈의 방지이다. 고객과의 관계를 유지한다는 것은 다른 표현으로 고객들의 이탈을 방지하는 것이라고 볼수 있다. 물론 고객 니즈에 맞는 제품이나 서비스를 제공하는 것 자체가 고객이탈방지를 위한 근본적인 접근 방법이지만, 기업의 이러한 노력에도 불구하고 이탈고객은 항상 발생할 수 있다. 따라서, 적절한 이탈 예측모형을 통해 이탈할 가능성이 높게 평가된 핵심 고객의 경우는 별도의 이탈방지 활동을 전개해 주는 것이 필요하다. 가장 전형적인 이탈방지 활동은 기업에서 일정한 주기마다 잠재 이탈 고객을 예측하고, 이들에 대한 이탈방지 캠페인을 전개하는 것이다. 이 캠페인의 대상으로 선정되는 잠재 이탈 고객들에게는 개별적인 접촉을 시도하여 개인적인 상담이나 문제 해결을 도모하고, 특별한 할인 기회나 부가서비스를 제공하는 등의 혜택을 제공하게 된다.

마지막으로 로열티 프로그램이다. 로열티프로그램 자체가 기업에 대한 고객의 진실한 충성도를 형성해줄 수는 없지만, 고객이 지속적으로 기업과 관계를 유지할 수 있는 제도적인 이탈 장벽을 형성해줄 수는 있다. 고객은 로열티프로그램이 제공하는 구매에 따른 누적 포인트나 각종 인센티브로 인하여 심리적으로 이탈 장벽을 느끼게 되며, 효과적으로 설계된 로열티 프로그램은 고객의 구매패턴을 더욱 강화시키기도 한다.

제2항 고객이탈 분석과 관리

CRM 전략의 핵심 과제는 고객들과의 관계 역량을 강화하여 자사의 고객들을 장기적으로 유지시키고자 하는 것이라고 할 수 있다. 고객유지율(retention rate)이 CRM에 있어서 중요한 핵심 성과지표로 활용되는 이유도 여기에 있다. 따라서, 이 장에서 논의되어 왔던 다양한 고객가치 평가 기법 역시 수익성 높은 고객을 선별하고 이들과의 관계를 유지 및 강화시켜 나가기 위한 일련의 활동이라고 보는 것이 타당하다. 그런데, 고객유지는 달리 말해 고객이탈의 방지라는 의미이기도 하다. 이는 고객유지율이 고객이탈율과 반비례하는 현상에서도 알 수 있다. 그러므로, 고객가치 평가를 통해 수익성 높은 고객을 선별하고 관리하는 것은 고객이탈 방지와 직접적인 연관성이 있다. 실제로 많은 기업들은 핵심 CRM 이슈 중의 하나로써 이탈 고객을 미연에 방지하여 고객이탈율을 감소시키려는 노력을 기울이고 있다.

1. 고객이탈 분석

고객이 이탈하는 이유는 기업에 불만이나 기존 혜택보다 다른 좋은 혜택이 생겨서 이탈하게 된다. 고객이 기업을 왜 이탈했는지를 파악한다면 고객을 다시 돌아오게 할 대책을 강구할 수 있다. 또 한 명의 고객이 이탈했다는 것은 곧 다른 고객들이 이탈할 가능성이 크다는 것을 의미하기 때문에 고객이탈 원인을 빠른 시간 안에 파악하여 다른 고객들이 이탈하는 것을 예방해야 한다.

2. 고객이탈 예측

고객의 인구통계학적 데이터, 구매데이터 등 고객에 대한 방대한 데이터를 가지고 고도의 데이터 마이팅 기법을 활용하면 왜 고객이 이탈하고 어떤 고객이 앞으로 이전할 확률이 높은가를 알 수 있다. 고객 개개인의 이탈스코어를 구해 고객이 이탈할 확률이 어느 정도인지를 예측하는 것이 가능하면 기업은 이탈확률이 높은 고객을 구분할 수 있어 이들을 대상으로 한 로열티 프로그램을 실시하거나 관심을 가질 만한 제품이나 서비스를 제공해 이들의 이탈확률을 낮출 수 있다.

이탈원인 분석과 특이한 이탈스코어를 보이는 고객집단에 대한 체계적인 분석을 함께하면 기업의 문제점을 밝혀낼 수 있을 뿐만 아니라 이를 개선할 수 있는 방안까지도 모색할 수 있다.

그리고 고객이탈을 방지하기 위해서 고객유지율 혹은 고객이탈률, 고객평생가치 변화, 고객점유율, 지갑점유율 등은 기본적으로 항상 측정하고 작은 변화라도 그 원인을 분석해야 한다. 그러나 여기서 한 걸음 더 나아가 자사가 속한 업계나 기업환경에 맞게 다양한 종류의 매트릭스를 작성하여 우리 기업을 이탈한 고객이 그 후에 어떻게 움직이는지, 이탈로 인해 지각점유율이 어느 정도 떨어졌는지를 파악해야 한다.

3. 이탈고객에 대한 대응

고객이탈에 대한 대응 방법으로,

첫째는 이탈고객 정보를 활용하는 것이다. 이탈한 고객을 추적하여 접촉한 이탈고객이 제공하는 정보는 어떠한 특성을 지닌 고객이 이탈확률이 높은지를 발견할 수 있다. 또한 기업 내에서 알지 못했던 기업활동을 새로운 시각에서 바라볼 수 있어 예전에는 알지 못했던 개선 사항들을 파악할 수 있다. 그러나 많은 비용과 노력을 들이는 데도 불구하고 그 효과가 점점 떨어지고 있는 마케팅 조사와는 달리 이탈고객으로부터의 피드백은 더욱 구체적이고 세부적인 정보인 경우가 많다.

이탈고객으로부터의 정보를 잘 활용하면 기업 활동에 있어 잘못된 점을 파악할 수 있고 이 문제점을 적절히 개선한다면 고객이탈은 더 이상 기업에게 있어 위협이 아닌 더 견고한 토대 위에서 고개과의 고나계를 쌓아갈 수 있는 좋은 기회가 될 수 있다.

둘째는 이탈고객의 복귀를 유도하는 것이다. 이탈고객을 추적하는 것은 무엇보다 이탈한 고객이 다시 돌아오게 하는 것이다. 이탈고객의 복귀는 기업이 제공하는 상품에 고객이 실망할 시점에 계속 남아 있도록 설득하거나 이탈했을 때 다시 돌아오도록 하는 과정이다. 연구결과에 따르면 고객이 이탈한 후 7일 안에 고객에게 접촉이 이루어지는 경우가 4주 안에 고객과 접촉하는 경우보다 고객이 돌아올 확률이 4배 이상 높다고 한다.

이탈고객의 복귀 프로그램은 처음에는 완전히 떠난 고객들만을 대상으로 고객 복귀활동을 벌였지만 최근에는 부분 이탈고객의 중요성이 인식되면서 복귀활동의 대상이 넓혀지고 있다.

셋째는 휴면고객을 부활시키는 것이다. 휴면고객의 부활은 과거에는 이용했지만 최근에 이용하지 않은 소위 휴면고객을 다시 고객으로 환원시키는 전략이다. 고객이 잠시 쉬고 있는 이유를 분석하고 이에 대처함으로써 다시 고객을 되찾고자 하는 것이다.

비록 이 프로그램에 드는 비용은 많지만 시장조사를 해서 잠재

고객을 발견하는 것이나, 잠재력 있는 고객을 잃고 신규고객을 확보하는 데에 드는 비용보다는 적게 든다.

넷째는 이탈률(Churn Rate) 제로의 문화를 형성하는 것이다. 고객이탈률을 제로로 만들기 위해서는 기업 내의 모든 사람들이 제도의 목적과 이유 그리고 고객이탈률 제로가 기업의 중요한 목표 중 하나라는 것을 인식하고 있어야 한다.

추상적으로 고객유지를 강조하는 것보다는 구체적인 수치로 종업원들에게 알려주는 것도 효과적인 방법이다.

기업의 모든 사람들이 고객유지의 중요성을 인식하고 기존고객을 유지했는가에 따라 보상체계가 좌우된다면 기업 내에서 고객이탈률 제로를 향한 분위기가 형성될 수 있다. 이는 직원들로 하여금 고객의 문제를 고민하고 고객의 불만을 제거할 수 있도록 독려함으로써 직원들과 고객들과의 관계를 우호적으로 발전시킬 수 있다.

제3항 고객 유지 전략

과거에는 매년 목표로 정한 매출액을 달성하기 위해 시장 점유율을 끌어올리는데 기업의 모든 마케팅 활동이 이루어졌다. 지금에 비해 상대적으로 새롭게 개척할 수 있는 신규 고객의 수가 무한했기 때문이다. 하지만 이제는 시장 환경의 다양하고 급진적인 변화로 인해 이러한 양상이 변화하고 있다. 새롭게 확보할 수 있는 고객의 수가 점차적으로 줄어들면서 기업들은 기존에 확보한 고객들과의 관계를 지속적으로 유지하고, 경쟁사의 고객들을 뺏어오기 위해 많은 노력을 기울이고 있다. 다시 말해 지금은 신규 고객을 확보하고 늘리기 위해 수많은 노력들을 기울이기 보다는 기존 고객의 충성도를 높임으로써 자사고객의 경쟁사 이탈을 막는 고객 유지 전략이 보다 더 중요해졌다는 것이다. 수많은 자원과 인력들을 투입하여 신규 고객을 많이 확보했다고 하더라도 이들의 지속적이고 반복적인 구매가 일어나지 않고 고객들의 이탈율이 높아져간다면 기업에 있어서는 그동안 해왔던 활동들이 물거품이 되어버리고 만다.

그렇다면 시장 점유율을 높이기 위한 것이 아닌 고객 점유율을 높이기 위해서는 어떤 전략들이 어떻게 실행되어야 하는 것인지 알아보자. 먼저 고객관계를 유지하기 위해서는 선별적인 접근을 통해 확보한 신규고객이 반복해서 지속적으로 거래할 수 있도록 고객과의 관계를 강화하면서 고객을 유지하는 전략이 필요하다. 기존 고객을 유지하면서 제한적인 차별화를 하는 것이 목적이기 때문이다. 따라서 이러한 단계에서 기업은 고객을 장기적이고 지속적으로 유지하는 것에 초점을 맞추고 있지만 기업 입장에서는 적절한 비용 한도 내에서 고객을 유지할 수 있도록 하는 것도 중요하다. 요구사항이 유사한 고객을 집단별로 세분화하여 각 집단별로 차별화된 서비스를 제공하면서 고객과의 관계를 강화해야 한다.

다음은 기업이 확보하고 있는 기존 고객들의 행동 특성들을 먼저 알아보도록 한다. 만족하는 고객의 특성에는 ① 반복구매율이 높다. ② 구매하는 금액과 실제 이용금액이 늘어난다. ③ 고객 유지 기간이 길어진다. ④ 고객으로서의 자부심과 긍지를 지니고 있다. ⑤ 자신이 느끼는 소비 만족감을 주변 사람들에게 알린다. ⑥ 다른 사람들에게 추천을 한다. ⑦ 기업에 대한 관심, 참여, 제안 활동이 활발하다.

불만족하는 고객의 특성으로는 ① 재구매 의사가 희박한 편이다. ② 자신이 느낀 불만족감을 다른 사람들에게도 알린다. ③ 다른 경쟁기업으로 구매결정을 이동하고자 한다. ④ 계약 해약 및 이탈을 고려한다. ⑤ 기업과 고객간에 이루어지는 마케팅 접촉에 무관심하거나 부정적인 반응을 보인다. ⑥ 해당 제품 및 서비스뿐만 아니라 기업 전체에 대해 부정적인 이미지를 갖는다. ⑦ 궁극적으로는 스스로 이탈하는 경향을 보인다. 기업은 이처럼 고객들의 다양한 특성들을 고려하여 전략을 수립하고 시행해야 한다.

기업이 다른 경쟁사들과의 고객 경쟁에서 우위에 서기위한 전략으로 고려해야 할 것으로, ① 두번째 거래관계를 형성해야한다는 것이다. 일회성 고객과 유지고객을 가르는 첫 신호는 2차 구매라 할 수 있다. 따라서, 관계유지 전략의 첫 번째 전략은 2차 구매의 유도가 되어야 한다. ② 고객의 기대수준에 맞추는 것이다. 기업의 입장에서 고객의 기대수준을 맞추는 것은 매우 중요하다. 이때 고객의 기대수준을 결정하는 것은 기업이 만들어낸 것이라 볼 수 있는데, 이에 대응하기 위해서는 고객의 기대수준을 낮추거나, 혹은 기대수준에 부응하는 상품과 서비스를 공급할 수 있어야 한다. 그리고, 고객의 기대수준과 니즈를 파악하기 위해 지속적인 커뮤니케이션 방안을 모색하는 것이 필요하다. ③ 고객의 선택이 옳았음을 어떤 식으로든 전달하는 것이다. 관계진화과정에서 지속적으로 중요한 요인은 고객들의 실질적인 구매가치라 할 수 있다. 따라서 고객들에게 구매가치를 전달하는 과정이 매우 중요하다고 할 수 있는데 이는 다시 표현하면 고객이 자사의 상품을 선택한 것이 옳은 행위였음을 확인시켜주는 행위라 할 수 있다. 기업은 다양한 수단을 통해서 우수한 품질, 가격, 편의성 등의 구매가치요인을 아무리 오래된 고정고객이라 하더라도 지속적으로 표현해주어야 한다. 자사 상품의 구매가치가 경쟁사에 비해 더 좋다는 것을 객관적인 비교수치로 보여줄 수 있다면 더욱 좋다고 할 수 있다. ④ 급격한 관계의 발전을 욕심내지 않는 것이다. 고객을 대함에 있어 그 접촉기회가무조건 상품의 판매를 목적으로 해서는 안된다. 다시 말해 접촉이 고객에게 단순히 상품 판매의 메시지로만 전달되어서는 안된다는 것이다. 기업은 관계의 발전에 있어 교차판매나 상승판매를 섣불리 실행하지 않아야 하고, 관계진화과정의 신호를 정확히 정의하여 초기에는 관계지향적 커뮤니케이션을 시작하고, 단계적으로 관계의 발전 등을 모색해야 한다.

고객 관계 강화로 지속적인 관계를 유지하기 위한 고객 유지 전략들을 구체적으로 알아보도록 하겠다.

1. 최우수 고객 인식

'고객님은 저희에게 매우 특별한 고객이십니다' 라는 말을 들어본적이 있을것이다. 누구나 다른 사람보다 좋은 대우를 받기를 기대한다. 기업에게 있어 우량고객 한 명과 일반 고객 한 명의 가치는 같을 수 없다. 따라서 기업에게 좀 더 많은 가치를 가져다 주는 최우수 고객들을 인식하고 특별 대우를 통해 고객관계를 유지, 발전시켜나가야 한다. 고객 인식 프로그램은 개별적이고 현실적이어야 한다. 고객 인식 프로그램에서 '고객 최우선(best-interests)'마케팅이라는 것이 있는데, 이것은 현재 시행되고 있는 어떤 정책이나 마케팅 프로그램보다도 고객의 이익을 최우선으로 하는 관행이다. '고객 최우선' 마케팅은 모든 고객을 상대로 시행되어야 마땅하지만, 개별적인 관심이 필요하기 때문에 최우수 고객 이하의 고객에게 적용하는 것은 비현실적인 경우가 많다. 최우수 고객을 위한 특별 대우로는, VIP에게만 제공되는 할인 혜택이나, 부가서비스 제공, 생일날이나 기념일등에 개인적인 카드를 보내는 등의 특별한 교류를 통해 신뢰를 구축하는 것이 있다.

2. 우수 고객 보상 프로그램을 통해 고객 충성도 향상

고객 충성도를 높이는 대표적인 방식으로는 마일리지 프로그램이 있다. 마일리지가 축적되는 것은 보상이 커지는 것이기 때문에 고객 충성도를 높이는데 매우 효과적인 방법이라고 할 수 있다. 따라서 많은 기업들이 이러한 고객 보상 프로그램을 활용하고 있다. 하지만 장기적으로 봤을 때 이는 경쟁사들도 쉽게 따라할 수 있는 방법으로, 어떻게 보면 신규 고객을 유치하기 위해 가격경쟁을 벌이는 것과 다름없다.

시간이 갈수록 점차 전형적인 고객의 프로파일이 변모하고 있으며, 세분화되고 다양화된 고객의 욕구를 만족시키는 것이 점점 어려워지고 있다. 고객은 자급 능력이 커지고 가격에 민감해지며 만족한 고객이 반드시 충성된 고객이 되지 않기 때문에 고객 충성도를 높이기 위해서 기업들은 다양한 전략을 펼치고 있다.

충성도를 높이는 대표적인 방식은 마일리지 프로그램이다. 마일리지가 축적될수록 보상이 커지기 때문에 고객의 충성도를 높이는 데 아주 효과적이다. 대항항공같은 항공사의 경우, 마일리지 서비스를 통한 고객 유지전략을 사용하는 대표적인 예이다. 고객 유지기간동안 쌓인 마일리지로 얻을 수 있는 혜택이 크기 때문에 쉽사리 다른 항공사로 옮기지 못하는 것이다.

따라서 많은 기업들은 고객이 크게 줄면 우수 고객 보상 프로그램을 실시하지만 전술적인 차원에서 보면 장기적으로는 큰 효과가 없을 수도 있다. 경쟁업체가 따라 하기 쉬운 데다가 고객에게는 싸구려 마케팅 판촉으로 보일 수 있기 때문이다. 장기적으로 보면, 고객의 충성도를 높이기 위해 우수고객 보상 프로그램을 실시하는 것은 신규 고객 유치를 위해 가격을 인하하는 것과 비슷한 셈이다.

3. 품질 향상을 위해 고객 만족도 향상

기업들은 고객만족지수를 측정해 고객이 제품 및 서비스에 대해 가지고 있는 만족도를 측정한다. 단순히 '좋다, 만족할 만하다.' 정도로는 고객 유지 전략을 효과적으로 펼칠 수 없기 때문에 만족지수를 월등히 높여 고객 충성도가 눈에 띄는 혜택을 얻을 수 있도록 해야 하기 때문이다.

많은 회사들이 고객만족지수를 측정해 고객이 제품에 대해 '매우 만족'하고 있는지, 또는 '매우 불만족'하고 있는지 알아 보고 있다. 고객만족지수가 월등히 높지 않으면 의미가 없다는 사실은 고객만족지수를 도입한 회사들에게는 널리 알려진 사실이다. 지금까지의 조사에 따르면, 단순히 '좋다'나 '만족할 만하다' 정도로는 고객 유지에 충분하지 않았다. 만족 지수가 월등히 높아야만 고객 충성도 면에서 눈에 띄는 혜택을 얻을 수 있었다.

또 판매 후 관리도 중요하다. 고객이 상품 구입 후 필요한 수리나 서비스를 받을 때 사업자는 상품의 불량을 숨기지 말아야 한다. 판매 후에도 지속적인 서비스와 사후관리를 해야 하며 각 거래에 대한 고객 만족을 조절해야 한다. 일회성 판매가 아닌 추가적인 구매로 이어지고 고객 이탈을 방지하기 위해서는 진심 어린 관심과 구매 후 만족도 유지가 중요하다.

4. 고객과의 협력 관계를 통해 맞춤 서비스 제공

고객의 필요에 따라 맞춤 서비스를 제공하는 것이 가장 효과적인 고객 유지 전략이다. 고객이 받고 싶어하는 제품이나 서비스를 기업이 사전에 파악하여 그러한 구체적인 요구 사항에 따라 서비스를 제공하는 것이다. 이는 고객이 기업에게 많은 정보를 제공할수록 다른 기업과는 차별화된 수준의 서비스를 제공받을 수 있게 된다. 따라서 기업은 고객 충성도를 높이고 협력 관계를 강화하기 위해 각 고객으로부터 피드백을 원활하게 받아 맞춤 제품과 서비스를 제공해야 한다. 이러한 노력을 통해 기업은 고객충성도를 높이고 장기적으로는 이윤을 극대화하는 방법이 될 수 있다.

고객이 회사에게 많이 가르쳐 줄수록 다른 회사로부터 같은 수준의 서비스를 제공받기가 더 어려워진다. 왜냐하면 이전에 가르쳤던 것을 새로운 회사에게 처음부터 다시 가르쳐야 하기 때문이다. 이것이 고객과의 '학습관계(Learning Relationship)'의 본질이다. 즉, 기업과 고객이 대화를 하면 할수록 더 원하는 혜택을 정확히 받을 수 있게 되는 것이다.

안심할 수 있는 단계는 고객이 경쟁 업체가 아닌 그 회사와만 충성스럽게 거래하게 되었을 때이다. 그렇게 하기 위한 가장 좋은 방법은 각 고객으로부터 피드백을 받아 맞춤 제품과 서비스를 제공하는 것이다. 기업이 고객으로부터 개인적인 취향과 니즈를 가르쳐 달라고 설득할 수 있다면 그 고객의 충성을 오랫동안 유지할 수 있다. 그 기업과 거래를 유지하는 것이 고객 자신에게도 이롭기 때문이다. 고객이 자신의 정보를 제공하는데 투자하는 시간과 수고가 늘어날수록 경쟁 업체로부터 같은 수준의 맞춤 서비스를 받는 것이 더 어려워질 것이다.

'학습관계'의 근본 개념은 아주 간단하다. 고객이 회사에게 자신의 취향을 가르칠수록 고객 스스로가 그 학습의 혜택에 점점 매달리게 된다는 것이다.

진정으로 고객의 충성도를 높이고 싶은 회사라면 고객의 필요와 취향을 존중해서 개별화된 제품과 서비스를 제공해야 한다. 그리고 그러한 개별화된 제품을 이용해서 고객을 계속 학습관계에 묶어 두어야 한다.

그러한 고객의 정보를 획득하는 것이 쉽지는 않다. 고객이 수고와 노력을 들여 기업에게 정보를 주어야하고, 또 그정보가 정확한 정보여야 하기 때문이다.

정확하고 자세한 고객 정보를 갖게 되면 고객과의 상호 관계에서 더욱 대응적이고 표적화가 가능하고, 상품과 서비스 제공에 있어 더욱 현명하게 대처할 수 있게 하며 고객의 니즈와 가치에 더욱 전략적으로 대응하여 경쟁 우위에 설 수 있게 한다.

제4항 고객유지 방법

고객과의 관계를 유지하기 위해서는 어떤 방법들이 있는지 알아보자.

1. 2차 구매유도

CRM의 관계유지기능이 제대로 작동하기 위해서는 우선 누구를 유지고객 대상으로 볼 것이냐를 잘 선택해야 한다. 다양한 고객 유형 중 어떤 고객을 유지 대상으로 선택할 것인지를 고민하는 것이다. 일반적으로는 두 번째 구매가 이루어진 고객들부터 관계유지전략을 적용하는 것이 적합하다. 두 번째 구매는 단지 구매를 두 번 했다는 의미 외에도 고객이라는 본질적인 의미를 적용할 수 있는 시점이기 때문이다. 또한, 두 번 구매한 고객은 한 번 구매한 고객들에 비해 산업에 따라 많게는 7배 정도까지 고객유지율이 높게 나타난다고 한다. 이 때문에 관계유지전략 중에서도 2차 구매유도 전략은 본격적인 관계유지전략으로 들어가기 위한 가장 첫번째 방법이라 할 수 있다.

2차 구매유도를 수행함에 있어 가장 중요한 것은 첫경험에 의한 심리적 만족도라고 할 수 있다. 이는 결과적으로 고객이 2차 구매 즉 재방문을 하게 만드는 중요한 요소 중 하나이고, 이는 방문동기를 높이는 방향으로 진행되어야 한다.

2차 구매는 단순 구매자를 고객으로 변화시키고, 이를 장기적인 관계 유지 대상으로 까지 만들 수 있는 중요한 요소이다. 2차 구매에 성공하면 이들 중 70%는 유지 고객으로 남는다는 연구결과가 있기 때문에 일반적 재구매 유도와는 다른 전략이 필요하다. 2차 구매를 위해 기업은 2차 구매까지 소요된 기간을 분석하여 구간별 고객 프로파일을 작성하고, 이를 바탕으로 2차 구매 예상 시점을 포착해야한다.

이를 프로파일링 된 고격들은 당연히 2차 구매에 대한 혜택을 받아야 하는데, 이는 일시적일 수 있지만, 다른 구매혜택들보다 확연하게 좋아야 한다.

2차 구매유도와 관련하여 하나의 문제를 풀어보자.

> Q : 8번 방문 시 한 번의 무료 식사를 제공하는 식당이 첫 방문에 도장을 하나 찍어준다. 10번 방문 시 한 번의 무료 식사를 제공하는 식당이 첫 방문에 도장을 3개 찍어준다. 각각의 경우의 어느 경우가 2차 구매를 유도, 즉 고객을 재방문하게 만들 확률이 높을까.

A : 정답은 후자의 경우이다. 둘 다 첫 방문 이후 7번의 방문을 더 해야 무료로 식사를 제공받지만, 이때 고려해야 할 것은 방문 동기를 높여야 한다는 것이다. 고객의 2차 구매(재 방문)은 첫경험에 대한 심리적 만족도가 중요한데, 두번째의 경우 목표에 이룸에 있어 더 높은 퍼센트를 도달했기 때문이다. 다시 말해 첫 방문에 2개 또는 3개의 도장을 찍어주는 방식으로 고객의 심리적 만족도를 높일 수 있다는 것이다.

2. 충성도 프로그램

로열티 프로그램은 반복구매를 하는 고객들의 로열티를 증진시키기 위해서 여러 가지 유.무형의 인센티브를 제공하는 제도나 마케팅 프로그램을 의미한다. 소비자를 대상으로 사업을 전개하는 대부분의 기업의 경우 나름대로의 로열티 프로그램을 운영하고 있다. 현재 국내에서 운영되고 있는 로열티 프로그램의 유형은 크게 단골고객 프로그램, 제조업체의 멤버십 클럽, 항공사의 마일리지 프로그램, 연합 포인트 제도, 유통업체 멤버십, 통신사 회원 프로그램 등이 있다.

이는 진실한 충성도를 형성해 줄 수 없을 수 있다. 하지만 제도적인 이탈장벽을 형성하는 효과를 가져오게 된다.

또한 많은 기업이 로열티 프로그램을 운영하고 있지만 로열티 프로그램을 단순히 경쟁사가 도입하거나, 유행이라고 시행하는 경우도 많아 큰 효과를 거두지 못하는 곳들도 존재한다. 기업은 자사에 맞는 적절한 로열티 프로그램을 실시할 필요가 있다.

기존의 충성도 프로그램의 가장 간단한 예제는 쿠폰이나 마일리지의 적립의 형태라고 볼 수 있었다. 즉 카페나 식당 등에서 도장을 찍어주는 방식으로 쿠폰을 발행하거나, 항공사나 통신사 등에서 마일리지를 적립하여 그에 상응하는 보상을 제공하는 방식 등으로 말이다.

최근에는 스마트폰 보급률이 높아짐에 따라 이를 활용하여 로열티를 제공하는 기업들도 늘어나고 있다. 즉 사진에서 보는 것과 같이 일일이 들고 다니며 도장을 찍는 것이 아니라 멤버십 전용 앱(App)이나 월렛 프로그램으로 대체되고 있는 것이다.

이러한 프로그램은 기업이 고객의 로열티 형성과 함께 고객의 구매패턴 등을 전산화 할 수 있게 도와주어 고객에 대한 마케팅 노력을 보다 용이한 방법으로 시행할 수 있게 도와주기도 한다.

3. 제품의 고객화

고객 유지를 위해서는 제품이 오랜기간동안 고객들에게 매력적일 수 있도록 고객들의 요구에 충족되는 제품을 만들기 위해 노력해야한다. 이러한 과정이 바로 제품의 고객화이다. 제품을 기획하는 단계부터 시작해서 서비스를 전달하는 과정까지도 고객을 참여시킴으로 이루어진다.

제품의 고객화에 대한 예제로는 특정 제품을 만들어가는 과정에 고객의 욕구를 반영시키는 것이 가장 대표적이라 할 수 있다. 이는 고객의 그 때의 상태 및 기분의 변화에 따라 적절한 마케팅을 수행하는 전략이라고도 볼 수 있다.

특히 가구 등을 제작함에 있어 기본적인 기능을 제외한 디자인 등을 변화시키거나, 시계를 구매하는 고객에게 시계줄 또는 가죽 및 메탈의 디자인을 고를 수 있게 하는 등의 사례들이 존재한다.

이러한 과정에서의 고객참여는 고객의 다양한 욕구를 충족시키고, 그들이 기업에게 가지게 되는 신뢰를 쌓게 만들어주는 기반이 된다. 이러한 과정에 대해 기업의 업무를 더 복잡하게 만드는 것이라는 의문을 제기할 수 있지만, 결과적으로 봤을 때 고개의 요구를 최대한의 범위에서 충족시켜 줄 수 있다는 점을 고려할 필요가 있다. 더욱이 제품들 간의 기술력의 차이가 줄어들 고 있다는 점에서 더더욱 고려되어야 할 사항이다.

제5항 고객 유지 분석 방법

일반적인 고객유지를 위한 분석방법으로 평생고객가치 분석을 이용한 방법과 RFM분석을 이용한 방법이 있다.

1. 평생고객가치 분석

한정된 예산을 가지고 최적화된 마케팅을 펼치려면 고객평생가치를 수치로 환산해 비용을 배분해야 한다. 그렇다면 고객평생가치란 무엇이며 어떻게 산정할 수 있을지 알아야 할 것이다.

1) 평생고객가치란

평생고객가치(Life Time Value)란 한 고객이 한 기업의 고객으로 존재하는 전체 기간 동안 기업에게 제공할 것으로 추정되는 재무적인 공헌도의 합계를 의미한다. 고객 한 사람이 한 회사에 최초 가입한 날로부터 현재까지 그 회사에 누적적으로 기여한 순이익 가치로서, 이것을 금전적으로 표시 평가한 것이다. 또, 고객과의 장기적인 관계를 유지함에 있어, 고객으로부터 거둘 수 있는 가치라고도 할 수 있다. 여기서 고객의 평생가치란 고객이 자사의 제품을 최초로 구매한 시점부터 최종 거래에 이르는 기간 동안에 구입하고 제공받은 서비스의 총 이용금액을 말하는 것이기도 하다. 이것은 고객의 입장에서는 구매행동의 역사를 의미하고, 기업의 입장에서는 고객이 기업에 기여한 공로, 즉 고객기여도를 의미한다. 평생고객가치는 데이터 베이스 마케팅의 비용과 가능한 이익을 모두 포함하고 있으므로, 제안된 마케팅 프로그램의 성공여부를 평가하는 척도가 된다. 이러한 평생고객가치를 보험사에서 사용한다고 예를 들어본다면, 한 번 잡은 고객의 전 생애를 같이 하면서 상시 접촉을 통해 젊었을 때 보장성 판매, 중년 들어 투자 상품 판매, 그리고 50년대가 되면 자산관리로 그 고객 개인의 가치를 극대화함은 물론 그 과정에서 가족이나 소개를 통해 그 가치를 극대화할 수 있다는 것이다. 고객을 만들어 유지한다는 것은 어려운 일이지만, 고객의 평생가치를 극대화하는 것보다 더 큰 보상을 가져다 주는 것은 없다고 해도 과언이 아닐 것이다.

고객의 평생가치이익시스템은 고객획득비용, DM제작발송비, 매출액, 제품원가, 텔레마케팅 등의 경비를 고려하여 영업수익을 산출하고 산출된 생산성을 기초로 고객 1인당 누적가치를 산출하는 것이다. 즉, 고객관리에서 발생하는 데이터를 과학화, 계량화하여 고객의 평생가치이익이 자사원가를 상회하여 이익을 내고 있는지 손실을 초래하고 있는지를 평가하는 시스템이다. 따라서 고객의 평생가치이익시스템 개발과 활용에 많은 노력과 비용을 투입한다면 데이터 베이스마케팅의 새로운 자산을 구축할 수 있을 것이다. 고객획득비용이 많이 소모되는 회사, 특히 신규고객으로 확보는 하였으나 가동률 또는 사용률이 저조하여 고객관리의 새건 또는 고정고객화가 시급한 회사는 고객의 평생가치이익시스템을 적극적으로 활용하게 되면 마케팅 전략 수립에 필요한 기초자료는 물론 양질의 고객을 획득하기 위한 분석과 대응이 가능할 것이다.

2) 평생고객가치 사례

앞서서는 실질적인 계산을 위해 순이익, 현재가치 등의 개념을 적용한 평생고객가치분석 방법이었다면, 이해를 좀 더 돕기 위하여 대략적으로 고객평생가치의 중요성을 이해하기 위해 단순 평생고객가치 계산 방법을 사용한 사례들을 들어보도록 하겠다.

먼저, 간단한 예로써 고객 A가 있다. A는 커피를 하루에 한잔씩 마시기 때문에 일주일에 7번, 한달에 30번 정도 커피를 마신다. 그래서 A는 한달에 한번 가격이 3,000원 하는 '커피나라(가칭)'의 아메리카노를 산다. 그렇다면 커피나라에서 생각하는 고객 A의 고객가치는 얼마일까? 지금 당장 A가 사는 아메리카노 하나의 값인

3,000원이 전부일까? 아니다. 만약 그 고객이 커피나라의 단골이 된다면 그 가치는 단순히 3,000원이 아니라 1년에 36,000원, 10년에 360,000원 50년에는 1,800,000원 이 되는 것이다. 이 개념을 평생고객가치라고 한다.

이처럼 간단하고 알기 쉽게 평생고객가치를 계산한다면 평생고객가치는 평균구매액을 기준으로 하여 거래기간에 대한 구매액을 산정하는 방식, 즉 LTV = 평균구매액 × 거래기간으로 나타낼 수 있겠다.

그러나 이러한 단순 LTV 계산은 미래의 불확실성을 고려하지 않은 경우로서 고객행동의 변동, 현재가치, 이익관점 등을 고려하지 않은 방법이라고 할 수 있다. 그러므로 좀 더 정확하게 LTV를 산정하기 위해서는 고객의 과거 데이터를 분석해서 이탈확률, 재구매확률, 구전확률, 예상되는 구매량과 수익 등을 예측하고, 이런 변수들을 사용해서 그 고객이 평생 우리 기업에 기여하는 금전적인 가치를 구하는 작업이 병행되어야 할 것이다. 또한 LTV를 산정시에 고려해야 하는 사항으로는 아래와 같이 4가지정도를 들 수 있겠다.

첫째는 업종 또는 제품의 특성을 명확하게 준비해야 한다는 것이다. 업종이 다르고 제품의 성격이 다르다면 이에 대한 산정방식도 달라지게된다. 예를 들면, 마진이 매우 낮은 유형의 제품(예: 화장지, 구두약, 연필)의 경우 고객과의 관계구축에 대한 원가를 특정제품에 대한 반복구매를 통하여 회수할 수 없게 된다. 또한 기술변동성이 심한 상품(예: 반도체)의 경우도 LTV 산정에 문제점을 갖게 된다.

둘째는 대상고객이 누구인가 하는 점이다. 10대 고객인지, 20대 고객인지 고객의 생활방식은 어떠한지에 대한 면밀한 조사가 필요하다.

셋째로는 어느 정도 정확성을 요구하는가 하는 것이다. 고객의 가치산정방식은 여러가지 통계적인 방법이 적용되며, 적용범위도 다르기 때문에 각각의 상황에 따른 신뢰도가 필요하다.

마지막으로 각각의 구성요소별로 별도의 모델을 구축할 것인가 하는 점이다. 주요변수가 달라지면 구축을 위한 모델도 달라져야 한다.

위와 같은 고려사항들을 세밀하게 고려한 이후에 LTV를 산정해야 좀 더 정확한 LTV 가 가능해질 것이다. 여러가지 환경을 고려한 LTV 산정방식을 통하여 좀 더 정확한 고객수익성을 계산한다면 한정된 예산을 가지고 최적화된 마케팅을 펼쳐 보일 수 있을 것이다.

또다른 예를 살펴보자. 신제품 화장품이 출시되었다. 마트에서 나에게 5천원 할인쿠폰을 주었다고 해보자. 쿠폰을 받아 지갑에 넣어두고 잊어버리고 있었는데, 이번엔 버스를 타고 가다보니 광고가 보였다. "아참, 저거 한번 사봐야지…"하다가 또 잊어버렸다. 화장품이 필요해 인터넷 검색을 하다가 광고가 보여 클릭해서 보니 괜찮아보인다. 안그래도 전부터 궁금했는데 그 제품을 사기로 한다. 결국, 그 제품을 사게하기 위해 화장품회사는 지금까지 쿠폰값, 버스광고비, 서치엔진 광고비 등으로 나에게 총3만원을 썼다고 가정하자. 이 3만원을 고객획득비용(Acquisition Cost)라고 한다. 5만원짜리 스킨을 샀다. 마진이 30%라고 하면 화장품회사는 1만5천원을 벌었다. 1년동안 약 30만원을 썼다고 하자. 화장품회사는 일년간 총9만원(30만원*30%)을 벌었지만, 고객획득비용으로 3만원을 이미썼으니까 실마진은 6만원이다.

첫해의 이익 = 획득 고객의 가치= 9만원(30만원*30%) - 3만원 =6만원

다음해 생일날, 1만원 쿠폰을 보내주었고, 일년간 총50만원을 썼다고 하면, 화장품회사는 나에게 총14만원(50만원*30%-1만원)을 벌었다.

둘째해의 이익 = (50만원*30%) - 1만원 = 14만원

셋째해는 20만원을 쓴후 1만원짜리 생일쿠폰을 한번 사용했다.

셋째해의 이익 = (20만원*30%) - 1만원 = 5만원

이값을 모두 합한 것이 A씨의 고객평생가치(LTV) = 6만원 + 14만원 + 5만원 = 25만원

할인율을 10%로 가정하면, LTV = 6만원+13만원/(1+0.1)+5만원/(1+0.1)(1+0.1)=23만원으로 지금 이순간 고객 한명을 유치했을 때 현재 가치로 환산해서 그 고객이 떠나기 전까지 23만원의 이득을 본다는 뜻이다.

장기적인 관점에서 기업에 진정한 가치를 주는 고객에 대하여 지속적인 관계를 형성함으로써 고객이 해당 기업제품에 대하여 창출하는 평생가치(Lifetime Value)를 극대화한다는 개념인 동시에 기업입장에서는 고객관 관련된 자료를 분석하여 고객특성에 기초한 마케팅 활동을 계획, 지원, 평가하는 관리체제를 의미한다. 여기서

말하는 마케팅은 일대일의 직접적, 지속적인 관계형성을 지향하는 것이며, CRM의 궁극적인 목표는 장기적, 지속적인 기업의 수익기반을 구축하는 것이다. 따라서 CRM은 가치있는 고객, 즉, 기존의 우수고객을 유지하고 이탈고객을 최소화하는 관계마케팅, 간단히 말하면 '단골관리'인 셈이라고 생각한다.

2. RFM분석

평생고객가치의 분석과 마찬가지로 고객유지를 위해서 필요한 것이 바로 RFM분석을 통한 고객 서열 선정이다. RFM은 가치 있는 고객을 추출해내어 이를 기준으로 고객을 분류할 수 있는 매우 간단하면서도 유용하게 사용될 수 있는 방법으로 알려져 있어, 마케팅에서 가장 많이 사용되고 있는 분석방법 중 하나이다. RFM은 구매가능성이 높을 고객을 선정하기 위한 데이터 분석방법으로써, 분석과정을 통해 데이터는 의미 있는 정보로 전환된다. 먼저, 자사에서 충성도가 가장 높은 고객층은 누구이며, 그들은 얼마나 많은 기여를 하였는지, 또 그들은 어떤 제품이나 서비스를 자주 애용하는지, 그리고 어떤 이유로 충성도 고객이 되었는지에 대한 정확한 해답을 도출할 수 있다면 이미 그 기업은 CRM경영의 기본을 갖추었다고 볼 수 있을 것이다. 하지만, 국내 대다수의 기업들은 충성도 고객에 대한 명확한 이해는 물론, 이에 대한 관리프로세스조차 미숙한 것이 현실이다. RFM분석을 통해 가장 합리적인 기준을 설정하여 구매기록을 데이터화하고, 이를 분석·정리하여 고객 개인별로 철저하게 분류한 후 반드시 고객서열을 정하여 고객집단을 분류함으로써 궁극적으로는 고객의 충성도를 측정하는 것이 필요하다.

첫 번째로 R은 recency, 즉 구매기간 범위이다. 최초 가입일에서 최근일까지의 제품구매 또는 서비스 이용기간 범위를 말하는 것이다. 즉, 최근일로부터 3개월 이내, 3~6개월, 6~9개월 등 어느 기간에서 구매가 일어났는지 그 범위를 말하는 것이다. 여기에 측정기준과 가중치를 부여하여 고객충성도 기준을 마련하게 된다.

두 번째로 F는 frequency, 구매횟수 또는 구매빈도를 말한다. 일정기간 동안 얼만큼의 구매가 발생했는지에 따라 고객충성도가 달라진다. 구매횟수가 많으면 상대적으로 구매횟수가 적은 고객보다는 고객충성도 확률이 높게 나타나게 된다.

마지막으로 M은 monetary로, 구매금액을 말하는 것이다. 이는 최초 가입일에서 지금까지, 또는 일정기간 동안 발생한 이용금액의 크기를 말한다. 이 세가지 요소를 기준으로 고객 각각에 대해 점수를 부여하고 이 세가지 기준으로 가중치를 주어 지표로 삼는 방법이 RFM에 의한 고객점수 부여 방법이라고 할 수 있다. 이렇게 하여 고객 개개인에 대한 점수부여가 되면 고객을 점수가 높은 순서대로 나열한 후, 이를 몇 개의 집단으로 분류함으로써 고객의 세분화가 이루어지게 된다. 이 중에서 첫 번째로 분류된 집단이 마케팅 활동에 대한 응답률이 가장 높은 집단이 된다.

RFM 데이터는 대금의 결재나 기업의 회계처리 목적상 혹은 다른 운용상의 이유로 이미 회사 어디에선가 이용되고 있는 기본 자료들이기 때문에 마케팅 목적을 위해 활용하기에 매우 용이하다.

2016년 11월 25일 국민은행은 'KB국민 아시아나 체크카드'를 출시했다. 로열티 프로그램을 타 회사와 연계하여 실시하는 좋은 기업 예시로 구체적 혜택은 다음과 같다.
기본적으로 2500원 사용 당 1 아시아나 마일리지가 적립된다. 적립 한도의 제한은 없으나 본 카드로 30만원 이상 이용 시 제공된다. 또한 쿠팡, 티몬, 위메프 같은 소셜커머스나 스타벅스, 파리바게뜨 등의 회사와도 5% 환급 제휴를 맺어, 마일리지와 함께 이탈 장벽을 형성하고 있는 모습을 볼 수 있다.
이는 동시에 고객 차별화(맞춤화)의 효과도 가져올 수 있는데, 이는 국민카드 관계자의 인터뷰에서 찾을 수 있다. "항공 마일리지 및 여행에 대해 높아진 체크카드 고객들의 관심과 트렌드에 부응하고자 이 상품을 선보이게 됐다"며 "앞으로도 체크카드 고객들의 다양한 니즈에 맞는 혜택을 담은 체크카드 상품을 계속해서 선보일 계획"이라고 밝혔다. 다시 말해, 국민카드를 이용하는 고객 중 항공 마일리지의 적립을 필요로 하는 고객에게 맞춤형 서비스를 제공하는 셈이다.

신한은행이 빅 데이터 분석 기법 중 하나인 이동경로 분석(Customer Journey Map)을 은행권에서 처음 도입했다. 이를 기반으로 한 맞춤형 마케팅으로 이탈고객을 막는다는 계획이다. 이동경로 분석은 잠재고객에서 충성고객이 된 고객들이 인터넷,

SN(소셜네트워크서비스) 등에서 어떤 행동패턴을 보이는지 분석한 것이다.

22일 금융업계에 따르면 신한은행은 하반기 온.오프라인을 포함한 은행의 모든 채널에서 발생하는 고객 이동경로 데이터를 구축하고 최근 개인고객을 대상으로 마케팅 진행하고 있다. 은행권에서 이동경로 분석을 도입한 건 신한은행이 처음이다.

신한은행은 데이터를 구축하기 위해 비활동성 고객이었다가 활동성 고객이 된 고객 63만명을 분석했다. 활동성 고객은 월 평균 수신잔고가 30만원 이상인 고객이다. 신한은행은 활동성 고객이 되기 전 3개월 되고 난 후 3개월 동안 영업점, 인터넷, 모바일 뱅킹, 콜센터, 이메일, SNS 등 14개 채널에서 보인 행동을 데이터화 했다.

또 각 채널에서 보인 고객의 행동패턴을 데이터화 하기 위해 고객 행동을 1. 상품.서비스인지 2. 정보의 비교.검색 3. 상품 신규 4.상품 유지 등 4단계로 나누고 총 44개의 세부 행동을 정의했다. 세부 행동은 인터넷.모바일 쪽지 확인, 인터넷.모바일 뱅킹에서의 상품정보 조회, 수신상품 신규, 급여 입금, 신용카드 결제 등이다.

신한은행 한 관계자는 "이동경로 분석을 통해 주거래 고객 유지하고 늘리는 방법과 더불어 마케팅 골든타임, 고객 상품 신규 시 추가적인 마케팅 팁 등을 새롭게 찾아낼 수 이다."며 "고객별 최적 상품 추천, 고객 선호 기반 마케팅 전략 수립 등 고객 가치 제고를 위한 주제별 빅 데이터 분석을 다양하게 시행할 계획"이라고 말했다.

제5절 교차판매

교차판매에 대하여 알아보기에 앞서, 하나의 상품과 서비스가 팔렸다고 가정해보자. 상품과 서비스라는 측면에서만 생각하면, 이 판매로 인하여 수요 충족은 이루어진다. 하지만, 여기에는 포착하지 못한 거대한 수익 기회가 존재하고 있다. 하나의 상품과 서비스 판매는 전체시장에서 거대한 수요의 한 부분에 불과하다. 고객의 입장에서 생각할 경우, 우선 고객의 속마음은 단일 상품과 서비스의 구매만으로는 만족하지 않는다. 다시 말하면 고객은 그 상품과 서비스 자체가 탐이 나서 그것을 사는 것이 아니라는 것이다. 예를 들어, 텐트를 사는 것은 텐트가 갖고 싶어서가 아니라 텐트를 사서 캠프에서 치고 싶기 때문이며, 또한 스스로 텐트를 치고 생활하는 야외파가 되고 싶기 때문이라는 것이다. 이러한 고객의 구매를 돕기 위해서는 텐트 주변에 있는 상품과 서비스 일체를 제안할 수 있는 능력이 필요하다. 텐트를 치는 요령뿐만 아니라, 캠프파이어를 즐기는 방법까지 가르쳐준다면 고객은 캠프에서의 밤을 상상하며 자연스럽게 바비큐 세트까지 구입할 것이다. 이는 단순한 세트 판매가 아닌 교차판매(Cross Selling)인 것이다.

제1항 교차판매 개요

교차판매는 기업이 여러가지 상품을 취급하고 있는 경우, 한 상품을 구매하는 고객으로 하여금 다른 상품도 구매하도록 하는 것이다. 즉, 한 상품을 구매하려는 고객에게 그와 관련된 다른 상품도 추천하여 고객이 여러 상품을 구매하도록 유도함으로써 매출을 증대하는 방법이다. 다시말하면, 동시에 구매 가능성이 큰 상품군을 찾아내어 동시에 판매하거나 상품의 배치문제, 패키지 상품의 구성, 쿠폰 발행, 카탈로그의 구성, 신상품의 카테고리 선정 등에 이용할 수 있다. 이는 또한 고객의 거래폭을 넓혀서 이탈을 방지하고 고객로열티를 향상하는 효과와도 관련이 있다.

먼저 교차판매의 정의는 예를 들어서 금융회사들이 자체 개발한 상품에만 의존하지 않고 다른 금융회사가 개발한 상품까지 판매하는 적극적인 판매방식이라고 할 수 있다. 좀 더 말하자면, 금융기관들의 대형화·겸업화 추세가 가속화되면서 나타난 현상 가운데 하나로, 자체 개발한 상품에만 의존하던 전통적인 수익모델로는 더 이상 이윤을 창출하기 어렵다는 현실인식에서 등장한 새로운 유형의 수익모델을 말한다. 금융시장의 예를 들어보면, 그 동안 은행들은 전통적인 예금과 대출업무에 주력해 왔으나, 갈수록 적정 규모의 수익성을 확보하기 어려워지자 투자신탁회사나 보험회사의 상품 등 다른 금융부문의 판매채널을 이용해 자사상품을 판매하는 마케팅전략까지 구사하는 등 새로운 활로를 모색해왔다. 이를 방카슈랑스라고 하는데, 방카슈랑스 역시 크게는 교차판매의 범위에 포함된다고 할 수 있다. 그러나 교차판매는 은행과 모험회사 등 부분적인 금융기관 사이의 합작으로 이루어지는 방카슈랑스에 머물지 않는, 보다 적극적이고 거시적인 개념의 마케팅 전략이다.

이렇게 금융업 용어로 사용되는 교차판매는 금융계뿐만 아니라 다른 판매업계에서도 유용한 전략으로 쓰이고 있다. 고객에 대한 여러 가지 정보를 컴퓨터에 의해 데이터 베이스화하고, 구축된 고객 데이터 베이스를 전략적으로 활용하여 고객 개개인과의 접촉을 통해 직접적인 반응, 혹은 판매를 유도하거나 장기적인 일대일 관계를 구축하고자 하는 제반 마케팅 활동인 DB마케팅을 이용하여 교차판매 전략을 사용할 수 있다. 이러한 사례로, 출판사나 비디오 렌트 사와 같이 같은 제품을 반복적으로 팔지 않는 업종에서는 교차판매의 필요성이 매우 높다. 월든북스사는 고객이 10달러를 내고 'Preferred Readers'에 가입하면 책 구입시 10%를 할인해 주고 있다고 한다. 이는 고객 DB를 구축하려는 수단이며, 10달러의 가입비를 받는 것은 책을 비교적 많이 구입하는 고객만을 선별해 내기 위한 방편이라고 할 수 있다. 이를 통해 월든북스 사는 거래하는 모든 정보를 축적할 수 있었으며, 이러한 정보를 바탕으로 고객의 선호도를 분석하여 유사한 서적이 출간되었을 때 이를 고객에게 알려줌으로써 고객의 니즈에 부응하는 판촉전략을 구사하고 있다. 비디오 렌트사인 블록버스터는 기존 고객의 대여기록을 바탕으로 아직 빌려보지 않을 테이프 가운데 그 고객의 취향에 맞는 10여 개의 영화를 열거한 메일을 발송하고 있다. 체이스 맨하탄 은행은 고객에 대한 보다 깊은 이해를 위해 계정별로 작성된 고객 파일을 하나로 통합하고 이 과정에서 고객에 대한 인구통계적 변수와 라이프스타일에 대한 자료를 추가시켰다. 이렇게 구축된 데이터 베이스를 이용해 이 은행은 여러 가지 다른 상품의 구매를 권유하는 메일을 발송하였다. 그리고 메일 발송 시에도 개인의 특성에 따라 적합한 상품을 권유했다.

교차판매 활동은 기업, 고객에게 긍정적인 효과를 가져다 준다. 기업의 경우 교차판매를 통해 고객이 자사로부터 추가적인 서비스나 제품을 구매하였을 때 그에 상응하는 이득을 얻는다면, 이는 곧 자사에 대한 고객의 전환비용을 높이는 것과 같으므로 고객과의 관계, 고객의 충성도 또한 높아지게 된다. 또한 지속적인 교차 판매는 고객 데이터의 축적을 통해 기업으로 하여금 고객들이 어떤 제품이나 서비스를 원하는 지 알 수 있게 하고, 고객의 특정 구매 행동과 패턴 등을 판단할 수 있도록 도와준다. 고객이 만족할 수 있는 제품이나 서비스를 제공하여다른 기업과의 경쟁에서 경쟁우위를 가질수 있다.

고객의 경우 교차판매는 구매에 편리성을 제공하며 기업측의 판매비용을 낮추기 때문에 더 낮은 가격에 합리적으로 구매할 수 있도록 한다. 고객에게 가장 큰장점중 하나인 가격할인은, 소비자가 개별 상품에 대한 정보를 확인하고 가격을 협상하기 어려운 상황에서 One-stop-shop을 통해 정보 확보 및 협상 비용을 줄일 수 있다.

하지만 이러한 교차판매에는 부정적인 측면도 분명 존재한다. 먼저 시장 지배력을 가진 판매자가 교차판매를 통해 지배력을 높이면 적절한 경쟁시장의 형성이 어려울 가능성이 있다. 또한 고객이 교차판매 상품 구매 이후 다른 상품으로 전환을 원하는 경우, 결합된 상품을 한꺼번에 다시 구매해야 하는 상황이 발생하고, 이는 높은 전환비용을 일으키므로 상품 이동이 어려워져 선택이 왜곡

될 가능성이 있다. 즉, 교차판매는 소비자의 상품 교체를 제한시킬 수 있다는 것이다. 이 뿐 아니라, 끼워팔기나 순수 결합판매의 경우 가격의 투명성이 저하될 수 있고, 특히 소비자 입장에서 가격비교가 어려운 환경이 조성될 가능성도 있다.

더불어 기업 입장에서도 교차 판매는 일반적으로 기존 고객에게 이루어지므로, 고객이 과도한 강요 등을 느꼈을 시, 고객과의 기존 관계 마저 중단될 수 있다는 위험성을 가진다. 실제로 최근 수 많은 기업들의 무분별한 CRM 활동으로 인해 고객들은 이에 대한 반응에 있어 무감각해지거나 경쟁사로 옮겨가는 경우가 많아지게 되었다. 따라서 기업은 고객 또는 고객에게 판매되는 추가 제품 또는 서비스가 고객이 얻는 가치를 향상시킬 수 있는가의 여부와 고객이 기업이 시도하는 교차 판매를 어떻게 받아들이느냐에 대해 확인하고 관리하는 것이 중요하다.

교차판매를 위해서는 연관성 규칙을 발견하고, 연관성과 연속구매 패턴, 장바구니 등의 분석이 필요하다. 이러한 분석들에 대하여 알아보겠다.

제2항 연관성 분석

1. 연관성 분석이란

앞에서 언급했듯이 연관성 분석의 개념에 대해 다시한번 설명하자면, 연관성 분석은 하나의 거래나 사건에 포함되어 있는 항목들의 관련성을 파악하여 둘 이상의 항목들로 구성된 연관성 규칙을 도출하는 탐색적 자료분석 방법이다. 다시 말해, 대용량의 데이터에서 각각의 항목간의 의미 있는 상관관계를 찾아내는 과정이라고 할 수 있다. 연관성 분석이 적용될 수 있는 자료는 거래(transaction)와 항목(item)으로 구성되며, 연관성 분석의 목적은 품목간의 연관관계를 수치로 정량화하는 데 있다. 연관성 규칙은 교차판매뿐만 아니라, 묶음판매, 상품의 진열, 쿠폰 배부, 카탈로그 디자인 등의 여러 분야에서 활용될 수 있다. 연관성 규칙의 평가 기준으로는 지지도(Support), 신뢰도(Confidence), 향상도(Lift) 이렇게 세 가지가 있다. 먼저 지지도는 전체 자료에 관련성이 있다고 판단되는 품목A와 B, 두 개의 항목이 동시에 일어날 확률로써, 상호 대칭적이라고 할 수 있다. 지지도를 식으로 나타내면 '(항목A와 항목B가 같이 거래된 수)/(전체거래 수)'라고 할 수 있다. 다음으로 신뢰도는 품목A가 구매되었을 때 품목 B가 추가로 구매될 확률인 조건부확률로써, 상호대칭적이 아니다. 신뢰도 역시 식으로 나타내면 '(항목A와 항목B가 같이 거래된 수)/(항목A의 거래 수)이다. 마지막으로 향상도란 실제의 신뢰도를 독립가정 하에서의 신뢰도로 나눈 값으로, 실제의 지지도를 독립가정 하에서의 지지도로 나눈 값과도 동일하다. 신뢰도와 지지도는 자주 구매되는 항목에 대해서는 연관성 때문이 아니라 우연하게 높게 나올 수 있기 때문에 향상도를 보는 것이다. 향상도는 (항목A와 B를 동시에 포함하는 거래 수 X 전체거래 수)/(항목A를 포함하는 거래 수 X 항목B를 포함하는 거래 수)라는 식으로 표현할 수 있다. 향상도는 간단히 말해서 두 품목의 거래가 독립적인지 아닌지를 판단하는 척도이다.

다시 요약하면,

- 지지도(Support)는 전체 거래 중 항목 X와 Y를 동시에 포함하는 거래의 비율이다.
- 신뢰도(Confidence)는 X라는 항목을 구매한 거래 중에서, Y라는 항목이 포함된 거래의 정도를 측정하는 기준이다. 이는 연관성 규칙의 강도를 나타낸다.
- 향상도(Lift)는 임의로 Y를 구매하는 경우에 비해 X와의 관계가 고려되어 구매되는 경우의 비를 측정하는 기준이다.

의미 있는 연관성 규칙이 되기 위해서는 신뢰도(Confidence)의 값과 지지도(Support)의 값이 어느 정도 수준에 도달 하여야 한다. 또한 신뢰도와 지지도가 자주 구매되는 항목에 대하여 높게 발생 할 수 있는데, 이런 경우에는 향상도(Lift)를 고려해야 한다.

연관성 분석은 대표적인 데이터 마이닝 방법 중 하나로서, 장바구니 분석과 유사한 개념으로 불린다. 연관성분석은 하나의 거래나 사건에 포함되어 있는 항목들의 규칙이나 관련성을 파악하여, 그 둘 이상의 공통된 항목들의 연관성 규칙을 찾아내어 기업이나 의사결정자에게 도움을 주는 탐색적 자료분석 방법이다.

연관성 분석 평가 시 고려되어야 할 사항이 몇 가지 있는데, 두 항목의 기본적인 구매율이 어느 정도 수준 이상일 경우를 고려하여 신뢰도의 값이 크면 좋으나, 신뢰도가 크다고 모두 최선의 연관성 규칙은 아님을 고려해야 한다. 또한 신뢰도와 지지도는 두 항목의 연관성 때문이 아니라 우연의 일치로 수치가 높게 나오는 경우도 있으니 주의해야 할 필요성이 있다. 또한 향상도의 값은 항상 1의 값보다 커야지 유용한 정보라고 할 수 있다.

데이터 마이닝 기법의 하나인 연관성 분석에서 나온 장바구니 분석을 활용하여 인터넷 쇼핑몰 내에서 상품의 구매, 웹 페이지 방문, 광고 클릭 등의 고객 행위를 분석하여 지식을 추출하기 위한 절차는 다음과 같다,

1) 의사결정자가 연관성 규칙을 정량화 한 기준 값(신뢰도, 지지도, 향상도)을 입력한다. 2) 분석에 포함 시킬 고객의 행위의 범위를 선택한다. 3) 상점을 방문한 고객의 수와 상점 내의 상품 페이지 개수를 계산한다. 4) 계산량과 추출된 규칙의 유용성을 위하여 주요 상품 페이지를 선택한다. 5) 상품 페이지 조합에 대하여 동일 세션에 포함된 개수를 계산한다. 6) 각 상품 페이지 조합에 대한 지지도를 계산한다. 7) 1)에서 입력 받은 지지도 값을 이용하여 상품 페이지 조합을 선택한다. 8) 7)에서 선택된 조합의 신뢰도와 향상도를 계산한다. 9) 1)에서 입력 받은 신뢰도, 향상도 값을 이용하여 연관성 규칙을 선택한다.

2. 연관성 분석 예시

이제, 헬스 용품을 판매하는 쇼핑몰의 관리자라고 가정하고 실제 데이터를 이용해 연관성 분석을 해보도록 하겠다. 이번 프로젝트는 그간 판매된 상품들의 연관성을 파악하여 교차판매 및 패키

지 상품설계도에 이용하고자 하며, 판매된 데이터 목록은 아래에 제시된 표와 같다고 하자.

거래번호	판매항목
1	런닝머신, 운동화, 훌라후프, 운동복
2	런닝머신, 운동화, 운동복
3	운동화, 운동복, 훌라후프
4	런닝머신, 운동화, 훌라후프
5	운동복
6	런닝머신, 운동화, 줄넘기

위의 거래예시에서 지지도가 50% 이상인 항목은 런닝머신과 운동화, 운동화와 운동복, 런닝머신과 훌라후프, 그리고 운동화와 런닝머신이다. 이 중에서도 런닝머신과 운동화의 신뢰도는 런닝머신의 거래수인 4에서 런닝머신과 운동화의 동시거래수인 4를 나누면 1이라는 결과가 나온다. 즉, 신뢰도의 분석으로 런닝머신을 구매한 사람 모두는 운동화도 구매한다는 가설을 설정할 수가 있는 것이다. 이 두 항목의 향상도를 계산해 보면 1.25가 나오게 되고, 이는 런닝머신 구매 시 운동화를 구입하게 될 가능성은 런닝머신 구매가 전제되지 않았을 경우보다 1.25배가 높아진다는 말이다. 즉, 두 품목이 서로 양의 상관관계에 있다고 볼 수 있는데, 다시 말해 런닝머신을 사면 운동화도 같이 구매하는 확률이 높다는 것이다. 향상도 결과값에 따른 항목간 연관관계는 다음과 같다.

향상도	의미	예
1	두 품목이 서로 독립적인 관계	과자와 후추
>1	두 품목이 서로 양의 상관관계	빵과 버터
<1	두 품목이 서로 음의 상관관계	지사제와 변비약

평가기준을 적용할 때 주의할 사항은 첫째로, 두 항목의 신뢰도가 높다고 해서 꼭 두 항목이 높은 연관관계가 있는 것은 아니라는 것이다. 이 때, 지지도를 함께 고려해야 한다. 만일 두 항목의 신뢰도가 높게 나왔어도 전체 항목 중 두 항목의 동시구매율인 지지도가 낮게 나온다면 두 항목간 연관성을 신뢰하기에는 부족한 점이 있다. 즉, 구매율 자체가 낮은 항목이기 때문에 일반적인 상관관계로 보기에는 어렵다는 것이다. 둘째로, 지지도와 신뢰도가 모두 높게 나왔더라도, 꼭 두 항목이 높은 연관관계가 있는 것은 아니라는 것이다. 이 경우에는 향상도를 함께 고려해야 한다. 앞에서도 언급했지만, 일반적으로 빈번하게 구매되는 항목들에 대해서는 지지도와 신뢰도가 높게 나올 수 있기 때문이다. 마지막으로, A와 B 두 항목의 신뢰도가 높게 나왔을 때 전체거래에서 B의 자체 구매율보다 A 자체의 구매율이 더 높아야 의미 있는 정보라는 것을 기억해야 한다. 이 역시 향상도를 분석하면 알 수 있다.

연관성 분석은 데이터의 형태와 계산방법이 간단하고 분석결과의 이해가 용이한 반면에, 품목의 수가 많을 경우 상당한 계산과정이 필요하므로 적절한 대상항목을 선정하여 적용하는 것이 중요하다. 연관성 분석의 결과는 이해와 적용이 용이하고, 데이터를 변환 없이 그 자체로 이용할 수 있는 사용이 편리한 분석데이터 형태의 간단한 자료 구조라는 장점이 있다. 또한, 계산이 용이하다는 것이다. 수많은 거래, 품목을 포함하는 대용량 데이터일 경우, 계산의 수가 크게 증가하기는 하지만, 분석을 위한 계산은 상당히 간단하며, 단순한 결과만을 위해서는 기초적인 워크시트의 사용법만을 알고 있는 분석자도 분석이 가능하다는 것 역시 장점이라고 할 수 있다. 이에 반해, 품목 수 증가에 따라 계산의 수가 기하급수적으로 증가하여 상당한 수의 계산과정이 필요하다는 점과, 수많은 품목을 세세하게 구분할 경우 발생 비율 면에서 의미가 없다는 단점이 있다. 그리고 품목들이 동일한 빈도를 갖지 못하거나, 거래수가 적은 품목의 경우 규칙발견과정 중에 제외되기도 쉽다.

이러한 연관성 규칙의 발견을 통해, 기업에서는 많이 구매하는 패턴을 이용하여 세트 상품을 만들어 판매하기도 하는 것이다. 연관성 규칙이란 것은 쉽게 말해, A라는 사건이 발생한 후 B라는 사건이 발생하는 것이다. 잘 알려진 예로써, 새 컴퓨터를 구입한 사람 중 25%는 그 다음날 레이저 프린트를 구매할 것이라는 것이다. 이는 컴퓨터를 구입한 고객들과 레이저 프린터를 구입한 사람들의 데이터를 조사해 본 결과 발견된 연관성 규칙을 통해 도출된 결과이다. 앞에는 연관성 규칙의 측량화 방법에 대해 알아봤다면 지금부터는 시장바구니 분석, 즉 연관성 규칙 발견에 대해서 알아보도록 하자.

제3항 장바구니 분석

앞서 말한 연관성 분석과 별개의 개념은 아니지만 다시 말하자면, 장바구니 분석이란 하나의 거래나 사건에 포함되어 있는 항목들의 경향을 파악해서 상호연관성을 발견하는 것이다. 장바구니 분석은 말 그대로 소비자들이 어떤 상품을 구매하는지, 그 상품을 구매할 때 어떤 다른 상품을 함께 구매하는지 그 패턴을 발견하는 것이다. 앞에서 다룬 연관성 분석은 이와 같은 연관성 규칙이 얼마나 유용한지에 대한 답을 위해, 확률을 사용해 수치적으로 계산하는 측량화 방법이었다. 앞에서 장바구니 분석에 대한 도입부분에서 예로 들었던 것을 다시 들어보겠다. 한 구매자가 쇼핑카트에 담은 물품들이 청정재, 윈도우 클리너, 우유 2개, 바나나, 오렌지 주스를 구입했다고 한다면 마트에서는 다음과 같은 질문들을 통해 이 고객의 구매 패턴을 분석해볼 수 있다.

- 구매자가 제품을 구매할 때 이웃의 영향이 있었는가?
- 오렌지 주스와 청정재 구입시 윈도우 클리너를 같이 구입하는가?
- 우유를 바나나 구입시 함께 구입하는가? 또한, 구입할 때 특정 브랜드를 구입하는가?
- 청정재를 어느 곳에 위치시켜야 판매고를 최대화하는가?

연관성이 전혀 없어 보이는 제품군들일지라도 고객들의 연속적인 구매패턴을 분석해보고 그 제품군들을 가까운 곳에 진열함으로써 구매를 더 향상시킬 수 있다. 앞에서 언급한바와 같이 널리 알려진 예로써, '기저귀를 사는 사람들은 맥주를 같이 산다.' 기저귀와 맥주는 전혀 연관성이 없어 보이는 두 제품군이지만, 고객들의 패턴을 조금 더 생각해본다면 그렇지 않다는 것을 알 수 있다. 기저귀를 사는 사람들은 어린 아기를 키우고 있는 젊은 부부가 많을 것이고, 젊은 부부는 맥주를 즐겨할 것이라는 가정과 실제 데이터 분석결과가 검증된 사실이다. 진열장의 위치뿐만 아니라 서로 관련 없는 상품끼리의 세트판매도 장바구니 분석 결과가 핵심요인 중 하나임을 알 수 있게 하는 예라고 할 수 있다.

다음은 의류매장에서 어떤 조합의 옷을 많이 사는지 직관적으로 알 수 있는 크로스탭을 이용한 장바구니 분석보고서이다.

	티셔츠	점퍼	남방	청바지	바지	트레이닝복	양복
티셔츠	15	30	33	28	20	21	32
점퍼	11	27	32	27	18	19	28
남방	13	26	32	27	15	16	26
청바지	9	20	26	21	15	14	25
바지	9	21	25	19	14	13	28
트레이닝복	16	28	28	15	14	10	15
양복	7	15	15	5	9	5	20

의류매장에서 옷을 구매하는 경우, 하나의 옷만 구매하는 경우도 많지만, 몇 가지 의류를 동시에 구매하는 경우도 많다. 이런 경우에도 많이 구매하는 패턴을 이용하여 세트상품을 만들어서 판

매한다. 가로와 세로가 모두 티셔츠인 것은 티셔츠만을 구매한 경우고, 가로는 티셔츠, 세로는 점퍼인 것은 티셔츠와 점퍼를 같이 구매한 경우이다. 이 보고서에서의 문제점은 티셔츠, 점퍼, 바지의 3가지 상품을 구매한 경우에는 두 제품씩 나누어서 분리되어 표현된다는 것이다. 이는 크로스탭 보고서가 2차원이기 때문에 생길 수밖에 없는 한계이다.

다음의 자료를 바탕으로 각각의 지지율, 신뢰도, 향상도를 구하여 보자.

거래	품목
1	우유, 빵, 버터
2	우유, 버터, 콜라
3	빵, 버터, 콜라
4	우유, 콜라, 라면
5	빵, 버터, 라면

거래에 대한 연관규칙의 지지율과 신뢰도 그리고 향상도는 다음과 같다.

연관규칙	지지율	신뢰도	향상도	연관규칙	지지율	신뢰도	향상도
버터→빵	60	75	1.25	콜라,우유→라면	20	50	1.25
빵→버터	60	100	1.25	버터→라면,빵	20	25	1.25
콜라→우유	40	67	1.11	빵→라면,버터	20	33	1.67
우유→콜라	40	67	1.11	라면,버터→빵	20	100	1.67
라면→콜라,우유	20	50	1.25	라면,빵→버터	20	100	1.25
콜라→라면,우유	20	33	1.67	버터→콜라,빵	20	25	1.25

연관규칙	지지율	신뢰도	향상도	연관규칙	지지율	신뢰도	향상도
우유→라면,콜라	20	33	1.67	콜라,빵→버터	20	100	1.25
라면,콜라→우유	20	100	1.67	버터→빵,우유	20	25	1.25
라면,우유→콜라	20	100	1.67	빵,우유→버터	20	100	1.25

이처럼 어떤 항목집합의 존재가 다른 항목집합의 존재를 암시하는 것을 의미하는 연관성 규칙을 발견하고 이를 분석함으로써, 함께 구매하는 상품의 조합이나 서비스패턴을 발견하거나, 특정 제품 또는 사건들이 동시에 발생하는 패턴을 파악하여 판매에 응용할 수 있다. 이러한 교차판매의 효과가 높아질수록 당연히 수익성이 개선되는 것이다.

제4항 교차판매 방법

1. 목표고객 선정

교차판매 시행에 있어 기업은 최대의 효과를 원하므로 비용의 효과적 지출을 위해서는 적절한 목표고객을 선정하는 것이 중요하다. 이러한 고객 선정을 위해서 '고객 반응률'을 데이터 마이닝 모델을 통해 점수화하고 수익성과 리스크를 함께 종합적으로 고려한다. 즉, 고객이 교차판매 활동에 반응하더라도 향후 기업에 손해를 줄 수 있는 위험성이 있다면 이를 선별해낼 필요가 있다는 것이다. 따라서 적절한 목표고객으로 수익성이 높고, 리스크는 적으며, 반응률이 높은 고객군을 찾아 교차판매 활동을 수행해야 한다.

2. 연관성 분석(장바구니 분석)을 통한 교차판매 상품 분석

오늘날 기업이 고객에게 판매하는 제품이나 서비스는 다양한 종류 및 형태로 제공되고, 고객은 필요에 따라 원하는 상품 및 서비스를 구매하게 되는데, 이 때 기업이 판매하는 상품들 간에는 관련성이 존재할 수 있다. 연관성 분석은 하나의 거래나 사건에 포함되어 있는 항목들간의 이러한 관련성을 파악해 둘 이상의 항목들로 구성된 연관성 규칙을 도출하는 탐색적 자료분석 방법으로, 적용될 수 있는 자료는 거래(transaction)와 항목(item)으로 구성하고 고객들의 연속적 구매패턴을 분석함으로써 품목간의 연관관계를 수치로 정량화할 것을 목적으로 한다.

특히, 웹 마이닝에서의 연관성 규칙 분석은 웹사이트 내에서 소비자가 함께 접속하는 페이지나 컨텐츠를 찾아내고 구매 행동으로까지 이어졌는지에 대해 분석함으로써 상품들 간의 연관성 규칙을 찾아낸다. 이 분석을 통해 서로 연관성이 높은 상품들을 찾아내어 이를 바탕으로 교차판매 전략을 수립할 수 있게 되는 것이다. 이를 활용하여 기업은 상품 매출을 증가시킬 수 있을 뿐 아니라, 연관 상품을 노출시킴으로써 광고의 효과도 누릴 수 있다. 소비자는 무의식적으로 관련상품에 노출되어 자신이 구입하는 상품과 함께 진열 및 배치가 되어있다는 이유만으로 연관 상품에 대한 긍정적 태도를 형성할 수 있기 때문이다. 나아가 연관성 분석은 특정 기업이 판매하고 있는 상품에만 제한적으로 적용되는 것이 아니라, 제휴업체 상품과의 연관성 분석에도 적용할 수 있으므로 제휴사의 제품을 구매한 고객에 대해서 자사의 제품을 교차판매 할 수 있는 기회를 제공한다.

이와 같은 연관성 규칙 분석을 통한 결과는 3가지로 나뉘는데, 먼저 'Useful result'는 마케팅 전략상 유용한 결과가 나온 경우를 뜻하고 'Trivial Result'는 기존의 마케팅 전략에 의해 연관성이 높게 나온 경우를 뜻하며, 'Inexplicable Result'는 의미를 발견하기 위해 많은 고민이 필요한 경우를 의미한다. 이러한 결과들은 적절한 분석을 통해 교차판매 활성화에 이용할 수 있다.

3. 반응률 제고를 위한 캠페인 채널 최적화

기업에서 캠페인을 위해 이용하는 고객 커뮤니케이션 채널은 e-mail, DM(Direct marketing), TM(Tele Marketing), SNS 등 다양하다. 특히 최근에는 모바일을 통한 SNS의 이용률이 높아짐에 따라, 인터넷 채널을 넘어서 모바일을 활용한 채널의 이용도 각광받고 있다. 각 채널은 이용에 필요한 비용이 서로 다르며 각 채널에 대한 고객의 반응도 상이하다. 통상적으로 고비용 채널의 경우 높은 반응률을 보이나, 채널에 따른 반응률의 수준도 고객에 따라 다르며 어떤 고객의 경우는 저비용 채널이더라도 충분히 높은 반응률을 보이기도 한다. 더욱이 근래에는 고객들이 다양한 채널을 이용한 여러 캠페인에 노출됨으로써 캠페인으로 인한 피로도가 매우 높은 상황이다. 따라서 고객의 반응률에 따른 적절한 채널의 선정은 캠페인의 효율적 수행을 위한 필수적인 과정이 되었고, 데이터 마이닝과 웹 마이닝은 과거 고객별 접촉이력 및 접촉 채널 정보를 이용하여 고객별 선호채널을 찾아내고 캠페인 채널을 최적화하는 데에 활용할 수 있다.

4. 피드백(고객반응) 수집

교차판매에 대한 고객의 피드백(반응)은 금융권의 경우, 직접 상담 혹은 판매 후 설문조사 등을 통해 이루어질 수 있으며, 일반 제품이나 서비스 판매 같은 경우에는 재구매가 이루어지는 지에 대한 확인을 통해 정보가 수집될 수 있다. 이러한 피드백 수집에도 데이터 마이닝과 웹 마이닝이 활용된다. 또한 나아가, 부정적인 반응은 긍정적인 반응보다 고객이 확산시킬 가능성이 많으므로 부정적인 반응에 대한 적절한 관리도 필요하다.

제10장 웹 분석활동

전통적인 CRM 분석활동은 고객을 정의하고 고객을 평가하여 고객 세분화를 하며 이러한 고객 분석을 통해 얻은 고객 데이터를 바탕으로 교차판매, 고객수익성분석과 같은 활동이 이루어지는 과정이다. 그러나 웹기반의 소셜미디어를 통해 이루어지는 소셜 CRM에서는 고객에게 메세지를 던지는 것이 아니라 고객의 소리를 듣고 의사결정에 이용하는 것 즉, 고객과의 우호적이고 친밀한 관계를 구축하는 것 그 자체가 목적이라 할 수 있다. 따라서 기존 오프라인에서의 CRM 분석활동과는 방법이 조금 다를 수 있다.

또한 소셜 CRM에서의 고객 정의는 인터넷 상에서 제품, 브랜드, 서비스 등에 대해 정보를 주고받는 사람들뿐만 아니라 제품, 브랜드, 서비스 등에 관련된 평가들에 영향을 받을 수 있는 사람들도 포함될 수 있다. 즉, 인터넷 상에서 제품, 브랜드 또는 서비스 등에 관한 정보에 노출되어지는 모든 사람들인 것이다. 이러하듯 소셜 CRM의 관점에서 고객으로 보아야하는 사람들이 워낙 방대하고 그 실체가 가시적이지 않기 때문에 고객을 평가하기가 쉽지 않다. 하지만 고객과 기업이 인터넷기반 활동 중 얼마나 많은 접촉이 있었는지, 그리고 고객이 인터넷을 통해 제품·서비스를 구매한 기록, 제품·서비스상품클릭횟수, 로그인 횟수, 또는 브랜드 또는 제품·서비스관련 글에 긍정적인 태도를 보이거나 부정적인 태도를 보이거나 하는 활동들을 기존의 고객 평가 방법에 대입시켜 평가할 수 있다.

제1절 고객 세분화

다시 살펴보면, 고객 세분화는 일반적으로 성별, 연령, 소득, 취미 등과 같은 비슷한 성향과 니즈를 가진 집단을 나누는 작업을 말한다. 고객을 세분화하는 목적은 고객의 다양한 욕구를 파악하고 손쉽게 비즈니스전략을 수립하는 데 있다. 고객 세분화의 가장 중요한 포인트는 '무엇을 기준으로 고객을 세분화 할 것인가?', '세분화된 고객에게 어떤 의미를 부여할 것인가?' 그리고 '어떤 전략을 위해 또는 어떤 목적을 위해 고객을 세분화 할 것인가?' 이다.

제1항 e-CRM에서의 고객 세분화

e-CRM에서도 고객 세분화의 목적은 동일하다. 그러나 e-비즈니

스의 특성에 따라 고객을 분류하고, 세분화하는 방법론과 고객 세분화에 필요한 정보는 오프라인에서의 고객 세분화와는 조금 차이점이 있다.

1. 고객 식별(인식)에 대한 세분화(익명방문자 vs. 비 익명방문자)

익명방문자는 웹 사이트를 이용할 때 자기 자신이 누구인지 밝히지 않는 고객을 의미하거나, 웹 서비스를 제공하는 기업에서 식별이 불가능한 방문자를 의미한다. 익명방문자는 전체 웹 사이트를 이용하는 방문자의 80%를 차지할 정도로 상당히 많은 비율을 차지하고 있다. 반대로 식별 가능한 방문자를 비 익명 방문자(회원, 고객)으로 분류할 수 있다. 익명방문자는 향 후 회원이나, 고객으로 전환이 예상되는 잠재 고객으로서 관리되고 익명고객의 성향 및 웹 사이트 이용현황을 분석할 수 있어야 한다.

2. 웹 사이트 방문에 따른 고객 세분화(최초 방문자 vs. 재 방문자)

웹 사이트를 처음으로 이용하는 방문자를 최초방문자, 2회 이상 웹 사이트에 방문한 방문자를 재 방문자라고 한다. 기업은 웹 사이트 홍보를 위한 도메인 등록, 배너광고 등 온라인 매체를 이용하여 다양한 프로모션을 수행한다. 이는 다양한 마케팅 활동을 통해 최초 방문자의 유입을 이끌고, 유입된 방문자를 회원 혹은 고객으로 전환시키기 위함이다.

재 방문자의 증가는 웹 사이트를 이용하는 방문자와의 관계성숙도를 의미한다. 재차 웹 사이트를 이용한다는 것은 웹 사이트 내에 방문자가 원하는 정보와 서비스가 있기 때문이다. 한번 방문한 고객이 다시 웹사이트를 찾지 않는 다면, 기업은 웹 사이트의 컨텐츠 개선, 이용서비스의 증대, 고객편의를 위한 다양한 서비스 개발 등에 주력하여야 한다.

3. 방문자의 가치에 대한 고객 세분화(익명, 회원, 고객, 우수고객)

웹 사이트를 이용하는 방문자의 가치는 기업에 미치는 기여도, 특히 회원가입 여부, 구매 여부 등 기업이 고객의 니즈를 파악하기 위한 다양한 정보 유무와 기업의 수익에 어떠한 영향을 미치는 지에 따라 분류될 수 있다. 처음에 익명방문자로서 웹 사이트를 이용하고, 회원가입을 통해 유용한 정보와 서비스를 찾고 지속적인 이용한다. 또한 유료서비스 혹은 상품 구매를 통해 고객으로서 활동하게 되며, 서비스의 품질과 만족에 따라 지속적인 구매 활동을 수행하게 된다. 이처럼 웹 사이트 이용에 따른 방문자의 라이프사이클(Life Cycle) 또는 고객전환(Conversion)구조에 따라 방문자를 분류할 수 있다.

기업은 익명고객을 회원으로 유도하기 위한 다양한 정보와 서비스를 제공하고, 또한 기업의 매출과 수익을 극대화하기 위한 노력을 통해 고객의 질적 양적 증대를 추구한다.

4. 고객관리 측면에 따른 세분화(획득고객, 개발고객, 유지고객, 이탈고객)

웹 사이트를 이용하는 방문자는 방문자와 웹 사이트 또는 해당 기업의 관계성에 따라 다양한 세분화가 가능하다. 기업은 웹 사이트를 방문하는 방문자와의 관계성을 측정하고 이에 몇 가치 기준을 통해 관리한다. 현재 CRM에서는 고객과의 관계에 따라 획득(Acquisition), 개발(Cultivation), 유지(Retention), 이탈고객으로 관계를 규정하며, 이에 따라 개별 그룹에 맞는 전략을 수행하고 있다.

기존 CRM에서와 마찬가지로 e-CRM에도 고객들을 개별적으로 파악하고 대우하기 위해 웹 마이닝이 필요하다. 고객의 웹 행동정도를 세분화하면 보다 다양하고, 새로운 고객 집단을 얻을 수 있다. 또한 사이트의 공헌도가 높은 고객집단의 특성을 알아내거나, 세분화 된 집단 중, 우수고객집단의 웹 활동성향 등을 알 수 있다.

고객의 세분화를 위해서는 군집화(Clustering)나 분류(Classification)의 방법을 이용할 수 있다. 군집화는 유사한 특징이 있는 여러 가지 객체를 몇 개의 군집으로 생성하는 마이닝 기술 중 하나다. 기존에는 주로 구매 이력 데이터나 회원 등록 데이터를 이용하여 고객을 군집화 하고 세분화 하였다. 그러나 고객의 관심 웹 행동정도를 활용한다면 보다 다양하고 세밀하게 고객을 군집화 할 수 있다. 따라서 구매이력 데이터나 회원 등록 데이터와 연계시킬 경우 동일한 관심을 갖는 고객들의 인구통계학적 정보나 구매 제품을 분석할 수 있다. 또한 연관규칙을 이용하여 분류된 집단들 사이의 관계분석도 가능하다. 군집화 기법을 이용하여 사용자와 웹 페이지를 유사한 형태의 군집으로 묶으면 전체 트렌드에서 알 수 없는 정보를 얻을 수 있게 되고 이에 구체적으로 대응할 수 있는 마케팅 전략 및 사업 전략을 수립하는데 도움이 된다.

군집분석을 이용한 고객 세분화

사용자 A의 웹 행동 패턴과 사용자 B의 웹 행동 패턴이 같은 군집에 속한다면, 행동 패턴이 비슷한 사람들이다. 이처럼 '분유를 구매한 30대 여성', '소형차 광고를 클릭한 20대 직장인'과 같이 비슷한 패턴의 행동을 보인 무수한 사람들의 데이터를 모으면 향후 의사와 행동 방향을 분석할 수 있다. 이렇듯 기업의 마케팅 효율성을 높일 수 있지만 공익적인 차원으로도 쓰일 수 있다. 새로운 정책을 입안하고 시행하기 전이나 후, 예상되는 문제를 줄이고 비용을 절감하는 데도 유용할 수 있다.

많은 패션쇼핑몰들은 일반적으로 고객의 성별, 연령대, 지역, 외 구매정보를 이용해 고객을 세분화한다. 세분화된 각각의 세그먼트 별 사이트 이용 정보를 분석하고, 타겟 고객 그룹 세분화 작업을 수행한다. 예를 들어 고객의 속성 외 방문 정보를 이용하여 몇 개의 고객그룹으로 세분화한다. 이 때 방문횟수, 머문 시간, 이전 대비 구매·방문 횟수, 특정 페이지 이용정보, 특정 컨텐츠 조회정보 등을 이용한다. 이렇게 타겟 고객 그룹에 메일 발송을 위해 메일링 시스템을 주기적으로 전달 해 신규고객을 획득할 수 있다.

제2항 소셜 CRM에서의 고객 세분화

Social CRM 에서 굳이 고객을 세분화하자면 e-CRM에서의 고객 세분화 방식과 유사하겠지만 완전히 같다고는 할 수 없다. 사실 Social CRM의 목적이 고객과의 접촉을 늘리고 관계를 구축해 나가는 것인 만큼 Social CRM과 관련된 활동들은 반드시 고객중심적인 사고로 시작되고 추진되어야하기 때문이다. 때문에 고객의 자발적인 참여와 반응을 이끌어 낼 수 있는 방식, 고객과 기업이 윈윈 할 수 있는 방식으로 실행되어야 한다. 따라서 고객을 일일이 세분화시키는 것보다 오히려 유사한 유형의 사람들이나 네트워크를 합쳐 나가는 집합화(Desegmentation)전략이 더 적절할 수도 있다.

예를 들어, 유사한 사람끼리 구축한 네트워크에서 공통의 관심사를 볼 수 있다면 그러한 관심사를 보이는 다른 네트워크나 커뮤니티를 활용하여 목표 고객을 찾아낼 수 있다. 이러한 차별화된 전략을 활용해야 지속 가능 할 수 있다.

S-CRM의 고객 세분화

- 삼성 SSD, 빅 데이터 분석·활용을 통해 세계시장 No.1으로 도약

삼성전자 전략마케팅팀 서정치 부장은 "삼성전자는 2006년 세계 최초로 SSD 제품을 상용화 시킨 이후, 대형 거래 선을 대상으로 하는 OEM에서는 서계시장을 석권했지만, 일반 소비자 대상 브랜드 SSD 시장은 늦게 진출했습니다. 이미 전 세계 소비자형 SSD 시장은 3강 구도로 매우 치열했고, 선발주자 간의 팽팽한 경쟁구

도가 형성되어 후발주자가 선점할 수 있는 틈은 없어 보였습니다."라고 당시 상황을 전했습니다.

이에 삼성전자는 삼성 SSD(Solid State Drive)를 소비자 시장에 성공적으로 런칭하기 위해 정확성이 떨어지고, 비즈니스 적용에 한계가 있던 기존 분석방법을 벗어나, 정확한 시장을 파악할 수 있는 빅 데이터(Big Data)분석을 활용했습니다. 즉, 일반 소비자들에게는 낯선 SSD를 알리기 위해 각종 웹사이트와 소셜미디어에 등록된 PC관련 검색어와 횟수, 소비자·전문가의 제품 관련 경험과 느낌 등 총 50만건 이상의 방대한 데이터를 분석했습니다. 이러한 SSD 버즈 분석을 통해 소비자들이 가지고 있는 인식을 파악할 수 있었습니다.

삼성전자는 빅 데이터 분석으로 추출한 정보를 통해 시장에 적합한 브랜드 전략을 수립했는데요. 이 전력을 통해 더욱 많은 소비자에게 삼성 SSD를 효과적으로 알릴 수 있었고, 나아가 세계시장 점유율 1위를 달성할 수 있었습니다. 1년간 빅 데이터를 조사·분석한 결과, 삼성전자는 예상 밖의 흥미로운 사실을 알게 되었습니다. 특정 PC 브랜드 유저들의 SSD 구매율이 높다는 것이었습니다. 오랜 시간 세부 타깃층을 찾기위해 고민해오던 서부장은 이 순간을 지금도 생생히 기억하고 있었습니다. "빅 데이터를 통해 더욱 정확하고 세부적인 SSD 소비자 타겟층을 알아낸 것이 가장 큰 소득이었습니다. 마케팅의 기본 원칙은 제품을 고매할만한 고객을 공략하는 것이라고 하죠. 무릎을 탁! 쳤던 순간이었습니다."

제2절 고객 획득

제1항 e-CRM에서의 고객획득

e-CRM은 고객 데이터를 바탕으로 고객을 보다 가치 있는 고객과 그렇지 않은 고객으로 나누고, 보다 가치 있는 고객을 획득해 고객이 좋아할만한 혜택을 제공한다. 그렇게 함으로써 고객이 이탈되지 않고, 더 많은 상품을 구매하고, 다른 사람에게 자사에 대해 우호적인 이야기를 하도록 유도한다. 이때, 결정적 역할을 하는 것은 현재가치가 있는 고객 혹은 미래에 가치가 있을 것으로 예상되는 고객을 잘 찾아내는 것과 그 고객이 좋아할만한 혜택을 제시하는 것이다.

e-CRM의 추진과정은 고객 데이터 확보·분석 → 개인화·맞춤서비스 제공 → 고객 로열티 확보이다.

고객 데이터 확보·분석	개인화·맞춤서비스 제공	고객로열티 확보
- 고객 프로파일 구축 - 고객의 제품구매행태 및 서비스 이용 실태 파악	- 고객의 요구사항 및 기대수준 이해 - 고객이 원하는 것을 원하는 시간에 제공	- 고객에게 제공하는 가치의 문제점 파악·개선 - 고객 유지를 위한 새로운 가치창출 및 제공

웹 사이트를 이용하는 사용자들은 정보를 편리하게 얻고자 한다. 웹 사이트 운영자들은 웹사이트를 이용하는 사용자들에게 차별화된 서비스를 제공하기 위해 사용자에 따른 패턴 분석을 해야

한다. 연관 규칙은 패턴 발견을 위해 데이터 마이닝 기법중의 하나이다. 사용자에 따른 패턴은 연관 규칙 탐색으로 알 수 있고, 사용자의 패턴에 따라 차별화된 서비스가 가능하다.

연관성 분석을 이용한 신규고객획득

한 쇼핑몰은 그 동안 기타잡화와 기타간행물 간의 연관관계가 적을 것이라 판단되어 따로 분류되어 구성하였다. 그러나 구매우선순위가 높은 제품의 카테고리 간 연관관계 분석에서 기타잡화를 구입하는 회원들은 기타간행물을 구입할 확률이 35.9%인 것으로 나타났다. 연관성분석에서 지지도 1이상은 의미 있는 관계를 가지고 있으므로, 사이트 관리자는 그 동안 기타간행물과 기타잡화항목으로 분류하였던 제품들 간의 관련성을 더욱 자세히 분석하였다. 결과적으로 기타잡화와 기타간행물의 제품들 중 카테고리가 잘못 선정된 제품이 있음을 알게 되었고, 사이트 관리자는 기타잡화의 제품을 기타간행물에서 찾는 일이 없도록 카테고리를 변경하였다. 이로써 사이트를 방문하는 잠재고객들의 상품탐색시간을 줄여 제품구매를 유도하였다.

모바일쇼핑이 보편화되며 판매상품을 늘여가고 있는 가운데, 최근에는 여행과 신선식품까지 반열에 합세하며 그 경계가 무너지고 있다. 특히 신선식품의 경우 배송과 상품재고, 품질관리 등 신경 써야 하는 부분이 많았기 때문에 전통적인 오프라인의 영역으로 여겨졌으나 지속적으로 국내 물류 시스템이 강화되고 당일

배송, 익일배송이 가능해지면서 신선식품의 온라인 판매를 가능하게 만들었다. 2017년 1월 소셜커머스 티몬은 생필품 장보기 서비스 내에 전문MD들이 직접 엄선한 과일, 채소, 축산, 수산물 등 신선식품을 할인해 판매하는 '티몬프레시'를 오픈했다. 신선식품의 도입은 실제 고객 방문과 매출 증대에 효과가 있는 것으로 나타났다. 이는 신선식품이 구매 주기가 짧고 교차구매율이 높기 때문으로 분석된다. 신선식품의 경우 타 상품을 같이 구매하는 교차구매율은 89%에 이른다. 티몬프레시 서비스를 시작한 첫 주(1월24~30일) 대비 3월 첫 주(3월1~7일) 티몬의 생필품 장보기 서비스인 슈퍼마트의 전체 매출은 240% 증가했으며, 구매자수도 3배 가까이 늘어났다.

티몬은 실시간 항공권을 도입함으로써 항공권, 호텔 예약 등을 하는 신규고객들이 유입 돼 패션이나 여행용품 등을 구입하는 크로스셀링(교차판매)이 일어나면서 시너지 효과를 톡톡히 얻고 있다. 티몬은 지난 2분기 첫 달인 4월 대비 3분기 첫 달인 7월의 경우 거래액이 22% 성장한 점을 내세웠다. 8월 역시 5월 대비 20% 이상 성장했다.

고객이 웹사이트에 접속을 하면 웹 서버의 로그파일에 모든 기록이 남게 된다. 이 데이터를 분석하는 것이 로그분석이다. 로그분석을 통하여 많은 활동을 할 수 있는데, 주요 고객층이나 고객구매패턴, 주구매시간, 구매탐색 경로 등의 데이터를 추출할 수 있으며 이러한 데이터를 기반으로 인터페이스 설계나 상품 레이아웃 등의 설계, 고객서비스의 강화 등의 다양한 대 고객마케팅을 펼칠 수 있다. 또한 이벤트나 마케팅캠페인을 전개하여 신규고객을 획득할 수 있으며, 확보한 고객들을 수익성 있는 고객으로 전환하기 위한 마케팅 활동을 할 수 있다.

웹사이트를 방문하는 고객이 무엇을 원하는지를 로그 분석을 통해 파악이 가능하며, 고객에게 맞춤화된 정보를 제공하는 것이 일반적인 마케팅활동에 비해 효과가 높다. 따라서, 고객획득을 위해 가장 효과적이며 강력한 도구는 웹사이트이다. 웹사이트는 페이지 뷰, 클릭스루, 체류시간 등 정량적인 효과 측정에 뛰어나다. 웹사이트를 광고매체로 이용하는 경우 텔레비전이나 신문, 잡지 등 기존매체보다 뛰어난 점은 사이트 방문자의 특성에 맞는 광고를 선별적으로 내보낼 수 있고, 타 사이트로의 링크 기능을 이용하여 즉석에서 광고주사이트로 유도할 수 있는 점 등이다. 즉, 타깃 선별의 정확도가 비교적 높고, 비용대비 효과를 정확한 수치로 검증할 수 있는 광고 매체라는 것이다. 예를 들어, 어느 텔레비전 프로그램 전후에 광고음악을 내보내는 경우, 그 시간대에 그 방송을 보고 있는 사람이 누구이며, 또한 어떤 계층의 사람들인가 하는 것은 알 수 없다. 즉 프로그램의 내용이나 시청률로 추정할 수는 있지만, 그 추정이 확실한지 아닌지는 알 수 없다. 또 그 광고음악 에 흥미를 가진 사람이 몇 명인지 등은 추정하지 못한다. 하지만 사이트의 배너광고는 "Mac(매킨토시)으로 접속하는 사람에게만"과 같이 광고의 시청 타깃을 한정시킬 수 있으며, 노출된 횟수(페이지 뷰)도 정확히 알 수 있다. 그리고 그 광고에 흥미를 가지고 사이트까지 방문한

횟수까지 파악할 수 있으며, 어떤 페이지를 얼마 동안 보고 있었는지(체류시간)도 파악 가능하다. 웹사이트를 활용하여 타깃 선별이 가능하고 한 번의 클릭만으로도 자사 홈페이지로 유도하여 신규 고객을 확보할 수 있다.

또한 기간별 로그분석은 엑세스 로그데이터 정보를 바탕으로 방문객의 접속상태를 일별평균과 최대접속으로 나누어 월별, 요일별, 일별 및 시간대별로 분류하여 접속이 가장 집중되는 상황을 한눈에 파악할 수 있다. 이 값을 이용하여 방문자의 생활패턴과 웹사이트 이용패턴을 유추해볼 수 있다. 이러한 정보는 웹 서버의 효과적인 관리와 이벤트나 홍보·광고 등을 집행한 시점에 방문자의 기간별 접속실태를 파악하여 효과적인 매체집행과 사이트 운영전략에 관한 전략을 수립하는데 도움을 준다.

2017년 7월 31일부터 8월 6일까지의 기간 동안 카카오뱅크의 시간대별 평균 사용자를 분석한 결과 가장 많은 접속자가 몰리는 시간은 점심시간이 시작되는 12시였다. 이 시간에는 평균 19만6421명이 앱을 이용해 20만명 가까운 고객이 동시 접속했다. 점심시간이 끝나는 오후 1시까지도 18만1830명이 몰려 하루 중 가장 많은 접속자를 유지했다. 가장 적은 고객이 접속한 시간은 새벽 4시였다. 이 시간에는 평균 1만653명만 카뱅을 이용해 점심시간에 비해 이용자가 20분의 1수준으로 떨어졌다. 자정에는 6만2433명이 평균 접속했고 오전 4시까지 1만653명까지 계속 접속자 수가 감소했다. 하지만 4시를 기점으로 접속자 수는 다시 늘어나 출근 시간인 오전 8시에는 12만명이 넘는 고객들이 이 앱을 이용해 은행업무를 봤다. 특히 출근 시간인 7시에서 8시 사이의 접속이 가장 가파르게 증가했다. 7시에 7만2922명이던 평균 접속자 수가 8시에는 12만3419명까지 늘었다. 1시간 만에 5만497명이 급증하는 것이다. 접속자 증가율로는 69.2%에 달한다. 이 시간대는 전체 하루 시간대 가운데 증가율이 가장 높다.

이에 카카오뱅크는 대출 트래픽이 유관기관들의 처리 용량을 넘어서고 있어 국내 전 금융기관의 안전성에 영향을 줄 수 있기 때문에 카카오뱅크와 대외 유관기관들은 시스템을 증설해 대응하고 있다. 접속이 가장 집중되는 상황을 한눈에 파악해 매체집행과 사이트 운영전략을 개선하여 보다 많은 고객을 획득하고 기존 고객을 유지할 수 있을 것으로 보인다.(Chosun Biz)

소비자의 행동 정보를 기반으로 현재 관심사와 필요한 정보를 파악한 후, 적재적소에 알맞은 서비스를 제공하는 고객 맞춤형 마케팅은 개인화된 경험을 제공한다.

개인화 마케팅을 위해 많이 쓰이는 대표적인 방법으로 협업적 필터링을 들 수 있다. 협업적 필터링기법은 고객과 가장 유사한 선호도를 가진 이웃고객의 구매성향을 분석하여 추천하는 방식이다. 즉 비슷한 취향을 가진 고객들에게 서로 아직 구매하지 않은 상품들을 교차추천 하거나 분류된 고객의 취향이나 생활 형태에 따라 관련상품을 추천하는 형태로 서비스를 제공한다.

협업적 필터링은 추천의 정확도가 높다는 장점이 있으나 데이터의 희박성문제, 알고리즘의 확장성문제, 추천의 질적 문제 등과 과거구매이력이 없는 경우 추천이 불가능하다는 단점이 존재한다. 따라서 본래 개인화 마케팅은 고객의 디지털 홈 이탈을 막고 유지할 수 있는 좋은 방법이며 과거구매이력이 없는 신규고객의 경우 다른 고객과 유사도를 측정할 수 없어 추천 성과가 저하된다.

하지만 이렇게 방문자를 분석하고, 개인에 맞춘 마케팅 활동을 펼치며, 효과 분석을 하다 보면 나아가 잠재 고객까지 확보 할 수 있게 된다. 개인화 마케팅을 통해 디지털 홈에 방문한 잠재고객들에게 '적재적소의 선제적 대응'을 한다면, 신규고객을 획득하는 데에도 효과적일 것이다.

개인화 마케팅은 주로 고객유지를 위한 방법으로 사용되지만 방문자 분석을 바탕 으로 펼친 마케팅 효과분석을 지속적으로 하다 보면 잠재고객을 신규고객으로 전화하는 데에도 기여할 수 있다. 예를 들어 잠재 고객이 디지털 홈에서 이탈하려는 순간을 캐치해서 채팅이나 전화 상담 등으로 빠르게 문제점을 해결할 수 있으면 기회는 더욱 많아진다. 또한 고객 응대가 이뤄지지 않는 휴일에 웹사이트를 방문했던 고객이 쉽게 문의를 남길 수 있게 유도하고, 해당 데이터를 체계적으로 관리해 커뮤니케이션을 이어가 외부에서 신규 고객을 끌어오기 위해 추가 투자를 하지 않아도 잠재 고객을 리마케팅 대상으로 분류하고 관리할 수 있다.

A기업은 One to One방식을 구현 해 고객과의 대화식 맞춤서비스, 고객들에게 다양한 상품에 대해 쉽게 접근할 수 있게 시스템

을 실현할 수 있다. One to One 방식에 의거하여 각 고객에게 맞춤상품과 필요정보 등을 제공한다. e-CRM의 구축으로 웹 상에서 고객들 한 명 한 명에 맞춰 서비스, 상담 제공할 수 있기 때문에 신규고객유치에 상당한 효율성을 보이고 있다.

제2항 소셜 CRM에서의 고객획득

고객획득이란 잠재적으로 고객이 될 수 있는 사람들을 확인하고, 그들을 신규고객으로 창출해 나가는 과정이다. 고객획득 활동은 일단 기존고객, 우량고객을 분석함으로써 시작되는데, 소셜 CRM의 경우 타겟 고객들, 기존의 고객들, 세분화된 고객들이 주로 사용하는 알맞은 소셜 미디어를 찾아 고객획득 활동을 펼쳐 나가야 한다.

"부자 고객 잡으려면 트위터 활용해야" - 하나금융연구

트위터나 페이스북 등 소셜 미디어가 부유고객층 자산관리에 중요한 수단이 되고 있다는 연구결과가 나왔다. 하나금융경영연구소는 5일 '자산관리에 있어서 소셜 미디어(Social Media)의 중요성 증가' 보고서를 통해 "부유고객층의 소셜 미디어 이용이 증가함에 따라 소셜 미디어가 단순 홍보 수단을 넘어 효과적인 자산관리 수단이 될 수 있다"며 이같이 밝혔다. 조사기관 데이터모니터가 21개 주요 시장 소비자들의 소셜 미디어 이용실태를 조사한 결과, 부유한 고객층일수록 소셜 미디어 사용량이 증가세를 보

인 것으로 나타났다. 또 자산관리자의 주요 목표 고객층인 부유층의 3분의 2 이상이 금융서비스 제공 파트너를 찾는 데 소셜 미디어를 이용하고 있었다. 이에 자산관리의 핵심 요소인 커뮤니케이션을 강화하려면 소셜 미디어를 어떻게 활용하는가가 점차 중요해진다는 것. 고객과의 접촉 빈도가 신뢰와 로열티를 획득하는 수단임을 상기할 때 소셜 미디어는 고객관계를 유지하고 발전시키는 데 도움이 된다는 분석이다. 이에 하나금융연구소는 "국내 자산관리회사는 부유고객층의 소셜 미디어 사용 현황을 파악하는 등 목표 고객을 위해 적극적인 소셜 미디어 활용 방안을 모색할 필요가 있다"고 제언했다.

예를 들면, 10대의 경우 카카오톡, 카카오스토리, 미투데이, 페이스북, 소셜 커머스 20대~30대의 경우 페이스북, 트위터, 카카오톡, 라인, 밴드, 다음 아고라와 같은 포털사이트의 자유게시판, 블로그, 소셜커머스 등 다양한 소셜 미디어를 사용하고 있고, 40대들은 카카오톡, 카카오스토리, 라인, 밴드 등 이용률이 늘어나고 있으며 대형 포털사이트 검색과 블로그 사용이 압도적이었고 50대 이상은 대형 포털사이트 검색, 블로그 등을 자주 접하는 경향을 보인다. 이와 같이 고객들은 연령별로 특성과 사용하는 소셜 미디어가 매우 달랐다. 때문에 잠재적 고객들과 접촉할 가능성이 높은 소셜 미디어를 선택하여 고객획득 활동을 하는 것이 바람직하다.

빅데이터 기반 클러스터링 이용한 신규고객확보

네이버 지식인 답변추천은 13년 동안 쌓아온 이용자패턴을 분석한 빅 데이터를 기반으로 클러스터링 과정을 거쳐 답변후보를 추출하고, 최종적으로 질문에 가장 적합한 답변을 자동으로 추천하는 서비스다. 반복되는 유형의 질문에 적합한 답변을 즉시 제공함으로써 이용자들이 보다 간편하고 신속하게 질문에 대한답변을 찾을 수있다. 클러스터링 단계에서는 1.6억개의 지식인 질문데이터를 분석해 비슷한 질문을 군집화하고 알고리즘을 통해 질문군집과 답변간 유사도를측정해 이용자에게 질문과 동시에 최적의 답변을 선택해 제공하는 일련의 과정을 거친다.

질문의 핵심 키워드를 추출하고, 키워드가 속한 군집에서 문서가 작성된 일시, 사용자추천, 답변자의 등급 등을 종합적으로 고려해 최적의 답변을 제공하는 방식이다. 클러스터링 기술을 적용해 질문자는 질문과 동시에 필요한 정보를 획득할 수 있고, 답변자는 동일한 답변을 반복하지 않음으로써, 지식iN 이용에 새로운 활력을 부여할 수 있었다. 지식iN 이용자들에게 더욱 진화된 서비스를 제공함으로써 신규고객 획득에 도움이 될 것으로 보인다.

제3절 고객 유지

제1항 e-CRM에서 고객유지

고객유지를 유도할 수 있는 또 다른 데이터 마이닝(Data Mining)의 방법 중 하나는 협업 필터링(Collaborative Filterint)이다. 온라인에서 추천은 이미 광범위하게 사용되고 있는 기술이다. 온라인 쇼핑 시 구매자가 관심 있을 만한 상품을 추천해 주거나, 뉴스 기사를 읽을 때 관심 있을 만한 기사의 목록을 제공하는 등 익숙한 서비스 뿐만이 아니다. 가장 많이 사용되는 페이스북에서 사용자가 알 만한 온라인 친구들을 추천해 주는 등 광범위한 곳에서 추천 알고리즘이 사용되고 있다. 이러한 추천 알고리즘으로 인해 소비자는 애초에 계획했던 것 보다 더 많은 물건이나 서비스를 구매할 가능성이 있고, 이는 고객유지 전략에 사용될 수 있다.

협업 필터링(Collaborative Filtering)은 이미 존재하는 방대한 양의 데이터를 활용하여 이를 분류하고, 분류된 데이터의 기준을 기반으로 새로운 데이터에 대입하여 분류하는 방법이다.

협업 필터링이 고객유지에 어떻게 활용이 되었는지 다음 예제를 살펴보자.

웹 마이닝의 분류기법을 이용하여 고객이탈 방지

고객 유지 전략 중 핵심적인 전략은 이탈할 확률이 높은 고객들을 선별하여 그 고객들을 대상으로 액션을 취하여 고객 이탈을 줄이고 기존 고객으로부터 의 수익을 유지하는 것이다. 이를 위해 먼저 분류 분석 방법을 통해 이탈할 것이라고 예상되는 고객층을 분류할 수 있다. 예를 들어, 먼저 1단계로 휴면고객을 대상으로 3개월 이상 구매 내역이 있는가 없는가를 기준으로 분류할 수 있다 2단계로 고객의 성별과 나이와 같은 인구통계학적인 정보를 기준으로 분류할 수 있다. 이렇게 분류된 각 고객층을 대상으로 각 타겟에 맞는 웹 마케팅을 제공하여 고객의 영원한 이탈을 미리 예방할 수 있다. 3개월 이상 구매내역이 없는 고객들을 대상으로 엄청난 할인을 제공하는 딜을 제공할 수 있는데, 편의점 모바일 상품권을 95% 할인된 가격으로 살 수 있는 쿠폰을 발행하여 이를 e메일, SMS, 웹페이지 팝업을 통해 알린다. 웹 사용자가 구매를 할 수 밖에 없는 딜이 제공된다면 고객은 다시 구매를 하고 서비스를 이용할 것이다. 금융업에서도 온라인상에서 자동적으로 고객이탈 모델일 사용하게끔 하여 고객을 유지하는 경우도 많다. 신용카드 업체의 같은 경우, 이탈확률이 높은 고객을 대상으로 자동적으로 그들의 신용한도를 높여주거나, 등급이 높은 골드카드 또는 플래티넘 카드로 업그레이드 시켜주기도 하는 솔루션을 사용하기도 한다.

아마존닷컴(Amazon.com) 고객유지

협업 필터링이 가장 활발하게 이루어지고 있는 곳은 아마 아마존(Amazon)일 것이다. 아마존은 총 판매의 35% 정도가 '추천'으로부터 발생한다. 아마존은 '고객구분전략'을 사용하여 고객들이 정말로 원하는 가치를 전달하려고 노력하고 있다. 아마존은 초창기부터 책과 (현재는 다양한 제품) 사용자에 대한 데이터 베이스를 구축했다. 사람들이 어떠한 책에 대해 어떤 생각과 의견을 가지고 있는지 또 어떠한 평가를 내리는지 등을 알기 위해 노력하였을 뿐만 아니라, 어떠한 사람들이 그 책을 보는지에 대해 분석하였다. 그 뿐만 아니라 책에 대한 데이터 베이스를 쌓는 과정에 고객들의 참여가 이루어졌다. 고객들이 자발적으로 어느 한 책에 대한 의견을 남기고 별점을 매기면, 이런 독자의 의견들은 다른 독자에 의해 재평가가 된다. 이는 한 독자가 남긴 의견에 대해 다른 독자들은 어떻게 생각하는지를 알 수 있게 하였고, 평가에 대한 신뢰도를 확보할 수 있게 되었다. 이처럼 고객들의 신뢰성을 보장받은 평가는 다른 독자들이 그 책을 구입하도록 유도하였다. 간단하고 단순한 참여를 통해 기업 내부의 역량을 쏟아 붓지 않고도 수많은 독자들의 힘을 빌려 양질의 콘텐츠를 얻었다는 점에서 획기적인 혁신이었다. 또한 구매가 이루어지는 과정에서는 사람에 대한 데이터 베이스를 쌓았다. 책에 대한 데이터 베이스가 구축되어 있는 상태였기 때문에 어떤 사람이 어떤 책을 좋아하는지 분석할 수 있게 되었고, 이를 통해 추천 기능을 성공적으로 이끌 수 있었다.

제2항 소셜 CRM에서 고객유지

고객유지를 위해서는 2차 구매를 유도하고, 고객의 이탈을 방지하며, 기존 고객들에게 제품과 서비스를 차별화 시켜주거나, 로열티 프로그램을 진행하는 등의 활동이 해당될 수 있다. 하지만 소셜 CRM은 기존의 CRM과는 달리 쌍방향적인 커뮤니케이션을 한다. 이는 양날의 검이 될 수 있는데, 소셜 미디어를 통해 접촉한 고객들과의 커뮤니케이션을 통해 호의적인 관계를 맺고 충성도를 높이기도 하지만, 때로는 불만을 표출하기도 하고 나아가 제품이나 서비스, 브랜드에 대해 부정적인 여론을 만들 수도 있다.

소셜 미디어를 통해 고객유지를 하고 있는 사례, 소셜 미디어를 통해 고객이탈을 경험한 사례, 성공한 사례들을 보면서 어떻게 소셜 미디어를 통해 고객과의 관계를 유지할 수 있는지, 고객과 소통하며 이탈을 방지하는 사례로 마이크로 소프트의 사례를 살펴보자.

S-CRM의 고객 유지 - 한국마이크로소프트

한국마이크로소프트(이하 한국MS)는 고객과의 새로운 소통 채널 확보 및 고객만족 서비스 강화를 위해 고객지원 공식 트위터(http://twitter.com/#!/MSHelpsKorea)를 오픈했다. 즉각적인 기술지원이 가능한 엔지니어링팀을 트위터 전담 운영팀으로 배치하여 빠른 응답을 제공하는 한편, 제품별 주요 공지사항 및 업데이트 소식을 실시간으로 전달함으로써 고객들이 제품을 최적화된 상태에서 사용할 수 있도록 적극 활용한다는 계획이다.

트위터는 평일 오전 9시 30분에서 오후 5시 30분까지 운영된다.

한국MS는 트위터를 통한 단순 소통을 넘어 고객으로부터 직접적인 제품 피드백을 받는 등 물론 실질적인 고객지원 창구로 확대 적용한다는 방침이다.

한국MS 고객지원부 김이사는 "소셜미디어가 기업과 소비자와의 새로운 소통 창구로 널리 활용됨에 따라 기업들의 트위터 활용도는 갈수록 높아지고 있다"며, "트위터를 일방적인 제품홍보를 넘어 실질적으로 고객들의 궁금증이나 불편을 해결하는 고객만족 채널로 확대 적용함으로써 SNS가 가진 장점을 극대화할 것"이라고 설명했다.

한편 한국마이크로소프트는 공식 트위터 외에도 평일 오전 9시부터 오후 9시까지 일반 고객을 대상으로 운영되는 고객지원센터(1577-9700), 24시간 운영하고 있는 온라인 자동 응답 사이트 '친절한 미소씨', 마이크로소프트 전문가들이 24시간 내에 기술 문제를 해결하는 '온라인 기술지원 커뮤니티', 자주 문의 받는 기술 관련 질문을 토대로 단계별 스크린 샷과 동영상을 제공하는 '스텝 바이 스텝' 기술 자료, 자동 문제 해결 솔루션을 제공하는 '마이크로소프트 픽스 잇' 등을 운영 중이다.

제4절 교차판매

제1항 e-CRM에서 교차판매

교차 판매의 목적은 어떤 제품이나 서비스를 구매하려는 고객에게 관련된 제품이나 서비스를 함께 판매함으로써 고객으로부터 파생된 수입을 늘리거나 고객 또는 고객과의 관계를 보호하고 강화하며, 이를 통해 고객 평생가치를 극대화하는 것이라고 본다.

협업 필터링은 추천 시스템 중에서 현재까지 가장 우수한 성능을 나타낸다고 알려진 기법으로써, '특정 아이템에 대해 선호도가 유사한 고객들은 다른 아이템에 대해서도 비슷한 선호도를 보일 것'이라는 기본 가정을 바탕으로 사용자 기반 혹은 아이템 기반의 유사도를 바탕으로 선호도를 예측하는 방법이다.

그렇다면 교차판매에서 협업적 필터링 기법이 자주 사용되는 이유는 무엇일까? (구매촉진을 위한) 추천시스템은 고객의 요구에 가장 부합되는 상품을 추천해주는 시스템으로서, 고객들의 편의를 도모하고 교차판매 및 매출 증대에 초점을 맞춘 시스템이기 때문이다. 이러한 이유로 최근에는 전자상거래 분야에서 고객의 행동과 패턴을 이해하고 이를 구매요인으로 활용하기 위해 자동화된 개인화 서비스를 적극 도입하고 있다. 전자 상거래 사이트는 이용 고객들의 구매 내역 및 상품정보, 상품평점, 상품후기 등 다양한 선호도 정보를 수집하고 이를 기반으로 고객에게 새로운 상품을 추천하는데 활용하고 있다.

협업필터링을 활용한 롯데카드의 노크(KNOCK) 서비스

직장인 김지수(가명) 씨는 친구와 명동에서 쇼핑을 하고 점심을 먹기로 했다. 계획대로 쇼핑을 마치고 카드를 긁는 순간 김 씨의 휴대전화로 '명동 음식점 ○○에서 롯데카드로 결제 시 10% 할인 해드려요'라는 문자가 왔다. 김 씨는 "덕분에 점심을 알뜰하게 먹을 수 있었다"며 "어떻게 내가 쇼핑 후 점심을 먹을 거라 예상했는지 신기하다"고 말했다.

롯데카드는 회원별 맞춤형 쿠폰을 실시간으로 제공하는 '노크(KNOCK)' 서비스를 선보이고 있다. 노크의 핵심 기술인 '협업필터링 알고리즘'은 가맹점에 방문할 고객을 선별해 적합한 쿠폰과 매장 등을 추천하는 인공지능 알고리즘으로, 롯데카드 BD전략팀이 자체 개발했다.

기존에는 성별, 나이, 거주지 등을 근거로 불특정 다수에게 가맹점 할인 쿠폰을 발송했지만, 노크는 롯데카드 모든 회원의 최근 방문매장, 연간 이용일수, 이용금액 데이터와 가맹점 간의 상관계수를 분석해 회원에게 적합한 쿠폰을 실시간으로 발송한다.

실제 롯데카드는 올해 5월 협업 필터링 알고리즘을 적용한 타깃 마케팅을 실시해 큰 성과를 거둔 바 있다. 경기 양주시에 위치한 대형 아울렛 이벤트 행사를 알리는 문자메시지(SMS)를 협업 필터링 알고리즘으로 걸러낸 타깃 고객과 기존의 거주지 기반 방식으로 추출한 고객에게 동시에 발송했다. 결과는 상상 이상이었다. 협업 필터링 알고리즘으로 선별한 고객의 가맹점 이용률이 기존 방식보다 45.7%나 높았던 것이다.

이와 같이 롯데카드의 노크(KNOCK)서비스는 협업 필터링을 이용해 기존 마케팅보다 더 유리한 타깃 고객 선정 능력뿐만 아니라 고객이 위치한 지역에 적합한 매장을 추천해주는 측면에서 교차판매를 유발하는 효과까지 거두고 있음을 알 수 있다. (동아일보)

제2항 소셜 CRM에서 교차판매

교차판매는 동시에 구매가능성이 큰 상품 군을 찾아내어 동시에 판매하거나 상품의 배치문제, 패키지상품의 구성, 쿠폰 발행, 카탈로그의 구성, 신상품의 카테고리 선정 등에 이용할 수 있다. 이는 또한 고객의 거래 폭을 넓혀서 이탈을 방지하고 고객충성도를 향상시키는 효과와도 관련이 있다. 교차판매를 위해서는 연관성 규칙을 발견하고, 연관성과 연속구매패턴 분석, 장바구니 분석 등이 필요하다. Social CRM 분야에 있어 교차판매는 다양한 형태로 이루어지고 있다. 모바일 어플리케이션을 이용하는 방법 이외에도 소셜미디어를 활용하거나 소셜커머스를 활용하기도 한다. Social CRM 활동의 일환으로 교차판매 활동을 하고 있는 기업들의 사례를 보도록 하자.

웹·모바일·고객센터 등 글로벌 멀티 유통 채널 확장해 고객 맞춤 서비스 제공

오라클(www.oracle.com)은 미국계 패션 의류 업체 아메리칸 어패럴에 'ATG 웹 커머스'와 'ATG 웹 커머스 고객 서비스'를 공급

했다고 26일 밝혔다. 아메리칸 어패럴은 향후 오라클 애플리케이션을 활용해 웹, 고객 센터, 모바일 기기, 소셜 미디어 및 오프라인 매장 등 모든 채널과 접점에서 고객별 맞춤 서비스를 제공할 계획이다. 특히 오라클 솔루션이 확장성이 높고 안정적인 플랫폼을 제공해 고객에 맞춤 제안이 가능하며 교차 판매(cross-sell)를 지원해 고객별로 특화된 요구사항을 만족시킬 수 있다고 평가했다. 비즈니스 목표 달성을 위해 아메리칸 어패럴은 ATG 웹 커머스와 ATG 웹 커머스 머천다이징, ATG 웹 커머스 서치, ATG 웹 커머스 서비스 센터를 도입하게 된다. 대대적인 비즈니스 확장 전략인 이번 프로젝트를 통해 아메리칸어패럴은 매출 증대와 재고 비용 절감을 실현하면서, 세일즈와 운영을 전 세계적으로 확대해 나갈 계획이다. 시스템 구축에는 오라클 파트너 네트워크(OPN)의 골드 레벨 멤버이자 유연하고, 확장성 높으며, 멀티 채널에 적용 가능한 솔루션 제공 전문업체 오브젝트 엣지(Object Edge)가 참여한다. 스테이시 슐먼(Stacey Shulman) 아메리칸 어패럴 CIO는 "아메리칸 어패럴은 수많은 유능한 인재로 구성된 e-커머스 팀을 갖추고 있으며 이제 회사의 성장과 고객 서비스 요구에 맞춤화된 플랫폼과 툴을 갖춰야 할 때로 판단했다"며 "유연성과 인텔리전스를 지닌 확장성 높은 플랫폼 오라클 ATG 커머스 솔루션을 통해 아메리칸 어패럴의 제품을 고객들에게 맞춤화해 제공하고, 이를 통해 온라인 매출 성장을 견인할 수 있을 것으로 기대 된다"고 밝혔다.

색인

4차산업혁명과 CRM

초판 인쇄 2019년 2월 18일
초판 발행 2019년 2월 22일

지은이 조준서
발행인 김인철
총괄 · 기획 가정준 Director, University Knowledge Press
편집장 신선호 Executive Knowledge Contents Creator
도서편집 박현정 Contents Creator
전자책편집 인은주 e-Contents Creator
재무관리 강현주 Managing Creator
사전 · 출판 정준희 Contents Creator
마케팅 파트장 백승이 Chief Marketing Creator
마케팅 이현진 Marketing Creator
발행처 한국외국어대학교 지식출판콘텐츠원
02450 서울특별시 동대문구 이문로 107
전화 02)2173-2493~7
팩스 02)2173-3363
홈페이지 http://press.hufs.ac.kr
전자우편 press@hufs.ac.kr
출판등록 제6-6호(1969. 4. 30)
디자인 · 편집 (주)이환디앤비 02)2254-4301
인쇄 · 제본 네오프린텍 02)718-3111

ISBN 979-11-5901-443-7 93320 정가 20,000원

*잘못된 책은 교환하여 드립니다.

HUINE은 한국외국어대학교 지식출판콘텐츠원의 어학도서, 사회과학도서, 지역학도서 Sub Brand이다. 한국외대의 영문명인 HUFS, 현명한 국제전문가 양성(International +Intelligent)의 의미를 담고 있으며, 휴인(携引)의 뜻인 '이끌다, 끌고 나가다'라는 의미처럼 출판계를 이끄는 리더로서, 혁신의 이미지를 담고 있다.